Der Autor

Michael Sommer lehrt als Professor für Alte Geschichte an der Carl von Ossietzky Universität Oldenburg. Zuvor war er lange in England tätig. Zu Sommers Forschungsschwerpunkten gehören die römische Kultur-, Wirtschafts- und Institutionengeschichte und, epochenübergreifend, die Geschichte des Nahen Ostens. Von ihm liegen eine Reihe einschlägiger Standardwerke vor, zuletzt Roms orientalische Steppengrenze (2. Auflage, 2018); Palmyra. A History (2018); Römische Geschichte. Von den Anfängen bis zum Untergang (2016); Syria. Geschichte einer zerstörten Welt (2016).

Michael Sommer

Das römische Kaiserreich

Aufstieg und Fall einer Weltmacht

Verlag W. Kohlhammer

Dieses Werk einschließlich aller seiner Teile ist urheberrechtlich geschützt. Jede Verwendung außerhalb der engen Grenzen des Urheberrechts ist ohne Zustimmung des Verlags unzulässig und strafbar. Das gilt insbesondere für Vervielfältigungen, Übersetzungen, Mikroverfilmungen und für die Einspeicherung und Verarbeitung in elektronischen Systemen.
Die Wiedergabe von Warenbezeichnungen, Handelsnamen und sonstigen Kennzeichen in diesem Buch berechtigt nicht zu der Annahme, dass diese von jedermann frei benutzt werden dürfen. Vielmehr kann es sich auch dann um eingetragene Warenzeichen oder sonstige geschützte Kennzeichen handeln, wenn sie nicht eigens als solche gekennzeichnet sind.
Es konnten nicht alle Rechtsinhaber von Abbildungen ermittelt werden. Sollte dem Verlag gegenüber der Nachweis der Rechtsinhaberschaft geführt werden, wird das branchenübliche Honorar nachträglich gezahlt.

Umschlagbild: Ara Pacis, Nordfries. Rom.

1. Auflage 2018

Alle Rechte vorbehalten
© W. Kohlhammer GmbH, Stuttgart
Gesamtherstellung: W. Kohlhammer GmbH, Stuttgart

Print:
ISBN 978-3-17-023419-2

E-Book-Formate:
pdf: ISBN 978-3-17-023491-8
epub: ISBN 978-3-17-023492-5
mobi: ISBN 978-3-17-026728-2

Für den Inhalt abgedruckter oder verlinkter Websites ist ausschließlich der jeweilige Betreiber verantwortlich. Die W. Kohlhammer GmbH hat keinen Einfluss auf die verknüpften Seiten und übernimmt hierfür keinerlei Haftung.

Inhalt

I	Das römische Imperium: Eine historische Anomalie	7
II	Caesar Augustus: Die Wiedergeburt der Republik	12
	1 Erbe des Diktators	12
	2 Erster Mann	16
	3 Pax Augusta	19
	4 Der lange Schatten	23
III	Orbis Romanus: Morphologie eines Weltreichs	30
	1 Princeps	31
	2 Regierungspraxis	35
	3 Direkte Herrschaft: Provinzen	40
	4 Indirekte Herrschaft: Städte, Stämme, reges amici	43
	5 Gladius imperii: Legionen und Hilfstruppen	48
	6 Verflochtene Räume	51
	7 Oben – unten: Wirtschaft und Gesellschaft	53
	8 Mit den Göttern reden: Das religiöse Koordinatensystem	57
	9 Romanisierung	60
IV	Glanz und Elend: Die julisch claudische Dynastie	65
	1 Neuanfang mit Missverständnissen: Tiberius	66
	2 Verfall einer Familie: Caligula, Claudius, Nero	73
	3 Krise als Lehrstück: Das Vierkaiserjahr 69 n. Chr.	82
V	Den Prinzipat neu denken: Die Flavier	88
	1 Im Zeichen des Sieges: Vespasian und Titus	88
	2 Dominus et deus: Domitian	95

VI	Möge der Beste herrschen: Die Adoptivkaiser		103
	1	Optimus princeps: Trajan	104
	2	Im Zenit: Hadrian	109
	3	Vorboten: Antoninus Pius, Marcus Aurelius, Commodus	118
VII	»Bereichert die Soldaten«: Das Imperium der Severer		128
	1	Das zweite Vierkaiserjahr	128
	2	Punier auf dem Palatin: Septimius Severus und Caracalla	134
	3	Priester im Purpur: Elagabal	141
VIII	Haudegen und Krisenmanager: Die Soldatenkaiser		146
	1	Das Ende der Pax Romana	146
	2	Militärische Überforderung	153
	3	Fiskalische Überforderung	157
	4	Politische Überforderung	160
	5	Stunde Null	162
	6	Palmyra	167
	7	Restitutor orbis	173
IX	Die Tetrarchie		178
	1	Eine neue Ordnung	178
	2	Das Scheitern der Tetrarchie	185
X	Epilog		190
XI	Anhang		192

Anmerkungen 195

Literatur 205

Abbildungsverzeichnis 224

Personenregister 227

Ortsregister 233

I Das römische Imperium: Eine historische Anomalie

> – All right, but apart from the sanitation, the medicine, education, wine, public order, irrigation, roads, a fresh water system, and public health, what have the Romans ever done for us?
> – Brought peace.
> – Oh. Peace? Shut up!
>
> (Monty Python, *Life of Brian*)

Kurz vor der Zeitenwende schälte sich allmählich eine neue Ordnung aus den Trümmern der römischen Republik. Ab jetzt entschied nicht mehr ein Kollektiv, die Nobilität, über das Schicksal der von Rom gewaltsam unterworfenen Mittelmeerwelt, sondern ein einzelner Mann. Das politische System, das Augustus nach dem Scheitern der Republik formte, erscheint uns als Monarchie, der von Rom beherrschte Raum als Imperium. Monarchie und Imperium sind die Signaturen der Epoche, um die es in diesem Buch geht.

Beide sind Idealtypen im Sinne Max Webers. Sie sind analytische Kategorien und als solche Kopfgeburten des aus der Rückschau ordnenden Historikers, nicht Abbilder von Wirklichkeit. Idealtypen abstrahieren und vereinfachen. Damit stellt sich die Frage, was das Spezifische im Allgemeinen ist. Genau sie stellt dieses Buch: Wie füllten Augustus und seine Nachfolger die römische Variante der Monarchie, den Prinzipat, mit Leben? Und wie funktionierte das Imperium, das sie beherrschten, immerhin 500 Jahre im Westen und 1 500 Jahre im Osten?

Auch Epochen sind Idealtypen. Jedem Versuch, sie einzugrenzen, haftet etwas Willkürliches an. Und oftmals wird erst in der Rückschau

I Das römische Imperium: Eine historische Anomalie

klar, dass etwas Altes zu Ende gegangen ist und etwas neues angefangen hat. Dennoch: Erst ordnend verstehen wir Geschichte. Deshalb ist, Zäsuren zu setzen, unerlässlich. Begann die römische Kaiserzeit mit Caesar, in dessen Händen sich schließlich zum ersten Mal in der römischen Geschichte alle Macht konzentrierte, oder mit Augustus, dem ersten Princeps? Endete die Antike – und mit ihr die Kaiserzeit – mit dem Fall Westroms oder später, vielleicht gar erst mit der Expansion des Islam, wie der belgische Mediävist Henri Pirenne meinte? Überhaupt: Gehört die Spätantike noch zur Kaiserzeit, oder ist es sinnvoll, mit Diokletians Tetrarchie, mit der Konsolidierung des Imperiums nach der Krise des 3. Jahrhunderts und seiner Christianisierung durch Konstantin und seine Nachfolger eine neue Epoche – die Spätantike – beginnen zu lassen? Sollte man am Ende gar, wie einst Edward Gibbon, das römische Imperium erst mit dem Fall Konstantinopels 1453 ausklingen lassen?

Und wann begann die Kaiserzeit? Die Herrschaft der Nobilität, die im 5. und 4. Jahrhundert v. Chr. aus dem Kompromiss der Ständekämpfe erwachsen war, erscheint nur aus der Distanz als monolithische Einheit. Auch sie war beständig im Wandel, und ihre Agonie im letzten Jahrhundert der Republik war weder historische Notwendigkeit noch ein Prozess, der zielgerichtet auf den Ruin der Nobilität hinauslief. War die Nobilität am Ende, als Sulla nach der Diktatur griff? Oder mit dem Machtkartell des sogenannten Ersten Triumvirats, zu dem sich Pompeius, Caesar und Crassus zusammenfanden? War Caesars Diktatur die entscheidende Zäsur, seine Ermordung oder erst Antonius' Ende nach der Schlacht von Actium? Oder begann der Prinzipat überhaupt erst mit Tiberius? War er am Ende eine Ordnung, die erst fertig ausbuchstabiert war, als sie sich im Grunde bereits überlebt hatte, vielleicht gar erst im späten 2. Jahrhundert, während der Herrschaft der Severer?

Für jede dieser Annahmen sprechen plausible Gründe. Diese Gesamtdarstellung der römischen Kaiserzeit entscheidet sich pragmatisch für zwei Daten, die nicht zufällig der Konvention entsprechen, wie sie sich in vielen Jahrzehnten althistorischer Forschung durchgesetzt hat: Sie lässt den Prinzipat 27 v. Chr. beginnen, mit der Rückgabe der Triumviratsgewalt an den Senat und der Übernahme des Augustus-Titels durch den ersten Princeps; und sie schließt mit der Schlacht an der Milvischen Brücke, mit der das tetrarchische Modell endgültig gescheitert und der Weg des Christentums zur im Reich dominierenden Religion wenn nicht besiegelt, so doch vorgezeichnet war. Weder war der Prinzipat als Ordnung am 16. Januar 27 v. Chr. »fertig«, noch brachen alle Kontinuitäten am 28. Oktober 312 plötzlich ab. Doch stehen beide Daten sinnbildlich für Zäsuren, die buchstäblich epochal waren. So wichtig wie die Epochengrenzen ist die Frage danach, was die Kaiserzeit als Epoche ausmachte. Ihre primäre Signatur ist, wie der Name sagt, die spezifische Form der Herrschaft, die Augustus begründete. Der Begriff »Kaiserzeit« ist eigentlich irreführend: Zwar leitet »Kaiser« sich von Caesar ab, und Caesar war Namensbestandteil aller römischen Herrscher ab Augustus. Aber mit der Bezeichnung ist ein Herrschaftsmodell verknüpft, das erst auf das Mittelalter zurückgeht und in der Neuzeit noch einmal eine völlige Wandlung erfuhr. Im Gegensatz zu allen späteren Manifestationen bekleideten die römischen Kaiser kein »Amt«.

Weil der Interessenausgleich zwischen Augustus und dem Senat Kompromiss- und im Grunde genommen Improvisationscharakter hatte, war die römische Monarchie staatsrechtlich zunächst nur die Häufung disparater Befugnisse in der Hand des Mannes, der sich Princeps nannte. Von einem rechtlich-formalen Standpunkt gesehen, war der Prinzipat als Monarchie ohne Monarchen eine Anomalie. Aber auch herrschaftssoziologisch wich der Prinzipat von allen bekannten Schemata ab. Er entzieht sich, wie noch zu sehen sein wird, sämtlichen Kategorien der bekannten Weber'schen Typologie. Der römische Princeps schöpfte seine Legitimität weder aus dem Recht, noch aus der Tradition, noch aus zugeschriebenem Charisma. Oder besser: Er schöpfte sie aus allem zugleich, zu unterschiedlichen Anteilen, aber aus keinem allein. Wenn ein Princeps sich oben hielt, dann konnte er das nur, wenn er seine Herrschaft legal, traditional und charismatisch begründete.

Das römische Imperium der Kaiserzeit ist aber noch aus einem zweiten Grund eine historische Anomalie. Imperien sind Antipoden zum Nationalstaat, der uns heute – noch – selbstverständlich erscheint. Nationen sind *imagined communities*: soziale Konstrukte, die allein aufgrund des Glaubens an gemeinsam geteilte Kultur und Geschichte durch starke symbolische Bindekräfte zusammengehalten werden. Das Modell der »einen und unteilbaren Nation« (*la nation une et indivisible*), wie es die Französische Revolution schuf, setzt maximale kulturelle, sprachliche, ethnische, religiöse und rechtliche Homogenität voraus.

Nichts davon gilt für das Imperium. Es kann mit Heterogenität problemlos umgehen. Imperien besitzen keine gemeinsamen, wenngleich imaginierten Traditionen. Sie kommen gewaltsam zustande, durch Eroberung, und haben weder den Willen noch die Möglichkeiten, den von ihnen beherrschten Raum zu normieren. Kulturell, sprachlich, ethnisch, religiös und rechtlich sind Imperien nicht kompakt, sondern äußerst vielgestaltig – und sie bleiben es auf Dauer. Imperien üben, was Nationalstaaten nicht können, »strukturelle Toleranz«, die nicht mit *laissez faire* verwechselt werden sollte. Zugleich verzichten sie auf die Gleichverteilung ihrer Herrschaft im Raum: Ihre Herrschaftsintensität ist idealtypisch im Zentrum am höchsten und nimmt zur Peripherie hin immer weiter ab, bis sie – in Klientelkönigreichen, Vasallen- und Satellitenstaaten – kaum noch zu spüren ist. Imperien haben deshalb auch keine klar definierte Grenze im Sinne von englisch *border*. Ihre Herrschaft läuft an den Rändern in breiten Grenzsäumen – englisch *frontier* – aus, gestaffelt von direkteren zu immer indirekteren Formen. Nur scheinbar im Widerspruch dazu steht, dass der Herrschaftsanspruch von Imperien in aller Regel global ist: Der Kaiser regiert nicht in diesem oder jenem Land, er ist überall der Kaiser.

Diesen Anspruch erhob auch der erste Princeps. Seine Herrschaft war *imperium sine fine*, wie Vergil im ersten Gesang der Aeneis formulierte: ein Reich ohne Grenze in Zeit oder Raum. Sonst aber entfernte sich das römische Imperium, das seine Existenz tatsächlich nackter Gewalt verdankte, in rasendem Tempo von dem, was ein Imperium ausmachte: Es ließ, durch großzügige Verleihung seines Bürgerrechts, die Grenze zwischen Herrschern und Beherrschten verschwimmen, es entwickelte eine zivilisatorische Sendung, die attraktiv war auch für Kreise, die nicht den Reichseliten angehörten, und es besaß mit dem Mythos ein universelles Koordinatensystem für Identität. Romanisierung lief, anders als modernes *nation-building*, nicht auf totale Homogenisierung, sondern auf komplexe Hybridbildungen überall im Reich hinaus. Aber die Bewohner des Imperiums verstanden sich mit jedem Tag mehr als Angehörige einer Schicksalsgemeinschaft, die Rom zu Dank verpflichtet war.

II Caesar Augustus: Die Wiedergeburt der Republik

Am Morgen des 15. März war der Diktator unschlüssig. Die ganze Nacht hatten ihn Albträume geplagt. Sollte er der Senatssitzung beiwohnen, die im Theater des Pompeius auf dem Marsfeld anberaumt war – ausgerechnet in dem prachtvollen Marmorbau, den sein großer Gegner Pompeius 55 v. Chr. eingeweiht hatte? Seine Frau Calpurnia riet ihm ab; ein eilig hinzugezogener Augur warnte gar: »Hüte dich vor den Iden des März.«[1] Caesar ging dennoch – nachdem Decimus Brutus, einer der Verschwörer, die Bedenken des Augurs als Hokuspokus abgetan hatte. Als er schon die Stufen zum Theater emporschritt, steckte ihm ein Unbekannter eine Schriftrolle mit einer Warnung zu; Caesar reichte sie achtlos an einen Adlatus weiter. Minuten später war der Diktator tot, durchbohrt von 23 Dolchstichen seiner Mörder.

1 Erbe des Diktators

Was war geschehen? Caesar war, seitdem er in der Schlacht bei Munda 45 v. Chr. den letzten Widerstand der zuvor um Pompeius gescharten optimatischen Opposition gebrochen hatte, unangefochtener Herrscher über die römische Welt. Bereits 46 v. Chr. hatte er sich selbst zum Diktator ernannt, im Februar 44 fügte er dem Titel die Ergänzung *perpetuo* – »auf Dauer« – hinzu. Caesar tat aller Welt kund, dass er zu Lebzeiten von der Allmacht nicht mehr zu lassen gedachte.

1 Erbe des Diktators

In der politischen Tradition der römischen Republik verankert war seine Stellung damit noch nicht. Im Gegenteil: Die Diktatur, ohnehin ein Relikt aus vergangenen Zeiten, war ihrem Wesen nach eine Magistratur mit de-facto-monarchischer Machtvollkommenheit – aber auf Zeit. Die Außerkraftsetzung der zeitlichen Befristung war ein Bruch mit dem Althergebrachten, dem *mos maiorum*, und somit für traditions- und standesbewusste Senatoren eine Ungeheuerlichkeit. Allmählich dämmerte es auch politischen Weggefährten des Diktators – darunter vielen jüngeren Männern, deren Karriere er selbst eifrig befeuert hatte –, dass die Spitzenposition im republikanischen Machtgefüge auf unabsehbare Zeit ein anderer, Caesar eben, besetzen würde. Deshalb schrieben sich etliche von ihnen im Geheimen die Losung republikanischer Freiheit auf die Fahnen:»Freiheit«, das war die wenigstens theoretische Möglichkeit für den Einzelnen, für einen historischen Moment alle anderen an Ehre zu übertreffen. In diesem Ziel konvergierte das Handeln eigentlich so unterschiedlicher Männer wie Gaius Trebonius, Gaius Cassius Longinus, Marcus Iunius Brutus und Decimus Brutus, die sich alle durch Caesar in ihren aristokratischen Begriffen von Würde, Ehre und Rang – lateinisch *dignitas* – herausgefordert sahen.

Das Freiheitsprojekt der Caesarmörder war bereits in den Minuten, da Caesar erkaltend auf dem Marmorfußboden des Pompeius-Theaters lag, auf ganzer Linie gescheitert. Hals über Kopf flüchteten sie aus dem Theater, in dem die schicksalhafte Senatssitzung stattgefunden hatte, auf das Kapitol; unterdessen ließ Lepidus, ein alter Gefolgsmann Caesars, auf dem Forum Romanum Soldaten aufmarschieren. Statt selbst das Heft des Handelns an sich zu reißen, überließen Brutus, Cassius, Decimus Brutus und ihre Mitverschworenen dem Konsul Marcus Antonius die Initiative, den sie, ihr schwerster politischer Fehler, am Leben ließen. Gegen die Zusicherung von Straffreiheit handelten sie mit Antonius aus, dass die politischen Maßnahmen des Diktators, die sogenannten *acta Caesaris*, darunter viele Personalentscheidungen, Bestand haben sollten; außerdem sollte sein Testament verlesen, Caesar ordnungsgemäß bestattet werden. Prompt wurde der verblichene Diktator von der Volksmasse, die aus seinem Erbe großzügige Geldzuwendungen erhielt, frenetisch gefeiert, als sich am 20. März der Trauerzug durch Rom bewegte und sein Leichnam feierlich verbrannt wurde. Für den Plan der Caesarmörder, die alte Republik wiederherzustellen, verhieß das nichts Gutes.[2]

Antonius war der neue starke Mann Roms, und kein Weg schien an ihm vorbeizuführen, wenn man sich die Frage stellte, wer Caesars Nachfolge antreten solle. Ihm gehorchten die Soldaten, ihm folgten die Veteranen, ihm jubelte die römische Plebs zu, mit ihm konnten sich auch – und vor allem – die im Senat inzwischen zahlreich vertretenen Caesarianer arrangieren, die er mit seinem militärischen Charisma um Haupteslänge überragte und deren Frontmann er folglich war. Geschickt hatte er die – wohl mindestens teilweise von ihm gefälschten – *acta Caesaris* dazu benutzt, sich die Loyalität einflussreicher Persönlichkeiten zu sichern. 83 v. Chr. geboren, befand sich der noch nicht 40-jährige im Zenit seines politischen Erfolgs, nachdem er die Krise unmittelbar nach Caesars Ermordung gemeistert hatte.

Freilich war da noch Caesars Testament, und mit ihm kam ein Akteur in die römische Politik, mit dem Antonius wohl am wenigsten gerechnet hatte: Per testamentarischer Verfügung hatte der Diktator, der keinen legitimen Sohn besaß, die postume Adoption seines Großneffen Gaius Octavius verfügt, des Sohnes seiner Nichte Atia. Der junge Gaius, gerade 18-jährig, hielt sich im Frühjahr 44 im epirotischen Apollonia auf, wo er sich Caesars Heer anschließen sollte, dessen Aufbruch zum geplanten Partherfeldzug unmittelbar bevorstand, als Caesar im März ermordet wurde. Kaum hatte die Nachricht von Caesars Ermordung Apollonia erreicht, schiffte sich der junge Mann nach Italien ein. Noch auf der Reise kam ihm zu Ohren, dass er der Erbe war und dass Caesar ihn adoptiert hatte. Außer der Tatsache, dass er nun Caesars Sohn war, hatte Gaius nichts vorzuweisen, was ihn für eine führende Rolle in Rom qualifizierte. Wie konnte er das kolossale Erbe des Diktators antreten? Andererseits: Wie konnte er es ausschlagen? Allein seine Berücksichtigung im Testament machte Gaius für die Mächtigen der römischen Politik zu einem Unsicherheitsfaktor. Früher oder später hätte man ihn beseitigt.[3]

Soviel war auch Gaius klar. Kaum in Italien angekommen, nahm er die Adoption an und nannte sich fortan, wie der Diktator, Gaius Iulius Caesar. Schnell streckte er seine Fühler zu Persönlichkeiten aus, deren

1 Erbe des Diktators

Wort in Rom Gewicht hatte: zu Cicero vor allem, den Caesar politisch kaltgestellt hatte und der jetzt die Chance witterte, auf die politische Bühne zurückzukehren. Als unliebsamen Konkurrenten nahm den jungen Caesar hingegen Antonius wahr. Im Herbst spitzte sich der Konflikt zwischen den beiden Exponenten der Caesar-Partei soweit zu, dass Legionen gegeneinander in Marsch gesetzt wurden. Hätten die Soldaten nicht den Gehorsam verweigert, wäre der Bürgerkrieg ausgebrochen. Schon meinte die Senatsmehrheit um Cicero, in dem jungen Caesar über einen willfährigen, leicht lenkbaren Bundesgenossen zu verfügen, da vollführte der eine halsbrecherische Volte und schloss einen Pakt mit Antonius. Formal ratifiziert wurde das Bündnis, das der alte Caesar-Gefolgsmann Lepidus zum Triumvirat erweiterte, Ende Oktober 43 v. Chr. Gestützt auf ein Ermächtigungsgesetz, die *lex Titia*, konnten die drei Männer in dem Gebilde, das von der Republik noch übrig war, frei schalten und walten. Als erstes rächten sie sich an ihren Gegnern: Die neue Proskriptionswelle kostete 300 Senatoren und über 2 000 Ritter das Leben. Eines der ersten Opfer war der standhafte Republikaner Cicero.

Unterdessen hatten die Caesarmörder einer nach dem anderen die Flucht ergriffen. Brutus und Cassius setzten sich in den Osten ab, wo sie ihre Kräfte neuformierten und Geld für die Kriegskasse sammelten. Im Spätsommer 42 v. Chr. setzten sie mit einer ansehnlichen Armee über den Hellespont, ihr Ziel: Italien. Bei dem makedonischen Ort Philippi trafen sie auf das von Antonius und dem jungen Caesar kommandierte Heer; aus der Doppelschlacht, die im Herbst 42 entbrannte, gingen die Triumvirn als Sieger hervor: Die römische Welt gehörte Antonius und dem jungen Caesar; Lepidus wurde immer mehr an den Rand gedrängt und schließlich 36 v. Chr. ganz entmachtet. Von der Machtfülle aus der Erbmasse des ermordeten Diktators Caesar blieb ihm nur das Amt des Pontifex maximus, als der er dem höchsten Priesterkollegium vorstand. Da hatte Caesars Adoptivsohn schon seinen Vornamen Gaius abgelegt und sich stattdessen »Imperator« genannt.

Auch die Allianz zwischen Antonius, der die Osthälfte des Reiches beherrschte, und dem jungen Caesar, dessen Domäne der Westen war, konnte nur ein Bündnis auf Zeit sein. Eine Machtteilung auf Dauer kam für keinen der beiden Protagonisten in Frage. Schon 40 v. Chr.

war ihr Verhältnis soweit zerrüttet, dass es fast zum Krieg gekommen wäre. Das Klima im Triumvirat verschlechterte sich weiter, nachdem Antonius Anfang 35 v. Chr. die Ehe mit Octavia, der Schwester des Imperators, aufgekündigt und eine Partnerschaft mit der ägyptischen Königin Kleopatra eingegangen war, der er politisch weitreichende Zugeständnisse machte. Mit diesem Verhalten lieferte Antonius seinem Widersacher den willkommenen Vorwand, die Kriegsfanfaren zu blasen. Der junge Caesar, dessen Adoptivvater bereits 42 v. Chr. unter die Götter erhoben worden war und der sich seither *Divi filius*, Sohn des Vergöttlichten, nannte, ließ ganz Italien einen Eid auf seine Person ablegen und sich so das Mandat für die bevorstehende finale Auseinandersetzung mit Antonius geben: Im Spätsommer 31 v. Chr. prallten die Flottenverbände der verfeindeten Ex-Triumvirn vor der nordwestgriechischen Küste bei Actium frontal aufeinander. Die Konfrontation endete für Antonius und Kleopatra mit totaler Niederlage. Beide flohen nach Ägypten, wo sie sich 30 v. Chr. den Tod gaben. Wie anderthalb Jahrzehnte zuvor der Diktator Caesar, so herrschte jetzt sein Adoptivsohn allein über die römische Welt. Und genau wie der ältere stand jetzt der junge Caesar vor dem Problem, seiner Allmacht Legitimität und Dauer zu verleihen – kurz: sie in Herrschaft zu überführen.

2 Erster Mann

Der Sieger von Actium feierte seinen Sieg ausgiebig: Die Römer wurden im August 29 v. Chr. Zeugen eines dreifachen Triumphzugs durch ihre Stadt; zugleich begann der Dichter Vergil sein dem jungen Caesar als neuem Gründer Roms huldigendes Nationalepos *Aeneis*. Im Jahr darauf bekleidete der junge Caesar, wie schon in den vorangegangenen Jahren, den Konsulat – es war sein sechster. Die – seit den Tagen des alten Marius – präzedenzlose Aneinanderreihung höchster Ämter offenbarte das Dilemma, in dem sich der allein übrig gebliebene Machthaber befand. Von der Macht lassen durfte er nicht, indes: sie demonstrativ nach außen kehren, gegen alle Prinzipien des *mos maiorum*, das konnte er auch nicht. Soviel immerhin hatte das warnende Beispiel des ermordeten Großonkels gelehrt.

Der junge Caesar fand eine ebenso einfache wie überzeugende Lösung des Problems: Am 13. Januar des Jahres 27 v. Chr. gab er, in einer denkwürdigen Senatssitzung und wieder als Konsul, die außerordentlichen Befugnisse, die er als Triumvir usurpiert hatte, an Senat und Volk von Rom zurück. Zugleich mit dieser prachtvoll inszenierten »Wiederherstellung« der Republik erhielt er, vorerst begrenzt auf zehn Jahre, die Amtsgewalt eines Prokonsuls (*imperium proconsulare*), die ihm faktisch den Oberbefehl über jegliches Militär im Reich eintrug. Drei Tage später verlieh ihm der dankbare Senat den Ehrennahmen *Augustus* (der »Erhabene«) und beschloss weitere Ehrungen für den Mann, der sich nun schlicht *princeps* nannte: der »Erste«. Die beiden Senatssitzungen waren der eigentliche Gründungsakt für die Institution, die wir in Ermangelung eines besseren Begriffs den »Prinzipat« nennen. Augustus selbst schrieb am Ende seines Lebens in seinem Tatenbericht, den *Res gestae*, ab diesem Tag habe »er alle an Autorität« überragt, »an Amtsgewalt« aber nicht mehr besessen als seine Kollegen in der jeweiligen Magistratur.[4]

Die Architektur des Prinzipats war damit keineswegs fertig. Im Gegenteil: Augustus und viele seiner Nachfolger bauten weiter an dem Gebäude. Vor allem Rolle des Princeps war stetig im Fluss und wandelte sich nicht zuletzt mit den Persönlichkeiten, die an der Spitze des römischen Imperiums standen. Mit der Rückgabe der usurpierten Befugnisse und der von dem nunmehrigen Augustus proklamierten Rückkehr zur republikanischen Ordnung war ein neuer Anfang gemacht; war eine »Schwelle« überschritten, hinter welche die römische Welt nicht mehr zurückkonnte. Unumkehrbar war die Bewegung auf gleich drei Ebenen: Die zur Herrschaft verfestigte Allmacht eines Einzelnen schuf, erstens, die Stelle des »ersten Mannes«, die zwar rechtlich bewusst vage gehalten war, für die es aber dennoch früher oder später einer Nachfolgeregelung bedurfte. Außerdem bedurfte der Princeps einer, zunächst vollkommen auf ihn persönlich zugeschnittenen und auch nur rudimentären, zentralen Bürokratie, wie sie die Republik nicht gekannt hatte. Zweitens wandelte sich das Verhältnis zwischen

II Caesar Augustus: Die Wiedergeburt der Republik

Rom und den Provinzen von Grund auf: Aus dem Räuberstaat, der die Republik im Prinzip gewesen war, mit einer faktisch rechtlosen nichtrömischen Bevölkerung in den Provinzen wurde zunehmend ein politisch, rechtlich, sozial, kulturell und auch wirtschaftlich integriertes Gemeinwesen, dem insgesamt die Fürsorge des Princeps zu gelten hatte. Drittens änderte sich radikal und im Lauf weniger Jahre die, wenn man so will, außenpolitische Doktrin Roms. *Imperium sine fine dedi*, »ich habe ihnen ein Reich ohne Grenzen gegeben«, ließ der Dichter Vergil den Göttervater Jupiter sagen. Der Satz war politisches Programm: In Zeit wie Raum sollte die Herrschaft der Römer ihrem Selbstverständnis nach unendlich sein.[5]

Selbstverständlich war auch die Republik expansiv gewesen. Doch hatte sie kein expansives »Programm« gekannt, das ihre Politik hätte steuern können. Ob sie sich in militärischen Konflikten engagiert hatte, war von den persönlichen Ambitionen ihres politischen Personals, von der Beutegier der breiten Masse oder vom Sicherheitskalkül des Senats abhängig gewesen. Jetzt, unter Augustus, zielte römische Politik planmäßig auf territoriale Arrondierung. Das bekamen die Nachbarn unverzüglich zu spüren: Nach dem Sieg über Antonius und Kleopatra wurde Ägypten sogleich als neue Provinz annektiert (30 v. Chr.); der Präfekt Ägyptens, Gaius Aelius Gallus, drang auf der Arabischen Halbinsel bis auf das Gebiet des heutigen Jemen vor (25–24 v. Chr.); sein Nachfolger Gaius Petronius führte Krieg gegen das nubische Königreich Kusch mit seiner Hauptstadt Meroë (24–22 v. Chr.); der Prokonsul Lucius Cornelius Balbus besiegte die Garamanten in der Saraha (21–20 v. Chr.); Augustus bereitete einen Eroberungsfeldzug gegen die Parther vor, dem indes ein Verständigungsfriede zuvorkam (20 v. Chr.); Agrippa unterwarf die noch freien Stämme auf der Iberischen Halbinsel (19 v. Chr.); Augustus' Stiefsöhne Tiberius und Drusus eroberten den Alpenraum (15 v. Chr.), Pannonien (12–11 v. Chr.) und, nach und nach, Germanien rechts des Rheins (12 v. Chr.–9 n. Chr.).

3 Pax Augusta

Das »Programm«, in dessen Namen die Expansionskriege geführt wurden und mit dem Augustus die Lücke zwischen universalem Herrschaftsanspruch und politischer Realität zu schließen bemüht war, hieß *Pax Augusta*: »augusteischer Friede«. Was mit Friede gemeint war, enthüllt die überlebensgroße Panzerstatue des ersten Princeps, die in dem kleinen Ort Primaporta nördlich von Rom auf dem Gelände der Villa der Livia gefunden wurde. Der reliefierte Brustpanzer zeigt in der Mitte eine Szene der Unterwerfung: Ein bärtiger Mann (rechts) übergibt einer Gestalt in militärischem Ornat (links) ein römisches Feldzeichen. Darüber breitet Caelus das Himmelszelt aus, Aurora und Luna schauen zur Erde herab und der Sonnengott thront auf seinem Wagen; unten ruht Tellus, die Göttin der Erde; zu ihrer Linken und Rechten reiten auf Hirschen die göttlichen Geschwister Apollo (links) und Diana (rechs); über ihnen an den Flanken sind weibliche Personifikationen der tributpflichtigen (links) und der bereits in das Imperium integrierten (rechts) Völker zu sehen.

Als historischer Bezugspunkt des Bildes lässt sich unschwer der Friedensvertrag mit den Parthern 20 v. Chr. ausmachen. Das Abkommen bestimmte unter anderem die Rückgabe der Feldzeichen, die 53 v. Chr. der Triumvir Crassus in der Schlacht von Karrhai an die Parther verloren hatte. Der Friede war ein Friede zwischen Gleichen, zwei antiken Großmächten, die auf Augenhöhe miteinander verhandelt hatten. Die römische Öffentlichkeit bekam eine andere Version der Ereignisse geboten. In den Bildern und Texten wurde, wie auf der Panzerstatue, aus dem Friedensschluss ein Sieg, aus dem Ausgleich ein Triumph. Die Poeten besangen die Niederlage der Parther: Von den Feldzeichen, die man den »hochmütigen Parthern entrissen« habe, schwadronierte etwa der Hofdichter Horaz. Münzen kündeten von den wiedererlangten Feldzeichen und man gelobte einen Tempel für Mars Ultor, den »Rächer«, zu bauen. Horaz hatte sich die Deutung des Princeps zu eigen gemacht. Die Parther hätten »um die Freundschaft des römischen Volkes gebettelt«, notierte der später in den *Res gestae*.[6]

II Caesar Augustus: Die Wiedergeburt der Republik

Abb. 2.1: Panzerstatue des Augustus, 20 v. Chr. Marmor. Aus Primaporta bei Rom. Rom, Vatikanische Museen.

3 Pax Augusta

Pax Augusta war gleichbedeutend mit *Pax Romana*: ein Friede, der die Brechung jedes Widerstands von außen bedeutete und mit Waffen erzwungen wurde. Symbolischen Ausdruck gab der *pax* in der Stadt Rom die Schließung der Türen zum Janustempel. In den *Res gestae* rühmt sich Augustus, dieser Ritus sei in seiner Zeit als Princeps dreimal vollführt worden, während vor ihm die Türen überhaupt nur zweimal geschlossen worden seien. Indes war Augustus nicht nur Garant für den Frieden nach außen; er gewährleistete auch den inneren Frieden, den die Wirren, Umstürze und Bürgerkriege der Zeit zwischen den Gracchen und Actium so furchtbar erschüttert hatten. *Fides, pax, honos, pudor* und *virtus* hätten durch Augustus in die römische Welt zurückgefunden: Vertrauen, Friede, Ehrgefühl, Anstand und Mannhaftigkeit, schmeichelte Horaz im *carmen saeculare* dem Princeps. Das Gedicht war ein Auftragswerk, das Horaz aus Anlass der Säkularfeiern komponierte, mit denen Augustus 17 v. Chr. das neue, goldene Zeitalter einläuten ließ, das sich mit seinem Namen verbinden sollte.[7]

»Friede« also war das große Generalthema, unter das Augustus seine Herrschaft gestellt wissen wollte. Dem Leitgedanken gab am sinnfälligsten die *Ara Pacis Augustae* Ausdruck. Den Auftrag zum Bau dieses Altars für den Augusteischen Frieden erteilte 13 v. Chr. der Senat; eingeweiht wurde das Bauwerk auf dem Marsfeld 9 v. Chr. Die Reliefs der Umfassungsmauer, die in bedeutenden Fragmenten erhalten sind, stellen Symbole der Macht und der Herrlichkeit Roms – den mythischen Stammvater Aeneas ebenso wie die Fruchtbarkeit spendende Tellus – dar und dazwischen, an der Süd- und Nordseite, eine Prozession römischer Würdenträger. Mitten im Zug der Togaträger befinden sich Angehörige der kaiserlichen Familie, die hier buchstäblich den Schulterschluss mit der traditionellen senatorischen Elite demonstrieren. Welches bessere Bild für den inneren Frieden und die Eintracht, die Früchte augusteischer Herrschaft, ließe sich denken?

Friede, *pax*: War das ein ingeniös ersonnener Propagandatrick, mit dem Augustus, der mit Medien wahrlich virtuos zu operieren wusste, die Bevölkerung und besonders die Senatoren einlullte? War die »Wiederherstellung« der Republik nichts als eine Lüge, auf der, als Fundament, die Gewaltherrschaft eines Despoten ruhen sollte? So sehen es, vor allem in der angelsächsischen Welt in den Fußstapfen von Ronald

21

Syme, viele Forscher, und so beurteilten es auch, wenngleich etwas verklausuliert, einige durchaus hellsichtige Intellektuelle der römischen Kaiserzeit, allen voran der Senator und Geschichtsschreiber Tacitus. Doch so einfach ist es nicht. Nach einem Jahrhundert des Mordens und Brennens, nicht selten im Namen der republikanischen Freiheit, war Caesars Adoptivsohn für viele, auch die große Mehrheit der Senatoren, ihre letzte Hoffnung. Die ganze römische Welt, keineswegs nur die wenigen Juden, sehnte in den Jahrzehnten vor der Zeitenwende das Kommen eines Heilands herbei. Dass dieser Heiland in Gestalt des Caesar Augustus gekommen sein sollte, der ja seit der Vergottung seines Adoptivvaters ohnehin schon in einer göttlichen Sphäre wandelte, war so unplausibel nicht.[8]

Auch dass Augustus nicht Totengräber, sondern Wiederaufrichter der Republik gewesen sein wollte, konnte seinen Zeitgenossen durchaus einleuchten. Schließlich war er gerade nicht, wie Ronald Syme 1939 unter dem Eindruck seiner eigenen Gegenwart gemeint hat, der skrupellose Parteiführer, der die Republik unter seiner »Revolution« begraben hatte. Im Gegenteil: Die sozialen und wirtschaftlichen Verhältnisse, die Exklusivität der senatorischen Elite, der moralische Rigorismus des *mos maiorum*, die religiöse Ordnung – all das blieb unangetastet. Trotz – oder gerade wegen – der Opfer, welche die Politik des Triumvirn in ihren Reihen gefordert hatte, war es für die Masse der Senatoren eine logische Handlungsoption, sich um des lieben Friedens willen dem Princeps unterzuordnen und auf Dauer seine Führungsrolle zu akzeptieren. Im Gegenzug vermied es Augustus in weiser Zurückhaltung, diese Führungsrolle allzu deutlich zu machen. Im Verzicht auf das Explizitwerden der faktischen Monarchie bestand sein Zugeständnis an die alte Führungsschicht. In diesem sensiblen Punkt hatte er von Caesar gelernt, der den Griff nach dem Diadem, den er zwar nicht symbolisch, wohl aber faktisch gewagt hatte, mit dem Leben bezahlt hatte.

Die »Autorität«, von der Augustus im Tatenbericht spricht, ruhte also auf mehreren Säulen: erstens auf dem Oberbefehl über die Legionen, den bereits die *lex Titia* den Triumvirn übertragen hatte und der ab 27 v. Chr. im Augustus zunächst befristet, später auf Dauer verliehenen *imperium proconsulare* eingeschlossen war; zweitens auf dem gemeinsamen Stillschweigen darüber, wer wirklich die Macht in Händen hielt; drittens, damit verknüpft, auf dem glaubhaft versicherten Respekt für die im *mos maiorum* verkapselte traditionelle Ordnung; und viertens auf der Gewährleistung des Friedens nach innen wie außen. Legt man die Kategorien von Max Webers Herrschaftssoziologie an, dann enthielt der augusteische Prinzipat Elemente jedes der »drei reinen Typen legitimer Herrschaft«: Er beruhte gleichermaßen auf der »legalen Satzung« der Republik, auf dem Herkommen des *mos maiorum* und auf der besonderen Gnadengabe des Herrschers als Friedensbringer. Der Princeps war legaler, traditionaler und charismatischer Herrscher in einem.[9]

4 Der lange Schatten

Hierin lag seine besondere Stärke begründet, aber auch eine wesentliche Schwäche: Der Prinzipat war ein politisches System, das Augustus regelrecht auf den Leib geschneidert war. Das Charisma, in das die Pax Augusta ihren Namenspatron tauchte, war so unwiederholbar wie die Situation, aus welcher der augusteische Friede geboren war. Schon bald nach Actium zeichnete sich ab, dass der Tod des Princeps dereinst ein Vakuum hinterlassen würde, das niemand so leicht würde füllen können. 23 v. Chr. wäre die von Augustus so kunstvoll gezimmerte Herrschaftsordnung beinahe zusammengebrochen, als eine Verschwörung gegen das Leben des Princeps öffentlich wurde und in unmittelbarer zeitlicher Nähe dazu Augustus so schwer erkrankte, dass die Nachfolgefrage unmittelbar im Raum stand und er Agrippa, seinem engsten Freund, bereits den Siegelring aushändigte. Den Stein ins Rollen gebracht hatte eine Anzeige gegen den Senator Aulus Terentius Varro Murena, er trachte Augustus nach dem Leben. Murena war nicht irgendwer: Er gehörte zum Kreis der politischen Alliierten des Princeps, hatte den keltischen Stamm der Salasser in einem erfolgreichen Alpenfeldzug unterworfen und war mit Gaius Maecenas ver-

23

schwägert, einem weiteren engen Freund des ersten Mannes. Vor allem bekleidete er gemeinsam mit Augustus den Konsulat des Jahres 23 v. Chr. Zum Zerwürfnis zwischen den beiden Kollegen im Konsulat kam es, als Murena Augustus in einem Gerichtsverfahren scharf anging, in dem er die Verteidigung des Angeklagten übernommen und in das sich der Princeps unter Überschreitung seiner Kompetenzen eingemischt hatte. Die Denunziation erfolgte also zu einem denkbar günstigen Zeitpunkt – Murena verschwand einfach von der Bildfläche. Doch die Affäre hatte dem ohnehin gesundheitlich angeschlagenen Princeps schwer zugesetzt. Wer sollte dem vom Tode Gezeichneten nachfolgen? Im Nu sortierte sich der innere Machtzirkel des jungen Prinzipats nach Interessengruppen: hier die alte senatorische Elite, die eine vielleicht letzte Chance witterte, das Regiment eines Einzelnen abzustreifen; dort die alte und neue Verwandtschaft – Augustus' Schwester Octavia mit dem 19-jährigen Marcellus, seinem Neffen, und seine Gattin Livia mit ihren Söhnen aus erster Ehe, Tiberius und Drusus. Dazwischen Agrippa, den er mit seinem Siegelring zum Erben benannte. Doch das Testament hielt Augustus unter Verschluss, die Frage der Nachfolge blieb offen. Am Ende stellte sie sich auch gar nicht. Der Kranke genas vom Fieber, geheilt durch die wundermächtige Wirkung kalter Bäder, die ihm sein Leibarzt verordnet hatte.

Ungeachtet der von nun an stählernen Gesundheit des Princeps: Die Krise hatte offenbar werden lassen, wie dringend das politisches System einer soliden Nachfolgeregelung bedurfte. Marcellus war Augustus' nächster männlicher Verwandter, seit 25 v. Chr. mit dessen Tochter Iulia verheiratet und obendrein im Jahr 23 Ädil. Damit befand er sich in der Pole Position für die Nachfolge, doch starb der noch nicht 20-jährige bereits im Herbst 23 an einer Seuche. Die Wahl fiel nunmehr auf Agrippa, dem zwar der Makel nicht standesgemäßer Geburt anhaftete – er stammte aus dem *ordo equester* –, der aber mit Augustus bereits seit frühester Jugend eng befreundet war und seine Loyalität, seine Tatkraft sowie sein militärisches Können immer wieder unter Beweis gestellt hatte. Agrippa wurde füglich mit Iulia verheiratet. Die Ehe war mit Fruchtbarkeit gesegnet: 20 v. Chr. kam Gaius zur Welt, ein Jahr später die jüngere Iulia, 17 v. Chr. Lucius, 14 v. Chr. Agrippina und 12 v. Chr. Marcus junior, genannt Agrippa Postumus. Dessen Geburt erlebte der Vater schon nicht mehr; Agrippa, der während eines Balkanfeldzugs erkrankt war, starb wohl im März 12 v. Chr. Für die Augustus-Nachfolge war er inzwischen, dank seines reichlich vorhandenen männlichen Nachwuchses, ohnehin entbehrlich geworden. In die Rolle des Kronprinzen rückte der jetzt 8-jährige Augustus-Enkel Gaius nach. Da der noch zu jung war, um im Falle eines Falles die Herrschaft zu übernehmen, wurde Tiberius, Livias Erstgeborener, als Zwischenlösung aufgebaut – zunächst gemeinsam mit seinem jüngeren Bruder Drusus, der jedoch 9 v. Chr. in Germanien vom Pferd stürzte und wenig später starb. Per Befehl des Familienoberhauptes musste Tiberius sich von seiner geliebten Gattin Vipsania Agrippina, der ältesten Tochter Agrippas aus erster Ehe, scheiden lassen und nun seinerseits mit Iulia eine dynastische Ehe eingehen. Die Konstellation barg erheblichen Zündstoff, denn in der Außendarstellung rückte Gaius Caesar immer weiter in den Vordergrund: Gaius wurde, gemeinsam mit seinem Bruder Lucius, von Augustus adoptiert (17 v. Chr.); er nahm, kaum 7-jährig, am »Trojaspiel«, einem Reiterspiel der Jugend, teil (13 v. Chr.); erhielt den Rang eines *comes* (»Gefährten«) *Augusti* (8 v. Chr.); das Volk wählte ihn zum Konsul, aber Augustus annullierte die Wahl und ernannte den 14-jährigen stattdessen zum Pontifex (6 v. Chr.); er legte die *toga virilis* an und erhielt den Titel *princeps iuventutis* (5 v. Chr.); im selben Jahr designierte man ihn für das Jahr 1 n. Chr. zum Konsul; schließlich entsandte man ihn, ausgestattet mit einem *imperium proconsulare*, auf eine diplomatisches Fingerspitzengefühl ebenso wie militärischen Sachverstand erfordernde Mission in den Osten (1 v. Chr.): Dort verhandelte er mit dem Partherkönig Phraates V., trat seinen Konsulat an und führte schließlich Krieg in Armenien, wo er sich am 9. September 3 n. Chr. eine Verletzung zuzog, deren Folgen er im Februar 4 n. Chr. erlag. Gaius' jüngerer Bruder Lucius Caesar war zu diesem Zeitpunkt bereits tot; er war am 20. August 2 n. Chr. auf dem Weg nach Spanien in Massilia (Marseille) gestorben.

So war Tiberius, der von Augustus wenig geliebte Stiefsohn, der einzige verbliebene Erbe, der dem Princeps in dessen Herrscherrolle nachfolgen konnte. Dennoch ließ der mittlerweile 66-jährige Augustus sich Zeit. Statt dem Jüngeren unmittelbar den Weg zur Nachfolge zu ebnen, brachte er ein kompliziertes Adoptionskarussell zum Rotieren, das Tiberius brüskieren und seine Autorität schwächen musste. Livias Sohn kam nämlich nicht als Einziger in die Gunst, von Augustus adoptiert zu werden. Zum Adoptivsohn rückte auch der erst 15-jährige Agrippa Postumus auf, der jüngste Sohn aus der Ehe Agrippas mit Iulia. Außerdem befahl Augustus Tiberius zuvor noch, seinen Neffen Germanicus zu adoptieren, den 15 v. Chr. zur Welt gekommenen Sohn seines Bruders Drusus. Dabei hatte Tiberius mit dem jüngeren Drusus einen etwa gleichaltrigen Sohn, der ebenfalls für die Nachfolge in Frage gekommen wäre. Eine Herrschaftsordnung, die Augustus für die Zeit nach seinem Tod vorgeschwebt haben mag, wird aus diesem Arrangement nur schwer ersichtlich. Unverkennbar ist allerdings, dass der Princeps seinem designierten Nachfolger nicht allzu viel zutraute und Vorsorge bis in die übernächste Generation treffen wollte.[10]

Hinter Tiberius lagen Jahre der Demütigungen und des Kummers, als er mit Mitte Vierzig endgültig zum zweiten Mann hinter Augustus avancierte: Das Ehrgefühl eines vornehmen Römers musste angesichts der dauernden und mit den Jahren noch spürbarer werdenden Zurücksetzung hinter Gaius und Lucius Caesar revoltieren; die erzwungene Trennung von Vipsania Agrippina und die ebenfalls unfreiwillige Ehe mit Iulia, der Tochter des Princeps, waren enorme emotionale Hypotheken; und der Rückzug nach Rhodos, den Tiberius 6 v. Chr. aus mehr oder weniger freien Stücken antrat, dürfte ihn kaum mit dem Familienoberhaupt ausgesöhnt haben. 2 v. Chr. schließlich war Iulia des Ehebruchs angeklagt worden – eines Verbrechens, das Augustus selbst mit der 18 v. Chr. erlassenen *lex Iulia de adulteriis coercendis* mit Verbannung und Vermögenseinzug belegt hatte.

Die *lex Iulia* war Teil eines umfassenden Gesetzespakets gewesen, mit dem Augustus die nach dem Gefühl vieler auf den Hund gekommenen Moral restaurieren wollte. Neben der gerichtlichen Ahndung von Ehebruch sahen die Bestimmungen eine Pflicht zur Ehe für alle römischen Männer zwischen 25 und 60 bzw. Frauen zwischen 20 und 50 Jahren vor. Worum ging es Augustus? Vordergründig darum, *honos*, *pudor* und *virtus*, getreu den Worten des Dichters Horaz, wieder Geltung zu verschaffen, jenen uralten Säulen der römischen Gesellschaft. Nebenbei auch darum, den Blutzoll von Bürgerkriegen und

Abb. 2.2: Kameo des Tiberius, 14–37 n. Chr. Sardonyx. Wien, Kunsthistorisches Museum.

Proskriptionen wettzumachen, den vor allem die Oberschicht entrichtet hatte. Ihrem Kern nach aber war die Moralgesetzgebung auch Teil des Pakts, den Augustus mit den alten republikanischen Eliten geschlossen hatte. Der Princeps brauchte die Senatoren, weil es jenseits ihres Standes kein Reservoir gab, aus dem er das Personal für die Spitzenpositionen seines Reiches hätte schöpfen können. Damit die Senatoren diese Funktion erfüllen konnten, hatten sie moralisch integer, ihre Familien intakt zu sein. Mit seiner Ehe- und Sittengesetzgebung appellierte Augustus gezielt an das konservative, einer strengen Auslegung des *mos maiorum* verpflichtete Wertesystem der alten republikanischen Elite. Dass seine eigene Familie einen hohen Preis für die inszenierte Tugendhaftigkeit zu zahlen hatte, nahm der Princeps billigend in Kauf.[11]

Des Princeps eigene Tochter wurde also in die Verbannung geschickt – und verbrachte den Rest ihrer Tage unter einfachsten Verhältnissen und strenger Aufsicht erst auf der kargen, vor der Küste Latiums liegenden Insel Pandateria, dann in Rhegion, an der Spitze des italienischen Stiefels. Ihr Mann, der sich von Rhodos aus für Iulia eingesetzt hatte, konnte nichts ausrichten – wie er überhaupt im politischen und gesellschaftlichen Roms keinerlei Rolle mehr spielte. Im Hochsommer des Jahres 2 n. Chr. kehrte ein innerlich verbitterter, politisch perspektivloser Tiberius nach Rom zurück. Kaum zwei Jahre später war derselbe Tiberius Adoptivsohn, Erbe und designierter Nachfolger des Mannes, der Rom erst mit Krieg und Gewalt überzogen und dann dauerhaft Frieden gestiftet hatte.

Abb. 2.3: Kameo der Livia mit divus Augustus, 14–29 n. Chr. Sardonyx. Wien, Kunsthistorisches Museum.

4 Der lange Schatten

Augustus erkrankte im Sommer 14 n. Chr. auf einer Reise nach Kampanien; am 19. August schloss er in Nola für immer die Augen. Der Leichnam wurde nach Rom überführt, dort nach traditionellem Ritus auf dem Marsfeld eingeäschert und schließlich in dem Mausoleum begraben, das Augustus schon Jahrzehnte zuvor für sich hatte errichten lassen. Der Senat beschloss für den verblichenen Princeps göttliche Ehren: Als *divus* ging er in den Kreis der römischen Staatsgötter ein; ein eigens für ihn eingerichtetes Priesterkollegium, die Augustalen, versah seinen Kult. Der 54-jährige Adoptivsohn Tiberius trat die Nachfolge an in einem innerlich gefestigten, nach außen konkurrenzlos starken Imperium. Dennoch gelang die Machtübergabe nicht völlig ohne Friktionen: An Rhein und Donau meuterten die Legionen. Sie forderten, Germanicus solle an der Herrschaft beteiligt werden; außerdem müsse die Dienstzeit herabgesetzt, der Sold erhöht werden. Zwar gelang es Germanicus und dem jüngeren Drusus, Tiberius' Adoptivsohn und seinem leiblichen Sohn, die Aufstände rasch einzudämmen; sie waren aber eine unmissverständliche Warnung, dass dem Nachfolger des Augustus dessen Schuhe womöglich eine Nummer zu groß waren.

III Orbis Romanus: Morphologie eines Weltreichs

Bis zum 16. Januar 27 v. Chr. hatte die römische Welt aus Rom, Italien und einem Sammelsurium zusammeneroberter Provinzen bestanden, deren Hauptdaseinszweck gewesen war, römischen Steuerpächtern die Taschen und über diesen Umweg den Staatsschatz der *res publica* zu füllen. Von dem Tag an, da Caesar *divi filius* die Kurie auf dem Forum betreten hatte, um sie als Augustus wieder zu verlassen, war nichts mehr so, wie es gewesen war. Wer zu Zeiten der Republik römischer Bürger gewesen war, hatte, vom Tagelöhner bis zum Senator, einer Herrenschicht angehört, die sich das Mittelmeer untertan gemacht hatte. Jetzt gab es nur noch einen Herrn, alle anderen waren Untertanen. Besser als Tacitus anderthalb Jahrhunderte später kann man der gewandelten Wirklichkeit nicht Ausdruck geben:[1]

> »Dissidenten gab es keine, denn die mutigsten Männer waren bereits im Schlachtgetümmel oder durch Proskriptionen zugrunde gegangen. Der Rest der Elite hingegen war der Knechtschaft umso zugeneigter, je mehr sie durch Reichtümer und Ehrenämter emporgehoben wurden, und sie zogen, nachdem sie von dem Umsturz profitiert hatten, die sicheren Verhältnisse der Gegenwart jenen unsicheren der Vergangenheit vor.«

Dieses neue Imperium, in dem nur noch ein Mann Herr war, unterschied sich von der Republik grundlegend. Eigentlich wurde der Herrschaftsraum Roms erst mit Augustus ein »Reich«, das diesen Namen auch verdiente. Als solches war es ein politisches Phänomen sui generis, individuelle Ausformung des Typus Imperium, die Vorbild für alle nach ihm kommenden europäischen Imperien war, aber doch nach einem sehr eigenen Regelwerk mit zahlreichen Besonderheiten funktionierte. Der Modus operandi des römischen Imperiums ist Gegenstand dieses Kapitels. Sein Verständnis ist Schlüssel zum Verständnis aller römischen Geschichte ab Augustus; sie ist aber auch für jeden von Interesse, der sich für die Organisation imperialer Herrschaft allgemein interessiert.

1 Princeps

Für Theodor Mommsen war die »Volkssouveränetät« das Republik und Prinzipat verbindende Merkmal. Nicht der Princeps stehe über dem Gesetz, sondern umgekehrt das Gesetz über dem Princeps. Wie »jeder andere auch«, formuliert der Historiker des römischen Rechts, sei »der erste Bürger durch die Gesetze des Staates« gebunden. Deshalb hält Mommsen den Prinzipat für eine Magistratur, verschließt aber auch nicht die Augen davor, dass sich bereits sehr früh in Konkurrenz dazu auch die »Auffassung des Herrschers als einer qualitativ über den Unterthanen stehenden und durch sich selbst zum Regiment berechtigten Persönlichkeit« artikuliert habe.[2]

Die Einordnung des Prinzipats ist seit Mommsen ein in der Forschung heftig diskutiertes Problem, mit im Prinzip offenem Ausgang: Wer, wie Mommsen, die rechtliche Komponente betont, sieht den Prinzipat in der Kontinuität der Republik. Schließlich besaß der Princeps ja tatsächlich, wie Augustus in seinen *Res gestae* betont, nicht mehr Amtsbefugnisse als jeder der entsprechenden Magistrate. Wer hingegen die tatsächliche Machtfülle des Herrschers im Blick hat, hebt den Bruch hervor, den Augustus mit der republikanischen Ordnung vollzog, der sich allerdings, bei näherer Betrachtung, in der Spätphase der Republik seit Sulla bereits angekündigt hatte.[3]

Das Problem bestand stets darin, ein einmal errungenes Machtmonopol rechtlich zu verankern, damit zu legitimieren und in Herrschaft zu übersetzen. Daran waren sie alle gescheitert: Sulla, der die Diktatur wiederbelebt hatte, aber als »politischer Analphabet« der Macht entsagt hatte und zurückgetreten war; Pompeius, der als *consul sine collega* dem Druck der Optimaten nachgegeben und sich seinen Schwiegervater zum Kollegen erwählt hatte; Caesar, der den Königstitel verschmäht und sich zum Diktator auf Lebenszeit (*dictator perpetuo*) ausgerufen hatte. Vor allem Caesars warnendes Beispiel zeigte, wie man es nicht machen durfte. Zu machtvoll war die Kraft der in Jahrhunderten geheiligten Tradition. Tradition kleidete sich in Rom ins Gewand des *mos maiorum*: jener nirgends schriftlich fixierten, aus den *exempla* der Altvorderen destillierten »Sitte der Vorfahren«, die zwar immer wieder behutsam neuen Situationen angepasst, aber nie als Richtschnur ethisch korrekten Handelns ignoriert werden durfte.[4]

Statt der Diktatur wählte Augustus, eingedenk der Imperative des *mos maiorum*, den Weg über einzelne Amtsbefugnisse, die ihm ad personam übertragen wurden, vor allem die tribunizische Gewalt und das *imperium proconsulare*. Während die *tribunicia potestas* dem Princeps die *sacrosancitas* und das Initiativrecht für Gesetze und Strafanklagen verlieh, war er kraft prokonsularischen Imperiums Inhaber der höchsten Kommandogewalt in allen Provinzen. Indem er diese Vollmachten kumulierte, entkernte er die republikanischen Magistraturen, die zwar keine faktische Macht mehr besaßen, aber als repräsentative Hüllen fortbestanden und so der auf ihre Ehre bedachten Elite eine Arena für ihren Wettstreit boten.[5]

Die Verleihung von prokonsularischem Imperium und tribunizischer Gewalt geschah in mehreren Akten. Zunächst akklamierte das Heer dem Princeps als Imperator. Dann trat der Senat zusammen und bestätigte die Imperator-Ausrufung. Schließlich rief ein Magistrat die Komitien zusammen, die per Gesetz dem Princeps erstens das *imperium proconsulare* und zweitens die tribunizische Gewalt verliehen. Erst vergleichsweise spät besannen sich Roms Herrscher darauf, die Einzelvollmachten zusammenzufassen, die rechtlich ihre Macht absicherten. Wann immer möglich, ließ ein Princeps bereits zu Lebzeiten den designierten Nachfolger an der Prinzipatsgewalt teilhaben: durch Verleihung einzelner oder aller Privilegien kraft Gesetz. So ließ sich im günstigen Fall eine reibungslose Nachfolge gewährleisten. Vermutlich als erster Princeps bündelte Vespasian in der am 22. Dezember 69 vom Senat verabschiedeten *lex de imperio Vespasiani* sämtliche Privilegien, die von senatswegen üblicherweise jedem neuen Princeps zum Amtsantritt verliehen wurden.[6]

1 Princeps

Augustus und jeder Princeps nach ihm besaß die ungeteilte Macht, weil und solange seine Autorität unangefochten war. Im Fall des ersten Princeps gründete diese Autorität auf dem schlichten Faktum, dass er nach einem Jahrhundert politischen Chaos Frieden geschaffen hatte. Mit der Autorität tritt zur legalen Begründung der römischen Monarchie die ihr innewohnende charismatische Komponente. Der Begriff »Charisma« hat seine prägnante Bedeutung in der Herrschaftssoziologie Max Webers erhalten:[7]

> »›*Charisma*‹ soll eine als außeralltäglich [...] geltende Qualität einer Persönlichkeit heißen, um derentwillen sie als mit übernatürlichen oder übermenschlichen oder mindestens spezifisch außeralltäglichen, nicht jedem andern zugänglichen Kräften oder Eigenschaften oder als gottgesandt oder als vorbildlich und deshalb als ›*Führer*‹ gewertet wird.«

Charisma ist daher eine zugeschriebene, keine objektiv vorhandene Eigenschaft. Augustus' Charisma bestand in seiner Rolle als Friedensbringer, das seiner Nachfolger darin, dass sie sich über Adoption oder Blutsbande als glaubwürdige Verwalter seines politischen Nachlasses empfehlen konnten. Charisma ist an den Glauben daran geknüpft, dass sein Träger sich vor anderen durch »Gnadengabe« auszeichnet. An den charismatischen Herrscher richten sich Heilserwartungen der von ihm Beherrschten. Seine Legitimität ist daher an Erfolg geknüpft: Reißt seine Glückssträhne ab, wird Charisma rasch zur flüchtigen Ressource. Auch von den Vorfahren ererbtes Charisma trägt das Verfallsdatum in sich. Wird es nicht regelmäßig durch Einlösen der Heilserwartungen aktualisiert, steht der Kaiser nackt da und geht seiner Würde verlustig.

Im Prinzipat mischten sich, auf die herrschaftssoziologischen Idealtypen Max Webers bezogen, legale, traditionale und charismatische Elemente. Das von Augustus geschaffene System wäre unvollständig geblieben ohne seine rechtliche Fundierung und ohne sein Anknüpfen an die Tradition des *mos maiorum*. Als entscheidender dritter Faktor kam das von Augustus selbst als *auctoritas* bezeichnete Charisma hinzu: Erst dadurch, dass die Beherrschten dem Princeps die von ihm beanspruchte Gnadengabe glaubten, waren sie bereit, seine Rechtsstellung zu akzeptieren. Für unterschiedliche Gruppen von Beherrschten waren allerdings je andere Legitimitätsgründe besonders wichtig: Während für die Akzeptanz der Senatorenschaft Tradition und Rechtlichkeit den Ausschlag gaben, zeichnete für die immer wichtiger werdende Gruppe der Soldaten Charisma durch Sieghaftigkeit einen guten Princeps aus. Wer hier nicht zu überzeugen wusste, konnte sich nicht lange auf die Loyalität des Heeres verlassen. So ging es den kurzlebigen Herrschern des Vierkaiserjahres 69 und den meisten der Soldatenkaiser im 3. Jahrhundert. Aus dieser Perspektive blieb der Prinzipat stets das, was er in seinen Anfängen gewesen war: eine verkappte Militärdiktatur. Zugleich hatten Herrscher einen schweren Stand bei den Senatoren, die den *mos maiorum* mit Füßen traten und sich, wie Caligula, Nero oder Domitian, wie Tyrannen aufführten. Allerdings trat dieser Aspekt in seiner Bedeutung hinter dem Charisma zusehends zurück, vor allem ab der Severerzeit.[8]

Der Princeps besaß noch weitere Machtressourcen, materielle wie symbolische: Er war der größte private Grundbesitzer im Imperium und überhaupt die bei weitem reichste Einzelperson. Er war somit imstande, beträchtliche Geldbeträge für Wohltaten aufzuwenden, in deren Genuss wechselnde Gruppen kommen konnten. Außerdem übte er direkt oder mittelbar über seine Freunde die Patronage über beträchtliche Teile der Bevölkerung. Der Princeps war ein religiöser Amtsträger und saß – seit der Wahl des Augustus zum Pontifex Maximus 12 v. Chr. – dem wichtigsten Priesterkollegium vor. Alle Soldaten waren dem Princeps durch den Eid verbunden, den sie auf seine Person ablegten. Er war durch die Kleidung des Triumphators, die er zu allen möglichen öffentlichen Anlässen anlegte, ausgewiesen und trug im Feld das purpurne *paludamentum*, den mit einer Fibel zusammengehaltenen Feldherrnmantel. Erst in der Spätantike jedoch, ab Diokletian, war er durch den prächtigen Kaiserornat, abgeschirmte Paläste und ein ausgeklügeltes Hofzeremoniell in eine Normalsterblichen unzugängliche Sphäre entrückt.

Bis zu Augustus reichen die Anfänge des Kaiserkults zurück. Allerdings blieb der erste Princeps auch in der Frage, ob seine Person kultischer Verehrung zugänglich sein solle, dem *mos maiorum* treu. Während er im Osten, wo religiöse Ehren für lebende Herrscher auf eine lange Tradition zurückblicken konnten, keine Einwände dagegen erhob, dass Tempel für ihn als Gott gebaut und entsprechende Priesterschaften eingerichtet wurden, beschränkte er kultische Ehren im Westen, insbesondere in Italien, auf den *Genius Augusti*. In der Stadt Rom wurden die Hausgötter seiner Familie, die *lares Augusti*, und sein persönlicher Schutzgeist, der *Genius*, an sämtlichen Straßenkreuzungen (*compites*) verehrt. Zu ihrer Verehrung entstanden lokale Kultvereine und Priesterkollegien aus je vier *magisti vicorum*, die sich meist aus Freigelassenen rekrutierten. Ihnen arbeiteten ebenfalls vier *ministri* zu, die in der Regel Sklaven der öffentlichen Hand waren. Beide Gruppen, *magistri* wie *ministri*, bezogen aus dem Kult erhebliches Sozialprestige, das sie nicht selten für höhere Aufgaben empfahl.[9]

2 Regierungspraxis

Der Princeps war, kaum dass es ihn gab, im Leben jedes Einzelnen unmittelbar präsent. Selbstverständlich wurde von ihm erwartet, dass er seine diversen Funktionen mit Sorgfalt versah, ob sie nun politischer, priesterlicher, militärischer oder juristischer Art waren. Der Kaiser musste vor dem Senat sprechen, militärische Operationen leiten, Gastmähler geben, den Spielen beiwohnen, Opfer vornehmen, seine Freunde und Berater empfangen. Vor allem musste er immer wieder rechtsprechen. Das Kaisergericht wurde sehr schnell zur zentralen Rechtsinstanz des Imperiums, höchstes Berufungsgericht, an das alle römischen Bürger gegen Entscheidungen nachgeordneter Amtsträger appellieren konnten, und vor allem Organ juristischer Normsetzung. Mit seinen Erlässen, *constitutiones*, die unterschiedliche Form haben konnten, schuf der Princeps Rechtsakte, die in den ständig wachsenden Schatz des römischen Rechts eingingen.[10]

Eine Besonderheit des Prinzipats und seiner Regierungspraxis liegt darin, dass der Herrscher selten nur von sich aus aktiv wurde. Natürlich konnte er, wenn er es für angebracht hielt, ein Gesetz erlassen. Beispiele sind Caracallas Bürgerrechtsverfügung, die *constitutio Antoniniana* von 212, und das Höchstpreisedikt der Tetrarchen von 301.

Allerdings wurde der Princeps in den weitaus meisten Fällen nur reaktiv tätig. Ständig wurden Eingaben und Anfragen an ihn herangetragen, von Einzelpersonen, Gruppen oder ganzen Gemeinden. Sie erwarteten sich von ihm Privilegien oder günstige Entscheidungen in Rechtsstreitigkeiten. Die Praxis sah vor, dass die Anfragen dem Princeps in Schriftform, als *libelli*, vorgelegt wurden und er darunter seine Stellungnahme (*subscriptio*) notierte. Dazu hatte er jeden Fall eingehend zu studieren. Die Reskripte genannten Antwortschreiben, von denen täglich etliche ausgefertigt wurden, entsprachen dem patrimonialen Herrschaftsverständnis der römischen Welt.[11]

Seinem Volumen nach dürfte das Regieren durch »petition and response« (Fergus Millar) im Tagesablauf eines römischen Kaisers breiten Raum eingenommen haben. Dazu traten dann noch mündliche Anhörungen, Gerichtsverfahren und ein erhebliches Portfolio an sozialen Pflichten. Princeps zu sein, war, wenn der Amtsinhaber seine Pflichten ernst nahm, alles andere als ein Freizeitvergnügen, es war ein Vollzeitjob, der höchste physische und psychische Präsenz erforderte, selbst wenn die Zeiten ruhig waren. Ab 27 v. Chr. nahm die Komplexität des Imperiums und der Verwaltungsabläufe, die nötig waren, um es zu beherrschen, in atemberaubendem Tempo zu. In gleichem Maß wuchs die Fürsorge, die man selbstverständlich vom Princeps verlangte. Selbst ein in hohem Maß zum Multitasking befähigter Monarch wie Augustus, Trajan, Hadrian oder Mark Aurel wäre angesichts der Aufgabenvielfalt heillos überfordert gewesen. Der erste Mann benötigte Hilfe, auf allen Ebenen und sämtlichen Feldern.[12]

Modell für die kaiserliche Verwaltung war zunächst, angesichts des patrimonialen Charakters der Herrschaft nicht überraschend, der private Haushalt. So wie Augustus auf dem Palatin in einem zwar großen, aber unter den Umständen eben doch bescheidenen Privathaus residierte, ließ er sich bei seinen Amtsgeschäften von Sekretären, *a manu*, unterstützen, die Sklaven sein mochten oder Freigelassene. Zuerst unter Claudius entstand eine Zentralverwaltung, mit arbeitsteilig in Geschäftsbereiche untergliederten Spitzenämtern: dem *a rationibus*, der für die Verwaltung des Schatzes zuständig war, dem *ab epistulis* genannten Leiter der Kanzlei und schließlich des *a libellis*, dessen Aufgabe die Erledigung sämtlicher Bittschriften und Eingaben war.

2 Regierungspraxis

Auch diese Ämter waren noch fest in der Hand des kaiserlichen Privathaushalts mit seiner Sklaven- und Freigelassenenschar, der *familia Caesaris*. Narcissus (*ab epistulis*), Pallas (*a rationibus*) und Callistus (*a libellis*), die unter Claudius zu Amt, Einfluss und Vermögen gelangten, waren allesamt Freigelassene.

Die Praxis, Leitungsfunktionen an Freigelassene zu vergeben, gab Anlass zu Kritik, die in der Historiographie ihren Nachhall findet. Je differenzierter die Hoforganisation wurde, desto mehr bot sie auch für Freigeborene und zunehmend auch für Angehörige der im Ritterstand versammelten nichtsenatorischen Elite attraktive Karriereoptionen. Deshalb – und weil die Administration eines Weltreiches nicht länger im Stil eines Privathaushalts zu leisten war – emanzipierte sich die Zentrale immer weiter von der traditionellen Herrschaft durch Patronage. Rückgrat der Verwaltung wurden neben dem Senatorenstand, aus dem sich das Spitzenpersonal in den Provinzen und einige herausgehobene Amtsträger in Rom rekrutierten, der Ritterstand, *ordo equester*.

Beide Gruppen, Senatoren- wie Ritterstand, hatten sich aus dem politischen System der Republik entwickelt. Dort waren die Ritter die Angehörigen der obersten Zensusklasse gewesen, die Anspruch auf ein Staatspferd gehabt und in der Reiterei gekämpft hatten. Unter dem Prinzipat entschied der Kaiser über die Aufnahme in den jetzt als Stand konstituierten *ordo equester*. Bedingung war ein Vermögen von mindestens 400 000 Sesterzen und in der Regel der Status als Freigeborener. Grund für die Erhebung in den *ordo* waren meist persönliche Verdienste, die dem Kaiser nicht selten durch das Wirken von Patronage zu Ohren gekommen waren. Lokale Honoratioren aus den Provinzen kamen ebenso häufig in den Genuss der Ritterwürde wie langgediente Zenturionen. Die Zugehörigkeit zum Ritterstand war nicht vererbbar, eröffnete aber den Zugang zu wichtigen, dem *ordo* vorbehaltenen und vor allem lukrativen Staatsämtern. Das Einstiegsgehalt lag im 3. Jahrhundert bei 60 000 für Prokuratoren niederen Ranges, es folgten Gehaltsstufen zu 100 000, 200 000 und schließlich 300 000 Sesterzen jährlich. Spitzenverdiener war der Prätorianerpräfekt, der eine Million Sesterze bezog.

In der Republik war die Senatorenschaft der sich durch die Bekleidung von Ehrenämtern, *honores*, rekrutierende Teil der Ritterschaft gewesen: ein »Amtsadel«, der sich freilich frühzeitig durch Kooptation von Mitgliedern immer der gleichen Familien nach unten fast hermetisch abgeschlossen hatte. Unter den Principes wurde die Zugehörigkeit zur obersten Schicht der imperialen Elite erblich, die Senatorenschaft wurde zum *ordo senatorius*, der vom *ordo equester* formalrechtlich geschieden wurde. Der Rang eines Senators innerhalb des Standes richtete sich nach dem Amt, das er zuletzt in der senatorischen Ämterlaufbahn, dem *cursus honorum*, bekleidet hatte: War er Konsular, dann stand er um vieles über einem gewesenen Aedil oder Quaestor. Dennoch rückten für absterbende Senatorenfamilien immer wieder Angehörige des *ordo equester* nach. Sie wurden, wie etwa der nachmalige Kaiser Pertinax, durch den Princeps aufgrund einer herausragenden ritterständischen Karriere in den Senat aufgenommen und dort einer bestimmten Rangklasse zugeordnet, die ihren Inhaber wiederum für bestimmte Ämter in der Hierarchie senatorischer Verwaltungsposten qualifizierte.[13]

Bereits unter Augustus gab es senatorische Amtsträger, die gleichsam stellvertretend Verantwortung (*cura*) für den Princeps wahrnahmen: ab 20 v. Chr. gab es die *cura viarum* für das Netz der Fernstraßen; ab 11 v. Chr. die *cura aquarum* für die stadtrömische Wasserversorgung; für das städtische Grundeigentum waren *curatores locorum publicorum iudicandorum* zuständig. Die *curatores* waren senatorische Amtsträger. Aus den Reihen der Senatoren bestellten Augustus und seine Nachfolger auch den *praefectus Urbi*, eine Art Bürgermeister, der mit der Verwaltung der Hauptstadt betraut war und den Befehl über die *cohortes urbanae* führte. Die Stadtpräfektur war das prestigereichste aller senatorischen Ämter.[14]

22 v. Chr., vor dem Hintergrund einer am Tiber wütenden Hungersnot, übernahm Augustus die *cura annonae* und damit die Verantwortung für die Getreideversorgung der Hauptstadt. 7 n. Chr. ernannte er aus den Reihen des *ordo equester* einen *praefectus annonae*, der einer Behörde vorgesetzt war, die für Transport und Lagerung des hauptsächlich in Ägypten angebauten Getreides zuständig war. Zu kämpfen hatten die Präfekten mit den unberechenbaren privaten Schiffseignern, deren Dienste für den Transport in Anspruch genommen werden mussten, aber auch mit Feuchtigkeit und allgegenwärtiger Korruption. Durch einige Inschriften wissen wir von subalternen Mit-

arbeitern des *praefectus annonae*: Ein Titus Flavius Apollonius etwa diente im 2. Jahrhundert als Sekretär im Büro des Präfekten (*a libellis frumentarii*). Dort taten, wie eine andere Grabinschrift informiert, auch Angehörige der *familia Caesaris* Dienst.[15]

Wichtiger noch als der *praefectus annonae* und selbst als der senatorische *praefectus Urbi* war der Prätorianerpräfekt, *praefectus praetorio*. Die großen Heerführer der späten Republik, von Sulla bis Caesar, hatten alle eine Leibwache aus langgedienten Soldaten gehabt. Die Stadt Rom innerhalb des Pomerium war aber stets entmilitarisiert gewesen. Soldaten hatten ihre Waffen abzulegen, wenn sie Stadtgebiet betraten. Das änderte sich unter Augustus. Bereits 27 v. Chr. ließ Augustus erste Prätorianerkohorten aufstellen, die in Rom Quartier bezogen, besser bezahlt wurden als ihre Kameraden in den Legionen und kürzer dienten. Ihre Zahl wurde bis zum seinem Tod auf neun erhöht, von denen immer drei gleichzeitig Dienst taten. Die Soldaten trugen, wenn sie durch die Straßen der Hauptstadt patrouillierten, zunächst Zivilkleidung, waren aber bewaffnet. 2 v. Chr. wurden die Kohorten zwei ritterständischen Präfekten unterstellt, 23 n. Chr. zogen sie in ein großes Lager im Nordosten Roms, die *castra praetoria*.

Als Befehlshaber der zahlenmäßig bedeutendsten Militäreinheit in Rom waren die Prätorianerpräfekten für die Sicherheit des Princeps und für Ruhe und Ordnung in der Hauptstadt verantwortlich. Wie das Beispiel Sejans bald zeigte, waren sie auch dazu in der Lage, erheblichen politischen Einfluss auszuüben, der soweit reichen konnte, dass sie Kaiser stürzen und, im Falle Othos, in Amt und Würden bringen konnten. Allerdings zeigte das Vierkaiserjahr 69 n. Chr. auch, wo die Grenzen ihrer Möglichkeiten lagen: Griffen die Legionen aus den entfernten Grenzprovinzen in politische Machtkämpfe in Rom ein, dann hatten die Prätorianer und ihre Präfekten ihnen wenig entgegenzusetzen. Ab dem späten 2. Jahrhundert wandelten sich die Aufgaben der Präfekten: Zunächst wurde eine der Positionen mit einem professionellen Juristen besetzt, später wuchsen die Prätorianerpräfekten in die Rolle von Regierungschefs hinein. Zuerst unter Konstantin schließlich standen die *praefecti praetorio* drei großen Verwaltungsregionen vor, zu denen jeweils dutzende Provinzen zusammengefasst waren.[16]

3 Direkte Herrschaft: Provinzen

Provinzen waren alle römischen Territorien außerhalb Italiens, das sich bis in die Spätantike seine angestammten Privilegien bewahrte, vor allem die Steuerfreiheit. Das Ergebnis des Ersten Punischen Krieges (264–241 v. Chr.) hatte Rom erstmals vor das Problem gestellt, wie Gebiete in Übersee zu organisieren waren. Das System der Vertragsgemeinschaften, auf denen Roms Herrschaft über die italischen Bundesgenossen, *socii*, gründete, kam für die großen Inseln im Tyrrhenischen Meer, die den Römern als Frucht des Krieges in den Schoß gefallen waren, nicht in Frage. Deshalb übernahmen in den neu eingerichteten Amtsbezirken (*provinciae*) zunächst Prätoren, dann auch Konsuln und später Promagistrate, die zuvor den Konsulat oder die Prätur bekleidet hatten, die militärische wie zivile Verwaltung.[17]

27 v. Chr., als Augustus seine Herrschaft zu formalisieren begann, gab es 16 Provinzen. Bei seinem Tod 14 n. Chr. waren es 24 und sie umgaben jetzt das gesamte Mittelmeer, das mit Fug und Recht *mare nostrum* genannt wurde. Im frühen 3. Jahrhundert war ihre Zahl auf 44 angeschwollen, durch weitere Eroberungen und Teilung vorhandener Provinzen stieg sie unter Diokletian auf etwa 100. Jeder Provinz stand ein Statthalter vor, der in der Regel senatorischen Rang hatte. Einzige Ausnahme war die 30 v. Chr. eingerichtete Provinz Ägypten, aus der bald ein Großteil des Getreides – rund 150 000 Tonnen jährlich – stammte, das die stets hungrige Bevölkerung Roms ernährte. Das Nilland besaß deshalb eine so herausgehobene Bedeutung, dass Augustus Senatoren verbot, die Provinz zu betreten. Statthalter wurde hier ein ritterständischer *praefectus Aegypti*, der aber sonst in allen Belangen dieselben Befugnisse hatte wie seine senatorischen Kollegen.[18]

Auch zwischen den senatorischen Statthaltern gab es Unterschiede. In einem Teil der Provinzen amtierten wie zu Zeiten der Republik Promagistrate: gewesene Prätoren oder Konsuln, die unabhängig von ihrem Rang den Titel Prokonsul führten und die entsprechenden Amtsinsignien einschließlich der Liktoren führten. Für diese *provinciae populi Romani* genannten Provinzen wählte nominell der Senat den

3 Direkte Herrschaft: Provinzen

Statthalter, er traf jedoch keine Personalentscheidung gegen den Willen des Princeps, dessen *imperium proconsulare* im Übrigen auch in den Provinzen des römischen Volkes galt. Im Wesentlichen handelte es sich um die seit langem befriedeten inneren Provinzen: Asia und die Africa proconsularis als bevölkerungsreichste und wichtigste, die deshalb einem Prokonsul konsularischen Ranges unterstanden; außerdem Sicilia, Baetica, Narbonensis, Achaia, Macedonia, Pontus et Bithynia, Cyprus und Creta et Cyrenae. Von diesen Provinzen besaß lediglich die Africa proconsularis eine Legion; der Prokonsulat über diese Provinz markierte deshalb, neben der Stadtpräfektur, den Gipfel einer senatorischen Karriere.

Auch in den übrigen, in der Regel grenznahen Provinzen – außer eben Ägypten – amtierten Senatoren als Befehlshaber und Verwaltungschefs. Nur wurden diese Amtsträger, die sich daher *legati Augusti* nannten – direkt vom Princeps ernannt, der hier formalrechtlich selbst die Statthalterschaft ausübte und sie an die *legati* delegierte. Auch unter ihnen gab es Amtsträger konsularischen und prätorischen Ranges, die entsprechend *legati Augusti pro consule* bzw. *pro praetore* hießen. Die Bedeutung einer Provinz und damit des Statthalterpostens bemaß sich wesentlich an der Zahl der dort stationierten Legionen. Die höchste Militärkonzentration wiesen die Rhein- und Donauprovinzen sowie der Osten auf. In Provinzen wie Britannien, Nieder- und Obergermanien waren in der Regel drei, in Syrien sogar zeitweise vier Legionen stationiert. Damit wuchs den entsprechenden *legati* ein erhebliches Machtpotenzial zu, zumal ihre Verweildauer in den Provinzen meist mehrere, manchmal bis zu zehn Jahre betrug. Die Problematik wurde vor allem in Bürgerkriegssituationen offenbar, erstmals 68/69 n. Chr. Die Teilung der Provinz Syria unter Septimius Severus verdankte sich auch diesem Umstand.

Zusätzlich zu ihren militärischen Aufgaben waren die Statthalter die Chefs der Zivilverwaltung in ihren Provinzen. Ihre wichtigste zivile Aufgabe war die Rechtsprechung in Strafsachen sowie in Zivilprozessen, bei denen der Streitwert eine bestimmte Schwelle überstieg, so dass sie nicht vor städtischen Gerichten verhandelt wurden. Um ihre Dienstpflichten wahrnehmen zu können und die richterliche Versorgung überall in den zum Teil ausgedehnten Provinzen sicherzustellen, bereisten die Stadthalter im Jahresrhythmus die wichtigsten Städte. Den Statthaltern war ein Verwaltungsstab beigegeben, der nach heutigen Vorstellungen minimalistisch anmutet. Die einzelnen Legionen befehligte in Provinzen mit mehr als einer Legion jeweils ein senatorischer *legatus legionis*, außerdem wirkte bei der Jurisdiktion zumindest in einigen Provinzen ein *legatus iuridicus* mit. Als einziges Zivilpersonal verfügten die Statthalter über ihre Liktoren: die Prokonsuln konsularischen Ranges über zwölf, gewesene Prätoren sechs und *legati Augusti* fünf. Alles sonstige Personal stellten die Legionen dem Statthalter zur Verfügung: pro Legion rund 100 Mann, die vor allem für Ruhe und Ordnung in der Provinz zuständig waren oder Dienst im Büro des Statthalters taten.[19]

Die Einziehung der Kopf- und Grundsteuer, die den Großteil des Steueraufkommens ausmachte, sowie aller anderen Steuern und Abgaben oblag nicht den Statthaltern, sondern eigens vom Princeps eingesetzten, ritterständischen Prokuratoren, denen ein eigener Stab aus Freigelassenen und Sklaven des Kaisers zur Seite stand. Den Prokuratoren, die nicht selten für mehr als eine Provinz zuständig waren, unterstand auch das Grundvermögen des Kaisers in ihrem Amtsbezirk, dazu Steinbrüche und Bergwerke, die an Privatleute verpachtet wurden. Vereinzelt, etwa in Iudaea und Raetien, trug ein Prokurator auch die Gesamtverantwortung für eine kleinere Provinz ohne eigenes Militär. Er war dann stets dem senatorischen Statthalter der nächsten größeren Provinz unterstellt.

Die Statthalter erhielten, wenn sie sich auf den Weg in ihre Provinz machten, *mandata* des Kaisers: Instruktionen, worauf sie bei ihrer Amtsführung zu achten hatten. Aber auch während ihrer Amtsperiode korrespondierten die Statthalter eifrig mit ihrem Vorgesetzten in Rom. 111 wurde der jüngere Plinius außerordentlicher *legatus Augusti pro praetore* in der kleinasiatischen Provinz Pontus et Bithynia, mit dem Auftrag Kaiser Trajans, die zerrütteten Finanzen der Städte zu sanieren. Aus Plinius' zahlreichen Briefen an Trajan wird deutlich, wie der Statthalter sich um eigenverantwortliches Entscheiden herumdrückte, indem er den Princeps in allen möglichen Angelegenheiten konsultierte. Einmal begründete er wortreich einen Urlaubsantrag, den Trajan mit knappen Worten genehmigt. Berühmt ist ein Brief, in dem Plinius um Zustimmung zu seiner Behandlung der Christen nachsucht: Der Statthalter ist bemüht, sie zum Abfall von ihrem Glauben zu bewegen. Wer sich nach dreimaligen Nachfragen noch immer zum Christengott bekannte, wurde bestraft: »Denn ich hatte keine Zweifel: Was es auch sein mochte, das sie bekannten, es musste sicher als Starrsinn und unbeugsame Widersetzlichkeit bestraft werden.«[20]

4 Indirekte Herrschaft: Städte, Stämme, *reges amici*

Für ein Reich, das zu seinen besten Zeiten vielleicht 60 Millionen Menschen in seinen Grenzen beherbergte und sich über eine Fläche von annähernd sechs Millionen Quadratkilometern erstreckte, war der Verwaltungsstab in Diensten von Princeps und Statthaltern geradezu lächerlich klein. Möglich war das nur, weil das Imperium seine Ressourcen mit maximaler Effizienz einsetzte, indem es gleichsam Outsourcing von Herrschaft an dritte Akteure in großem Stil betrieb. Diese Dritten waren zum einen Akteure außerhalb Roms: die Herrscher von Territorien, die über Verträge an Rom gebunden waren und – bei Wahrung ihrer inneren Autonomie und Autokephalie – zur Bündnistreue verpflichtet waren. Zum anderen waren es Organisationseinheiten im Innern des Imperiums, die zum Teil schon lange da waren, bevor Rom sich zu seinem Eroberungszug um das Mittelmeer aufmachte: Stämme, die sich ihre nomadische Lebensweise bewahrt hatten, und die tausend Städte, die über sämtliche Provinzen zerstreut lagen.

Der antike Archetypus der Stadt war die Polis, die sich selbst verwaltende Stadtgemeinde mit einem Territorium, das ein Wanderer meist bequem an einem Tag durchqueren konnte. Er war nicht auf Hellas beschränkt, sondern von den Griechen erfolgreich auch in andere Teile der antiken Mittelmeerwelt exportiert worden. Und von der Levante aus hatte sich ein typologisch eng verwandtes Stadtmodell mit dem Fernhandel der Phönizier entlang der Küsten Afrikas und Spaniens ausgebreitet. Auch Rom war in seinen Anfängen im Prinzip eine Polis gewesen, bevor es sich erst Italien, dann das Mittelmeerbecken untertan gemacht hatte. Folglich trafen die Römer, wohin sie auch kamen, auf Städte, die über genau die gleichen Institutionen verfügten, die auch ihre eigene Stadt besaß. Und im unwirtlichen Nordwesten Europas, in Gallien, Germanien und Britannien, wo es keine Städte gab, da gründeten sie die römischen Eroberer kurzerhand mit der ihnen eigenen Effizienz.[21]

Alle diese Städte besaßen ihr eigenes Recht, Bürgerrecht inklusive, ihre eigenen Magistrate, Rats- und Volksversammlung, zugleich ihre eigene Stadtgottheit, ihren Gründungsmythos, ihre Heiligtümer, kurz: ihre Identität. Sich auf Aelius Aristides, den aus Hadrianoi in Kleinasien stammenden Redner, stützend entwarf der in Yale lehrende russische Althistoriker Michael Rostovtzeff ein Bild vom römischen Imperium als »eines riesigen Bundes von Stadtstaaten«. Jede Stadt sei politisch autonom und vor je individuelle soziale und wirtschaftliche Probleme gestellt, aber einer starken Zentralregierung untertan gewesen, die durch »die konstituierenden Teile des Reiches weder gewählt noch beaufsichtigt« worden sei. Nur insofern ist das Bild des »Bundes« schief.[22]

Alle Städte glichen insofern Rom im Kleinen, als sie über eine soziale Elite verfügten, die im Wesentlichen den römischen Senatorenstand spiegelte. Die Magistraturen, die hier wie in Rom Ehrenämter waren, qualifizierten für die Mitgliedschaft in der städtischen Ratsversammlung und wurden von Mitgliedern des *ordo decurionum* bekleidet, einer stadtsässigen Honoratiorenschicht aus Grundrentnern. Die Dekurionen verfügten über ansehnlichen Grundbesitz, aus dem sie nicht nur ihren exklusiven Lebensstil bestritten, sondern auch – bei zahlreichen Gelegenheiten – Aufwendungen für die Allgemeinheit. Das wohltätige Engagement – in der Forschung spricht man von Euergetismus oder Munifizenz – konnte sich auf verschiedensten Feldern artikulieren und nahm sich häufig die imperiale Elite oder gar den Kaiser selbst zum Vorbild: Öl- und Getreidespenden an die Bevölkerung, Finanzierung und Unterhaltung öffentlicher Bauten und Heiligtümer, Ausrichtung von Festivitäten und Spielen – all das war wohlkalkulierte Großzügigkeit. Die Honoratioren tauschten Geld und Sachmittel – ökonomisches

4 Indirekte Herrschaft: Städte, Stämme, reges amici

Kapital – gegen Prestige und politischen Einfluss, also symbolisches und soziales Kapital. Die Ökonomie der Ehre des Honoratiorenregiments war eine alle Städte der römischen Welt verbindende Klammer, dauerhaften Ausdruck gaben ihr die überall im öffentlichen Raum aufgestellten Inschriften, mit denen Euergeten von der Stadt die ihnen gebührende Ehre erwiesen wurde.[23]

Die zweite fundamentale Kategorie, die alle Städte verband, war das Bürgerrecht. Jeder Freie war zunächst Bürger seiner Stadt, ob in Rom, in Mainz oder im ägyptischen Alexandreia. Persönliches und Stadtbürgerrecht standen sodann in einem komplizierten Spannungsverhältnis, weil es ganz unterschiedliche Formen städtischen Rechts gab. Die meisten Städte waren, erstens, Municipien oder Poleis peregrinen, also fremden, Rechts. Darin konnte es sehr wohl Bürger geben, die zusätzlich zu ihrem lokalen auch das römische Bürgerrecht besaßen. Sie waren Bürger aber als Einzelpersonen, weil ihnen das Bürgerrecht individuell verliehen worden war. Zweitens gab es – allerdings nur im Westen – Kolonien und Municipien latinischen Rechts, in denen die Dekurionen römische Bürger waren, alle anderen dagegen lediglich das minderprivilegierte latinische Bürgerrecht besaßen.[24]

Drittens schließlich gab es römische Kolonien und Municipien, in denen sämtliche Bürger zugleich über das römische Bürgerrecht verfügten. Während Kolonien ursprünglich »deduziert« worden waren, also durch Ansiedlung römischer Bürger in fremdem Land, verdankten Municipien römischen Rechts ihr Stadtbürgerrecht einem Verleihungsakt durch den Princeps. Erhalten ist eine solche Urkunde aus dem Municipium Volubilis in der Provinz Mauretania Tingitana. Darin verlieh Kaiser Claudius allen männlichen Bürgern der Stadt, nicht aber den Bürgerinnen, das römische Bürgerrecht, so dass er ihnen, weil ihre Frauen peregrinen Rechtsstatus behielten, zugleich auch das *conubium* verleihen musste, das Recht, mit einer Nichtrömerin verheiratet zu sein.[25]

Städte waren im römischen Imperium so allgegenwärtig, dass eine andere Lebensform leicht aus dem Blick gerät: An den Rändern der römischen Welt, vor allem in den Steppen- und Wüstengebieten Nordafrikas und des Nahen Ostens, waren Gruppen, die ihrer nomadischen Lebensweise treu geblieben waren, in fiktiv-verwandtschaftlichen Gruppen organisiert: Stämmen, die ihre eigenen Oberhäupter hatten und nach ihren eigenen Gesetzen lebten. Rom erwartete von ihnen nicht mehr als Loyalität. Interessant waren die Stämme ihrer Wehrhaftigkeit wegen. Oft praktizierten sie Taktiken und Kampfweisen, die das Portfolio der römischen Armee ideal ergänzten. Osrhoener und Palmyrener etwa kamen in den Auxiliartruppen bevorzugt als berittene Bogenschützen zum Einsatz, die in offenem Gelände blitzschnell zuschlagen und sich ebenso schnell wieder zurückziehen konnten. Entsprechendes Wohlverhalten wurde belohnt. Wie, das dokumentiert die Tabula Banasitana, eine Inschrift aus Banasa in der Provinz Mauretania Tingitana. Im Juli 177 bestätigte das *consilium* der Kaisers Mark Aurel und Commodus die bereits einige Zeit zuvor, um 166, erfolgte Verleihung des römischen Bürgerrechts an einen gewissen Iulianus aus dem Stamm der Zegrenses. Mit ihm hatte seine gesamte Familie das Bürgerrecht durch die tätige Patronage des Statthalters Coiiedius Maximus erhalten, mit der Begründung, dass sie erstens zu den Vornehmsten ihres Stammes und zweitens zu den loyalsten Sachwaltern kaiserlicher Interessen in der Region zählten. Ausdrücklich verbanden die Kaiser mit der Verleihung die Erwartung, Iulianus möge seinen Stammesgenossen als Vorbild dienen. Ebenso explizit vermerkt das Reskript, das Stammesrecht der Zegrensen werde durch das römische Bürgerrecht nicht tangiert.[26]

Ohne die Delegierung von Herrschaft an Städte und Stämme wäre im Römischen Reich, mit den begrenzten ökonomischen Spielräumen eines vormodernen Imperiums, buchstäblich kein Staat zu machen gewesen. Eine höhere Herrschaftsintensität war mit den verfügbaren Ressourcen schlicht nicht zu leisten. Sie war aber in den Provinzen noch hoch im Vergleich zu den Territorien, die an der äußeren Peripherie des römischen Herrschaftsraums lagen. Rom war nämlich insofern ein klassisches Imperium, als es dieser Herrschaftsraum nicht einfach an einer klar bestimmbaren Grenze endete. Das Vorhandensein von in der Landschaft klar sich abhebenden Grenzmanagement- und befestigungssystemen – etwa des Hadrian's Wall in Britannien oder des Limes in Germanien – suggeriert eine solche Grenze, die aber eigentlich nicht vorhanden war. Tatsächlich nämlich wirkte römische Politik, mittels Diplomatie und Verträgen, noch weit jenseits solcher Grenzlinien. Die römische Herrschaft endete nirgends einfach irgendwo, sie nahm nach außen lediglich an Intensität ab, bis sie nicht mehr wahrzunehmen war.[27] Daraus ergibt sich die Unmöglichkeit, zu entscheiden, ob ein Ort zu einem bestimmten Zeitpunkt »Teil« des Imperiums war. Nicht nach der Zugehörigkeit zum Reich ist zu fragen, sondern nach dem Intensitätsgrad römischer Herrschaft. Ab dem 3. Jahrhundert v. Chr., als Rom erstmals seine Hand nach Übersee ausstreckte, passte man am Tiber das die römische Gesellschaft durchziehende Patronagesystem so an, dass es auf auswärtige Herrscher anwendbar wurde. Als *reges amici* waren sie zwar nominell »Freunde« vom römischem Volk und Senat; tatsächlich verbarg sich hinter der Semantik aber bedingungslose Unterordnung unter die römische Politik. Die Verträge, mit denen Rom die Klientelherrscher an sich band, basierten auf Ungleichheit, nicht auf dem Gleichrangigkeit voraussetzenden Prinzip der *amicitia*. So unterschiedlich die Verhältnisse in Britannien, Germanien, dem Schwarzmeerraum, Armenien, Syrien-Mesopotamien und Nordafrika sein mochten: Im Prinzip beruhte das System abhängiger Herrschaft überall auf denselben Prämissen.[28]

Die Römer entwickelten mit der Zeit ein Repertoire von Symbolen und Praktiken, um den Umgang mit Klientelfürsten zu kanonisieren. Häufig wurden Söhne der Fürsten in Rom erzogen, wodurch sie mit dem reichsweit gültigen Zeichensystem griechischer Bildung vertraut gemacht wurden. Zugleich besaß man so ein Faustpfand, sollte sich der Fürst entscheiden, den Pfad der Loyalität zu verlassen. Weilte ein hoher Repräsentant des Imperiums, ein Statthalter, ein Angehöriger des Kaiserhauses oder sogar der Princeps selbst, in seiner Nähe, wurde erwartet, dass der Klientelherrscher ihm seine Aufwartung machte, Gastgeschenke brachte und ihn bewirtete. Nicht erwünscht war hingegen, dass Klientelfürsten hinter dem Rücken römischer Amtsträger diplomatischen Verkehr miteinander pflegten; jegliche Korrespondenz hatte bilateral zu sein und mit Rom zu erfolgen. Lief ein Klientelfürst aus dem Ruder oder wurden die Verhältnisse unübersichtlich, behielt Rom sich vor, sein Territorium zu annektieren oder einen neuen König, einen *rex datus*, einzusetzen.

Trotzdem konnten sich Klientelkönige teilweise erhebliche Freiheiten herausnehmen. Bewegungsspielraum eröffnete vor allem die Steppengrenze Syriens und Mesopotamiens. Wer im politischen Dickicht zwischen den Großmächten in West – Rom – und Ost – Parther, später Sasaniden – geschickt zu navigieren verstand, konnte unter günstigen Umständen den Herrschaftsanspruch der Imperien nahezu neutralisieren. Überlebenskünstler wie die Könige von Osrhoene vermochten es zeitweise, so geschickt zwischen dem Partherreich und Rom zu lavieren, dass sie in beiden Hauptstädten als loyale Gefolgsleute galten. In Armenien behauptete sich eine Sekundogenitur der parthischen Arsakidendynastie lange Zeit unter römischer Oberherrschaft, die auch noch Konflikte in der lokalen, zwischen beiden Großreichen hin- und hergerissenen Aristokratie auszubalancieren hatte.[29]

5 *Gladius imperii*: Legionen und Hilfstruppen

War das römische Kaiserreich ein Militärstaat? Ohne Frage spielten Soldaten im Imperium eine große Rolle: Sie sorgten für die Sicherheit des Reiches und seiner Grenzen; sie führten, von Britannien bis zum Roten Meer, vom Atlantik bis zum Persischen Golf, Krieg, irgendwo fast immer; sie bauten unermüdlich an der Infrastruktur von Straßen, Brücken und Tunneln; sie waren schließlich eine immer wichtiger werdende Interessengruppe, die Kaiser stürzen und neue machen konnte.[30]

Allein die Zahlen sprechen gegen die Hypothese vom Militärstaat. Das römische Heer zählte zu seinen besten Zeiten Ende des 2. Jahrhunderts n. Chr. gut 400 000 Soldaten, das Reich zur selben Zeit vielleicht 60 Millionen Menschen. Der Militarisierungsgrad der römischen Gesellschaft war damit geringer als jener der alten Bundesrepublik bis zum Fall der Berliner Mauer. Als Augustus starb, gab es über fünf Millionen römische Bürger. Knapp eine Million davon waren Männer im wehrfähigen Alter zwischen 15 und 45 Jahren. In den Legionen – ohne Auxiliareinheiten – dienten 14 n. Chr. zwischen 125 000 und

5 Gladius imperii: Legionen und Hilfstruppen

150 000 Mann. Damit war nur jeder siebte bis achte wehrfähige Mann Soldat.[31]
Alle Angehörigen der Legionen, die das Rückgrat des Militärs und seine größten Verbände bildeten, waren römische Bürger. Ihre Dienstzeit betrug zwischen 16 und 25 Jahren. Die Soll-Stärke einer Legion lag bei rund 6 000 Mann, die Ist-Stärke lag aber deutlich darunter, vermutlich bei oder unter 5 000 Mann. Jede Legion setzte sich aus zehn Kohorten zusammen, dazu kamen vier Reiterabteilungen (*turmae*) zu je 30 Mann. Die erste Kohorte war mit 800 Mann deutlich stärker als die übrigen. An der Spitze des Offizierskorps stand der Legat (*legatus legionis*) als Legionsbefehlshaber, dem ein senatorischer Militärtribun (*tribunus laticlavius*) zur Seite stand, ein jüngerer Offizier aus dem Senatorenstand, der seine Rangbezeichnung dem breiten Purpurstreifen auf seiner Tunika verdankte. An dritter Stelle folgte der Lagerpräfekt (*praefectus castrorum*) als Quartiermeister. Fünf *tribuni angusticlavi* aus dem Ritterstand und der die erste Zenturie der ersten Kohorte kommandierende Zenturio (*primus pilus*) komplettierten die Führungsspitze einer Legion.[32]

Zu den Legionen gesellte sich die Flotte, die mit Misenum am Golf von Neapel und dem apulischen Brundisium zwei Basen in Italien sowie Flotillen auf den Grenzflüssen unterhielt. Ihr Kampfwert war in den ersten Jahrhunderten der Kaiserzeit gering, weil Rom zur See kaum Gefahren drohten. Das änderte sich erst im 3. Jahrhundert, als auch wieder in die Flotte investiert wurde. Zahlenmäßig viel bedeutender und den Legionen mindestens ebenbürtig waren die Auxiliarverbände, die sich aus Nichtrömern rekrutierten. Sie gliederten sich in Infanteriekohorten, die von Präfekten befehligt wurden, und in Reiterschwadronen (*alae*). Rekrutierungsreservoir für die Hilfstruppen waren lange Zeit die weniger romanisierten Provinzen des Westens und des Balkan, außerdem die Stämme und Klientelstaaten, die oft Verbände mit »ethnischer« Kampfweise wie Reiter und Bogenschützen beisteuerten. Auxiliarsoldaten verdienten weniger als Legionäre. Attraktiv war der Dienst für Peregrine aber deshalb, weil nach ehrenvoll absolvierter 25-jähriger Dienstzeit das römische Bürgerrecht winkte. Aktenkundig wurde die Verleihung durch Aushändigung einer Urkunde aus Bronze, eines sogenannten Militärdiploms, das den Empfänger namentlich nennt.

Die Soldaten stammten aus allen Teilen des Imperiums, teilweise aus Gebieten, die keine römischen Provinzen waren. Sie brachten unterschiedliche Sprachen, Sitten, Gottheiten und Essgewohnheiten mit und lebten, schliefen und kämpften auf engem Raum mit Menschen ganz anderer Herkunft. Verbindende Elemente waren Latein als Kommandosprache in allen Teilen der Streitkräfte und ein ausgeprägter Korpsgeist, der in der Zeltgemeinschaft, der kleinsten, acht Mann zählenden Organisationseinheit der Armee, tagtäglich gelebt wurde. Den Soldaten wurde das Gefühl vermittelt, die römische Welt nicht nur an vorderster Front zu verteidigen; sie fühlten sich auch als die eigentlichen Träger römischer Zivilisation. Dieses Rom mochte sich von dem eines römischen Senators oder eines Töpfers in Südgallien von Grund auf unterscheiden, es hatte aber eine mindestens ebenso identitätsstiftende Wirkung. Die emotionale Bindung an das Militär überdauerte die Dienstzeit: Veteranen ließen sich meist im näheren Umfeld ihres letzten Garnisonsortes nieder und pflegten weiter intensive Kontakte untereinander und zu den aktiven Soldaten.

Das Militär war deshalb geradezu ein Durchlauferhitzer der Romanisierung. Soldaten und Veteranen waren aber auch ein erheblicher Wirtschaftsfaktor. In einer Gesellschaft, in der die meisten von ihrer Scholle und ihrer Hände Arbeit lebten, waren die Soldaten die einzige zahlenmäßig bedeutende Gruppe, die regelmäßig mit klingender Münze bezahlt und, nach Ende ihrer Dienstzeit, mit Geld oder Land abgefunden wurde. An ihrem Garnisonsort besaßen Soldaten daher erhebliche Kaufkraft, die in alle möglichen Dinge des täglichen Bedarfs floss und die Wirtschaftskraft der stark militarisierten Grenzprovinzen eher gestärkt haben dürfte. Im sozialen Leben ihrer Gemeinde besaßen Veteranen, vor allem pensionierte Zenturionen, durchaus einiges Gewicht. Etlichen von ihnen gelang der Sprung in den *ordo equester*, und ab dem späten 2. Jahrhundert häuften sich Karrieren, die einfache Soldaten in noch höhere Ränge aufsteigen ließen.

6 Verflochtene Räume

Die Soldaten waren eine hochbewegliche Gruppe. Zwar nahm die Verweildauer an Garnisonsorten ab dem späten 2. Jahrhundert zu, auch wurden mehr Soldaten heimatnah eingesetzt. Dennoch blieben Legionen und Auxiliartruppen nicht nur wichtige Faktoren sozialer, sondern auch geographischer Mobilität. Sie standen damit keineswegs allein. Pilger, Fernhändler, Redner, Studenten, Handwerker, Kranke, Touristen – sie alle machten sich in der weiten römischen Welt oft an entfernte Orte auf, um dort Erbauung, Genesung, Kundschaft oder die Nähe ihrer Götter zu finden. Andere verließen ihre Heimat unfreiwillig, aus existentieller Not oder weil sie in Sklaverei geraten waren.

Das römische Imperium war ein Kosmos der Mobilität, und das nicht nur für Menschen. Auch Waren und Ideen reisten über große Distanzen. Rom hatte, wie der Redner Aelius Aristides formulierte, die »Welt allen gemein gemacht«. Das Reich war ein einheitlicher Herrschafts- und Rechtsraum, bedingt auch ein einheitlicher Wirtschafts- und Kulturraum mit verbindenden Sprachen, sozialen Normen und religiösen Vorstellungen. Es wurde zusammengehalten durch Straßen, Brücken und Wasserwege, das Mittelmeer ermöglichte bequeme Schiffsreisen von Spanien bis nach Ägypten und den Transport auch sperriger Güter wie Getreide bis vor die Tore Roms. »Ihr«, sprach Aristides die Römer an, »habt die gesamte Oikumene wie einen einzelnen Haushalt organisiert«.[33]

Die Oikumene: die Gesamtheit der zivilisierten Welt – das war in der Tat ein Konzept, das dem römischen Imperium auf den Leib geschneidert war. 700 Jahre vor Augustus hatte die mediterrane Welt völlig anders ausgesehen. Das Mittelmeer, das die Odyssee beschreibt, war ein endloser Raum mit unzähligen weißen Flecken, voll von Magie und furchteinflößenden Monstern. Griechische Seefahrer, die sich aufmachten, fremde Küsten zu besiedeln, stießen in ein großes Unbekanntes vor, wo Gefahren lauerten, aber auch ungeahnte Chancen darauf warteten, genutzt zu werden. 300 Jahre nach Homer, um 400 v. Chr., konnte Platon behaupten, die Griechen wohnten »wie Frösche um einen Teich«. Gemeint war dasselbe Mittelmeer, ein-

51

schließlich des Schwarzen Meeres, das für Odysseus noch so viel Schrecknisse bereitgehalten hatte, das die Griechen aber inzwischen mit ihrer »Großen Kolonisation« fast restlos erschlossen hatten. Abermals ein Jahrhundert nach Platon hatte Alexander der Große den geographischen Horizont der Griechen weit nach Osten gedehnt; er hatte das Perserreich zerstört und war mit seinen Getreuen bis nach Indien gelangt.[34]

Den Okeanos, an dem die Welt endete, hat Alexander nie erreicht; doch hinterließ er der Nachwelt ein Dreigestirn großer Reiche und eine Handvoll Mittelmächte, in denen Politik nicht länger im Mikrokosmos der griechischen Polis gedacht und gestaltet wurde. Alexander hatte den Lockruf der Weltherrschaft vernommen, dem vor ihm schon viele Dynasten des Alten Orients gefolgt waren. Mit dem Hellenismus trat ein neues Lebensgefühl in die Welt, der die kleinräumige Gewissheit der Vergangenheit abhandengekommen war, die sich aber intellektuell und materiell zu neuen Ufern aufmachte. In der Weltmetropole Alexandreia konzentrierte sich, was in Wissenschaft wie Kunst Rang und Namen hatte. Und an den Höfen gaben sich Eliten ein Stelldichein, deren Finanzkraft alles überstieg, was das antike Griechenland bis dahin gesehen hatte.[35]

Die neue Konzentration von Reichtum ließ den Bedarf nach Luxusgütern emporschnellen, vorzugsweise solchen mit exotischem Timbre, die aus großer Entfernung herbeigeschafft werden mussten. Zur Drehscheibe des Fernhandels mit Luxusgütern wurde mit der Entdeckung der Monsunpassage im späten 3. Jahrhundert v. Chr. der Indische Ozean. Zwischen den ägyptischen Rotmeerhäfen und der Westküste Indiens, wo Elfenbein, Gewürze, Edelsteine und vor allem Seide erhältlich waren, pendelten im Jahresrhythmus ganze Flotten von Handelsschiffen, in deren Bäuchen riesige Vermögen über den Ozean geschafft wurden. Die hellenistischen Reiche waren für die Kaufleute große Binnenmärkte, in denen Rechtssicherheit herrschte. Der Handel mit Luxusgütern aller Art florierte.

Noch weiter heizte die Konjunktur die Einigung des gesamten Mittelmeers unter römischen Feldzeichen an. Zur Zeit des Augustus war die mediterrane Welt von Gibraltar bis Syrien ein weitgehend einheitlicher, lediglich von einigen wenigen Zollschranken geteilter Wirtschaftsraum, in dem Waren relativ frei und sicher zirkulieren konnten. Das galt keineswegs nur für Luxusartikel. Auch haltbare Waren wie Wein, Olivenöl und Garum, eine Würzsoße aus fermentierten Fischen, wurden über große Entfernungen bewegt. Tafelgeschirr aus rotem Glanzton, sogenannte Terra Sigillata, die zunächst in Mittelitalien, später in Südgallien produziert wurde, fand ihre Kunden überall im Imperium. Marmor aus Griechenland wurde in den Tempeln der Hauptstadt verbaut. Vor allem stillte den Hunger der stadtrömischen Millionenbevölkerung Getreide, das in den fruchtbaren Feldern am Nil angebaut worden war und mit großen Transportschiffen nach Ostia, Roms Hafen an der Tibermündung, transportiert wurde.

7 Oben – unten: Wirtschaft und Gesellschaft

Die großräumige Verflechtung weiter Teile Eurasiens, im Prinzip vom Mittelmeer bis nach China, mutet wie eine antike Welle der Globalisierung an. Und tatsächlich lässt sich beobachten, wie weit gegenseitige Abhängigkeit über große Distanzen hinweg entstand. Im Römischen Reich zirkulierten nicht nur Waren, das Imperium verteilte auch Wohlstand auf präzedenzlose Weise um: Per Saldo profitierten das steuerbefreite Italien und die Grenzprovinzen mit ihren zahlreichen Garnisonen, in die der stetige Strom des aus Steuergeldern finanzierten Soldes floss. Die Zeche zahlten die wirtschaftsstarken Binnenprovinzen, die den Großteil des Steueraufkommens aufbrachten. Im kleineren Maßstab profitierten die Städte, die wenig von ihrer Kaufkraft selbst erwirtschafteten. Sie hingen am Tropf ihres Umlandes, dessen Landwirtschaft Überschüsse zu produzieren hatte, um die Stadt am Leben zu erhalten.[36]

Der bei weitem größte Teil der Reichsbevölkerung nahm allerdings an Güteraustausch und Geldwirtschaft überhaupt nicht teil. Vermutlich rund 80 Prozent der Menschen lebten von kleinen Höfen und trieben dort Ackerbau und Viehzucht, von der sie in guten Jahren leben und Vorsorge für schlechte Jahre treffen konnten. Diese freien Kleinbauern waren auch in der römischen Kaiserzeit eher strukturprägend als die großen landwirtschaftlichen Güter, von denen die städtischen Honoratioren in Rom und überall im Reich lebten. Bewirtschaftet wurden die Güter mit Hunderten, teilweise Tausenden von Sklaven, die billige Arbeitskraft waren, solange die Roms Kriege für steten Nachschub auf den Sklavenmärkten sorgten. Die Güter produzierten Überschüsse in großen Mengen, die in der Regel auf Märkten abgesetzt wurden. Besonders in Italien hatten sich viele agrarische Großbetriebe auf die Herstellung hochwertiger Kulturen wie Wein, Oliven und Gemüse spezialisiert.

Sklaven kamen in großem Stil auch im Bergbau und in den Steinbrüchen zum Einsatz, die als kaiserliche Domänen geführt und an Privatleute verpachtet wurden. Diese Sklaven konnten während ihres meist kurzen Lebens kaum auf Freilassung hoffen. Sklaverei begründete aber keinen sozialen, sondern lediglich einen Rechtsstatus, der nicht unbedingt etwas über die Lebensumstände aussagte. Ein Sklave war Eigentum eines Anderen und gehörte zu seinem Haushalt, er konnte sich aber ein eigenes Sondervermögen (*peculium*) erarbeiten und gesellschaftlich angesehene Tätigkeiten verrichten. Im Extremfall besetzten Sklaven der *familia Caesaris* Spitzenpositionen der kaiserlichen Verwaltung. Es gab eine durchaus nennenswerte Zahl von Sklaven, die in der sozialen Hiearchie weit über manchen Freien standen.

Gerade die Freigelassenen gehörten zu den ökonomisch aktivsten Teilen der Reichsbevölkerung. Häufig hatte der freilassende Herr sie mit dem finanziellen Grundstock für ein Vermögen ausgestattet, das sie dann durch unternehmerische Tätigkeit vor allem im Fernhandel vermehrten. Für den Herrn war das oft eine gute Investition, verdiente er doch als Patron und stiller Teilhaber am Geschäft des Freigelassenen mit. Stark übertrieben und ironisch überspitzt schildert der Schriftsteller Petronius, selbst ein vornehmer Senator unter Nero, in seinem Roman Satyricon die Karriere eines Freigelassenen: Trimalchio erbt von seinem Herrn ein kleines Vermögen und investiert es prompt in Schiffe, mit denen er Handelt treibt. Die Schiffe gehen unter, worauf Trimalchios Frau Fortunata ihren Schmuck versetzt. Der Erlös wird direkt in ein neues Handelsunternehmen investiert, das diesmal gelingt. Trimalchio erwirbt mit seinen Schiffen ein sagenhaftes Vermögen – und sattelt prompt um: Der Freigelassene wird Großgrundbesitzer und pflegt den Lebensstil eines römischen Senators, von dem ihn allerdings aufgrund seiner mangelnden Bildung Welten trennen.[37] Der Roman ist eine Parabel auf die römische Gesellschaft, in der soziale Mobilität Alltag war. Auf lange Sicht waren sämtliche Schranken der römischen Gesellschaft durchlässig. Bereits der Freigelassene eines Römers war römischer Bürger, sein Sohn war dem Status nach Freigeborener. Sein Sohn konnte römischer Ritter werden und als solcher sogar in den *ordo senatorius* aufsteigen. Mancher Sklave mochte des Nachts davon träumen, dass sein Urenkel vielleicht dereinst den kaiserlichen Purpur tragen würde. Gerade deshalb wurde sozialer Aufstieg von den auf ihre Traditionen, Bildung und Herkunft stolze Senatoren misstrauisch beäugt. Trimalchio ist ökonomisch in ihrem Kreis angekommen, aber sozial nicht satisfaktionsfähig. Der Senator Petronius, der seinem Kaiser als *arbiter elegantiae*, als Schiedsrichter in Sachen guten Geschmacks, diente, spießt die Unzulänglichkeiten des Parvenüs gnadenlos auf. Sein Trimalchio verkörpert mit jeder Faser die von Pierre Bourdieu untersuchten »feinen Unterschiede«, durch die sich eine echte Elite gegen das Milieu der Aufsteiger abschirmt.[38]

Charakteristisch ist aber auch, wie Trimalchio, kaum ist er am Ziel, dem Handel entsagt und sich der Landwirtschaft zuwendet. Sie allein ist standesgemäßer Broterwerb für die Honoratiorenelite, der er nacheifert. Ultimativer Lebenstraum ist nicht die ins endlose gesteigerte Vergrößerung des Unternehmens, wie sie dem modernen Wirtschaftsbürger vorschwebt, dem der Nationalökonom Werner Sombart ein eindrucksvolles Denkmal gesetzt hat. Der Kapitalist nämlich weiht sein Leben bis zur Selbstaufgabe dem Betrieb, dessen Wachstumsgrenze allein im Unendlichen liegt. Trimalchio und mit ihm die Mehrheit der Aufsteiger in Rom verfolgte kein Ziel so ehrgeizig wie das, als Rentier sein Leben zu beschließen. Von Grundbesitz zu leben und das ohne der eigenen Hände Arbeit sowie dieses Leben den höheren Dingen wie Politik, Krieg und Literatur zu widmen, war das gesellschaftliche Ideal der römischen Elite.

Diese Einstellung und die praktisch unbegrenzte Verfügbarkeit preiswerter unfreier Arbeitskraft waren Innovationshemmnisse erster

Güte. Technologisch machte selbst der wichtigste Sektor der römischen Wirtschaft, die Produktion von Nahrung, kaum ernstzunehmende Fortschritte. So führte ein weiter Weg von der Entwicklung der ersten Schiebemühlen im spätklassischen Griechenland bis zur Erfindung der sogenannten Pompejanischen Getreidemühle im 1. Jahrhundert v. Chr., einer Drehmühle, die mit der Arbeitskraft von Eseln bedeutend rationeller Korn mahlen konnte. Und bis die in der Theorie längst bekannten Gesetze der Mechanik den Bau der ersten Wassermühle erlaubten, dauerte es abermals lange Jahre. Selbst die Dampfmaschine hatte der griechische Mathematiker Heron von Alexandreia im 1. Jahrhundert v. Chr. ersonnen, ohne dass sie je in der Antike zur Praxisreife gelangte. Und als ein Ingenieur dem Kaiser Vespasian vorschlug, das 69 n. Chr. im Bürgerkrieg zerstörte Kapitol mithilfe eines Krans wiederaufzubauen, drückte der dem Mann einen hohen Geldbetrag in die Hand, lehnte den Einsatz der Konstruktion aber mit dem Argument ab, er könne es nicht verantworten, dass die Maschine den Bauleuten die Arbeit wegnehme.[39]

Die Wirtschaft des römischen Imperiums war, verglichen mit modernen Volkswirtschaften, geradezu kläglich leistungsschwach. Millionen Menschen vegetierten an der Grenze zum Existenzminimum dahin, oft auch darunter. Den Handlungsmöglichkeiten der Kaiser und ihrer Funktionäre waren auch wegen der fehlenden Wirtschaftskraft enge Grenzen gesetzt, die Durchdringungstiefe dessen, was man den »Staat« nennen könnte, war gemessen an heutigen Verhältnissen gering. Dennoch – und auch hier gibt es wieder ein »Dennoch« – ging es den Menschen auf römischem Boden besser, weitaus besser, als allen, die jenseits der Reichsgrenzen ihr kärgliches Dasein fristeten. Es ging ihnen per Saldo auch besser als ihren Ururenkeln in Mittelalter und früher Neuzeit. Relativ war das Mittelmeerbecken unter römischer Herrschaft eine singuläre Wohlstandszone, die mit ihrer Infrastruktur dazu in der Lage war, städtische Massen zumindest mit Getreide ausreichend zu versorgen und Ernährungsengpässe aufgrund von Missernten abzumildern. Die Bewohner einer Stadt wie Rom aßen wenig außer Nahrungsmitteln auf der Basis von Getreide, aber sie aßen immerhin davon genug. Die Ernährung des überwiegenden Teils der Stadtbewohner war einseitig, aber nicht unbedingt von Mangel geprägt. Und die der Landbevölkerung, einschließlich der Sklaven, war deutlich besser. So erklären sich Strahlkraft und Attraktivität des Lebens im Mittelmeerraum. Für die Bewohner Nord-, Mittel- und Osteuropas war die Aussicht verlockend, ihr Leben mit dem eines Bauern oder Stadtbewohners im Reich zu tauschen. Römische Städte und Bauernhöfe waren als Ziele für Plünderer von jenseits der Grenzen die natürliche Wahl, sobald die Grenzverteidigung nicht mehr funktionierte. Aber auch den Bewohnern der römischen Oikumene selbst waren ihr Lebensstandard und die Möglichkeiten bewusst, die das Imperium bot. Das Imperium war selbst für die einfachen Menschen eine Wirklichkeit, für die Opfer zu bringen sich lohnte. Dieses Wissen erleichterte den Gehorsam, wann immer die Steuern für den Kaiser fällig wurden oder ein Zenturio die Einquartierung seiner Soldaten verlangte.

8 Mit den Göttern reden: Das religiöse Koordinatensystem

Wer antike Religion verstehen will, muss sich von modernen, durch die großen Monotheismen geleiteten Vorstellungen lösen. Weder fußen die polytheistischen Kulte auf ethischen Begriffen noch auf Dogmen. Sie kennen keine Orthodoxie, nur göttliche Wesen, Ritual und eine unübersehbare Vielfalt von Erzählungen, deren Summe der Mythos ist. Die polytheistischen Kulte konstituieren keine Identitätsgemeinschaften. Und schließlich unterscheiden sich ihre göttlichen Wesen lediglich graduell, aber nicht der Substanz nach von Menschen. *Religio* bezeichnet für die Römer den richtigen, durch Ratio geleiteten Kult der Götter. *Religio* hat nichts mit Glauben zu tun, dafür aber viel mit der korrekten Befolgung von Regeln. *Religio* setzt auch keine feste Organisationsstruktur voraus, wie sie die Kirche ist. Vor allem ist Religion für alle, die polytheistische Kulte praktizieren, nicht im Plural denkbar. Jeder Gott ist grundsätzlich verehrungswürdig, weil seine Macht manifest ist und er haushoch über den Sterblichen steht. Vorstellungen von »Wir« versus »die Anderen« lassen sich in polytheistischen Kulten nicht abbilden.[40] Antike Religion besitzt damit kaum eines der moderne Monotheismen kennzeichnenden Merkmale. So hat der Polytheist auch kein Problem mit der Göttlichkeit des römischen Kaisers. Ebenso wenig Schwierigkeit bereitet ihm die Verehrung von Gottheiten, die aus der Fremde stammen. Ihre Wirkungsmächtigkeit wird nicht angezweifelt. Nur wenn der Kult – wie im Fall des syrischen Elagabal – Formen annimmt, die Römern widerstrebten, fehlte es an Akzeptanz für ihn. In Einzelfällen setzten die Kaiser ein Verbot von Kulten durch, die sie für sittenwidrig hielten. Aber solche Zwangsmaßnahmen blieben die Ausnahme. Generell empfingen die Römer die Götterwelt des multikulturellen Reiches in ihrer Stadt mit offenen Armen.

Allem imperialen Multikulturalismus zum Trotz blieb Religion bis weit ins 3. Jahrhundert n. Chr. fast ausschließlich eine städtische Angelegenheit. Priester waren städtische Magistrate, Tempel kommunale Einrichtungen, die von Bürgern gebaut und unterhalten wurden. Stadtgötter wie Athena in Athen oder die Tyche in Alexandreia und Antiocheia standen sinnbildlich für ihre Gemeinde, deren Bevölkerung sich mit ihr identifizierte. Gelegenheit zur Kommunikation mit den Göttern bot das Opfer, das oft in religiöse Feierlichkeiten, Prozessionen und dergleichen mehr eingebettet war. Das Opfer machte die reziproke Nahbeziehung zwischen den Verehrenden und der verehrten Gottheit symbolisch lebendig. Indem man opferte, konnte man sich des künftigen Beistands der Gottheit versichern, ihr für geleistete Dienste danken oder eine als ramponiert wahrgenommene Beziehung wieder ins Reine bringen.

Auch für die Feste bot die Stadt die Bühne, war sie Arena religiösen Handelns. Eine reichsweite Organisation von Kulten gab es nicht. Dennoch gab es seit der Kaiserzeit Ansätze zu überlokaler und überregionaler religiöser Kommunikation. Ein Beispiel sind die göttlichen Ehren, die dem Kaiser, der Dea Roma und dem *Genius* des Senats überall im Imperium in stark normierter Form erwiesen wurden. Standardisiert wird, bis zu einem gewissen Grad, auch die religiöse Infrastruktur: Götterbilder als zuvor unbekannte Medien religiöser Kommunikation breiten sich in die Nordwestprovinzen und den Orient aus; die griechisch-römische Tempelarchitektur wird vorbildhaft für alle Teile des Imperiums; der epigraphische Habitus von Griechen und Römern hält Einzug ins Kultleben; Wettkämpfe und Spiele bieten einen Rahmen für religiöse Feiern; Festkalender stecken den Rhythmus des religiösen Lebens ab.

Doch wie mit der Flut der Götter umgehen, die in den Weiten des Imperiums ihr Eigenleben führten? Die griechisch-römische Welt besaß die Technik der *interpretatio*, um fremde Gottheiten ins eigene Pantheon einzugemeinden. Überschnitten sich Zuständigkeiten, Eigenschaften und Attribute eines Gottes, war vielleicht sogar die Ikonographie ähnlich, warum sollte man diesen Gott dann nicht mit einer eigenen Gottheit gleichsetzen? So entstanden Bindestrich-Gottheiten wie der mit dem römischen Apollo gleichgesetzte keltische Gott Grannus, der als Apollo-Grannus Anklang besonders in den Nordwestprovinzen fand und dem in seiner Eigenschaft als Heilgott sogar Kaiser Caracalla persönlich Reverenz erwies – als Dank für die Heilung von einer Krankheit.

Die zunehmende Verflechtung zwischen den Teilen der römischen Welt nahm der Religion etwas von dem Selbstverständlichen, das sie zuvor besessen hatte. Den Menschen kam zu Bewusstsein, dass zu den von ihnen praktizierten Kulten und zu ihren Vorstellungen von göttlichen Wesen auch Alternativen denkbar waren. Grenzziehung nahm zu und Religion wurde mit Identität aufgeladen. Mysterienreligionen, deren Kultgemeinden nur Menschen zugänglich waren, die ein Aufnahmeritual durchlaufen hatten, gewannen an Popularität. Klar definierte soziale Gruppen wie das Militär entwickelten Affinität zu spezifischen Kulten: Mithras und Iuppiter Dolichenus waren Gottheiten, die in Garnisonsorten rasant an Zulauf gewannen. Schließlich warb mit dem Christentum eine Religion, die sich als Gemeinschaft verstand und deren Grundlage ein Text war, aggressiv um Anhänger, wobei sie sich vom Judentum, das zunehmend als »andere« Religion wahrgenommen wurde, abzugrenzen hatte.

Bevor das Christentum als faktische Staatsreligion im 4. Jahrhundert zum universellen Welterklärungsmodell und reichsweiten Koordinatensystem für die Bestimmung von Identität wurde, nahm diese Rolle der Mythos ein. Mythos gibt Antworten auf die uralten Menschheitesfragen: Wer bin ich? Woher komme ich? Sein klassisches Thema sind die Aitiologien, Geschichten von Entstehungen und Erschaffungen: Wie sind der Kosmos, die Welt, die Götter entstanden? Wer schuf die Menschheit und die eigene Gruppe, wer gründete die Stadt? Mythos erklärt und legitimiert. Als die mediterrane Welt ab dem 8. Jahrhundert v. Chr. allmählich zusammenwuchs, »internationalisierte« sich auch der Mythos. Er bezog sich immer mehr auf große Räume und setzte – dadurch, dass er seine Protagonisten auf Wanderschaft schickte – weit entfernte Orte zueinander in Beziehung.[41]

Mythos wurde so gleichsam zum Instrument, mit dem die Griechen und in ihren Fußstapfen auch die Römer die Oikumene vermaßen und kartierten. Stets projizierte der Mythos Identitäts- und Alteritätskonstruktionen von Gegenwarten in ferne Vergangenheiten. Wenn etwa Aeneas, der aus Troja geflohene Urahn der Römer, in Karthago landet und sich in die dortige Königin Dido verliebt, die er später auf Drängen der Götter verlässt, dann begründet das für ein Publikum, dem dieser Antagonismus selbstverständlich ist, die Feindschaft zwischen Rom und der punischen Metropole. Mythos wurde nicht geglaubt; er hatte sich tief in die Identität jedes Einzelnen eingebrannt und war Kernbestandteil des imperialen, von den Griechen entlehnten Bildungskanons, der *paideia*. Als solcher überlebte er sogar die Christianisierung der römischen Welt: Noch die Kirchenväter setzten die Kenntnis des Mythos schlicht voraus, der für sie poetische Fiktion, aber elementarer Bestandteil ihres Bildungswissens war.[42]

9 Romanisierung

Um kaum einen Begriff ist in den Altertumswissenschaften in den letzten Jahren so heftig gestritten worden wie um den der Romanisierung. Das Konzept, das Theodor Mommsen und sein britischer Schüler Francis Haverfield maßgeblich geprägt haben, besagte ursprünglich schlicht, dass überall dort, wo Roms Soldaten ihren Fuß hinsetzen, lokale Traditionen verschwanden und der einheitlichen Zivilisation des römischen Imperiums Platz machten. Für Mommsen war Romanisierung »das weltgeschichtliche Werk der Kaiserzeit«, und damit eine Art *manifest destiny* des antiken Rom. Haverfield fasste Romanisierung, weniger teleologisch und weniger funktionalistisch, als Prozess auf, der seine Dynamik dem Streben der Provinzialen, vor allem ihrer Eliten, verdankte, zur römischen Zivilisation dazuzugehören. In seinem Hauptwerk *The Romanization of Roman Britain* schildert er eindringlich, wie das römische Britannien sprachlich, politisch, religiös und in Bezug auf seine materielle Kultur regelrecht rekonfiguriert wurde. Die lokalen Traditionen seien in eine Art »latenter Persistenz« abgedrängt worden. Die Provinzialen seien auf diesem Weg zu Römern geworden; allerdings sei ihre »atavistische Rückwendung« zum Lebensstil der Vorfahren als Möglichkeit stets präsent geblieben.[43]

Solch ein Romanisierungskonzept speist sich unverkennbar aus der zivilisierenden Mission, die sich die Kolonialmächte des 19. Jahrhunderts selbst andichteten. Es wich deshalb nach dem Zweiten Weltkrieg, unter den Auspizien der Dekolonisierung und entsprechender Theoriebildungen, einem diametral anderen Bild vom Römischwerden der Peripherie: Rom spielte in diesem Denken, weit mehr als bei Haverfield, den aktiven, die Provinzialen den passiven Part. Vor allem jedoch waren aus den Empfängern einer erstrebenswerten Zivilisation jetzt die Opfer einer gnadenlosen Fremdherrschaft geworden. Erst 1990 billigte Martin Millett in seiner auf gründlicher archäologischer Forschung basierenden Studie *The Romanization of Britain* der lokalen Bevölkerung wieder eine aktive Rolle im Prozess des Gebens und Nehmens zu. Selbst-Romanisierung (bzw. Romanisation) trat, ganz in Haverfield'scher Tradition, neben Romanisierung als von oben in Gang gesetzten Prozess.[44]

Inzwischen ist die angelsächsische Forschung unter dem Einfluss eines übermächtigen »postkolonialen« Impetus fast gänzlich vom Romanisierungsparadigma abgerückt. Allein die Vorstellung, die Provinzen seien im Hintertreffen gegenüber einem ökonomisch, kulturell und sozial wesentlich weiter entwickelten imperialen Zentrum gewesen, steht heute reflexartig unter Kolonialismusverdacht. Eine zivilisatorische Lücke zwischen Italien und Griechenland einer- und der Nordwestperipherie der römischen Welt andererseits ausmachen zu wollen, gilt als ideologisch anstößig, um es milde auszudrücken. Deshalb sind in der angelsächsischen Forschung seit einiger Zeit neue analytische Werkzeuge en vogue, die den Transformationsprozess an der römischen Peripherie begreiflich machen sollen: »Globalisierung« betont hierbei die wachsende Verflechtung zwischen verschiedenen Teilen des Imperiums und hebt den dichotomischen Gegensatz zwischen »Römern« und »Eingeborenen« auf; »Kreolisierung« macht aus den Provinzialen aktiv Gestaltende eines Prozesses, der nicht per Assimilation auf eine einheitliche römische »Reichszivilisation«, sondern über Aushandlungsprozesse auf einen Raum multikultureller Hybridität hinauslaufe.[45]

Bedarf es solcher terminologischer Verrenkungen tatsächlich? Nicht zu bezweifeln ist, dass die Eroberung durch Rom überall tiefgreifende Veränderungen bewirkte – völlig unabhängig davon, ob sie einen bereits seit Jahrtausenden urbanisierten Raum traf oder Stammesgesellschaften wie in Gallien oder Britannien. Auch auf dem europäischen Kontinent, wo Forscher unverdrossen weiter von Romanisierung sprechen, glaubt heute niemand mehr an eine vollständige Assimilierung der Peripherie, an eine rein passive Rolle der Provinzialen und an das Verschwinden jeglicher lokaler Traditionen. Der Romanisierungsbegriff ist grundsätzlich offen für die Dialektik, die jedem Kulturkontakt eigen ist.

Im Fall des römischen Imperiums ist es sogar eine doppelte. Erstens veränderten die Eroberungen selbstverständlich nicht nur die Peripherie, sondern hatten gravierende Rückwirkungen auf das Zentrum. Im Fall Griechenland hat niemand das besser in Worte gefasst als der Dichter Horaz: *Graecia capta ferum victorem cepit* – »das unterworfene Griechenland unterwarf sich den ungezähmten Sieger«. Als sich Rom aufmachte, Nordwesteuropa, den Nahen Osten und weite Teile Afrikas zu erobern, ließ sich längst schon nicht mehr sagen, was an der Zivilisation des Imperiums eigentlich noch genuin römisch war und was bereits griechisch. Auch andere Peripherien hinterließen in Rom ihre Spuren: Bald war es schick, ägyptische Götter zu verehren und gallische Beinkleider – *braccae* – zu tragen. Die imperiale Zivilisation war ein Hybrid, die Suche nach reinen Formen darin ist zum Scheitern verurteilt.⁴⁶ Zweitens war es oft gerade Rom, das den Provinzialen eine Identität schenkte. Mit den Eroberern kamen Kulturtechniken wie Schrift, Literatur, anthropomorphe Darstellungen von Göttern – und vor allem der Mythos, der es auch den an der Peripherie lebenden Menschen erlaubte, sich im Koordinatensystem der Identitäten einen Platz zu suchen. Erst das Vorbild der griechisch-römischen Tempelarchitektur etwa gab den Bewohnern der gallischen Provinzen Mittel an die Hand, um ihren Göttern Heiligtümer zu errichten, die ihren kultischen Bedürfnissen entsprachen. So entstand der sogenannte gallo-römische »Umgangstempel«, das *fanum*, das den Provinzialen wiederum ihre Eigenheiten bewusst machte und materieller Ausdruck ihres Zusammengehörigkeitsgefühls wurde. Ähnlich bedienten sich die Palmyrener griechisch-römischer Sakralarchitektur, um Grabbauten zu errichten. So stellten die Oasenbewohner aus Syrien das Vokabular eines adaptierten Formenschatzes in den Dienst ihres sehr spezifischen, ganz auf ihre Gesellschaft zugeschnittenen Repräsentationsbedürfnisses. Romanisierung bedeutete nicht Homogenisierung, sondern ganz im Gegenteil die Potenzierung von Möglichkeiten und damit die Auffächerung kultureller Vielfalt.

Das römische Imperium konnte, wie alle Imperien, mit Vielfalt problemlos umgehen. Anders als der moderne Nationalstaat bedurfte es nicht größtmöglicher Homogenität, um kohärent zu sein. *La nation une et indivisible* war ein Imperativ der Französischen Revolution, nicht vormoderner Großreiche, die keine Schicksals- und Identitätsgemeinschaften waren, auch keine *imagined community* im Sinne Benedict Andersons, sondern das Produkt von Eroberungen. Als solches kam selbstverständlich auch das römische Imperium ohne einen nationalen Mythos aus, der das Unterschiedliche künstlich verklammerte.⁴⁷

Dennoch besaß Rom, und deshalb ist es eine historische Anomalie, Ansätze zu einem solchen nationalen Mythos. Rom formulierte Angebote an alle, die es beherrschte: Angebote, die einen hohen Grad von Identifikation der Beherrschten mit dem Imperium bewirkten. Sie artikulieren sich in drei Narrativen, Meistererzählungen, wenn man so will, die im nachaugusteischen Rom – nicht in der Republik – jede für sich große Plausibilität beanspruchen konnten. Von allen war im Prinzip schon die Rede: Rom verhieß sozialen Aufstieg, Orientierung und Zivilisation. Dem Versprechen des sozialen Aufstiegs diente das Bürgerrecht, dem Versprechen der Orientierung diente der Mythos und dem Versprechen der Zivilisation diente die materielle Kultur. Jedem der drei Narrative entsprach eine Dimension von Romanisierung: Das Bürgerrecht konnte erwerben, wer loyal war und sich auf ein Minimum an imperialer Leitkultur einließ; es bedeutete rechtliche Romanisierung. Im Mythos konnte sich zurechtfinden, wer als Voraussetzung über ein gewisses Quantum Bildung verfügte; sie bedeutete symbolische Romanisierung. Und die Adaption der römischen Zivilisation, mit ihren Annehmlichkeiten und technischen Möglichkeiten, bedeutete materielle Romanisierung.

Die drei Narrative konstituierten noch kein Äquivalent zu einer modernen Nation. Sie zeigen aber, dass Rom in sehr ausgeprägter Weise das repräsentierte, was Anthropologen eine »große Tradition« nennen: Die große Tradition besitzt Autorität und normierende Kraft. Vor allem auf die Eliten der Peripherie übt sie eine unwiderstehliche Anziehungskraft aus. Sie koexistiert mit einer Fülle von lokalen, »kleinen Traditionen«, deren Träger die überlegene Deutungshoheit der großen Tradition durchaus anerkennen. Beide Ebenen durchdringen, befruchten und überlagern sich permanent, so dass keine der Traditionen in Reinform besteht. Die griechisch-römische Doppelzivilisation mit ihrer Hybridität und Modularität brachte alle Voraussetzungen dafür mit, eine große Tradition zu sein. Sie war leicht zu adaptieren, aber auch leicht umzudeuten und anderen, jeweils lokalen Bedürfnissen zu unterwerfen. Romanisierung ist deshalb nur im Plural zu denken. Welchen Weg sie nahm, hing von unzähligen lokalen Parametern ab. Wie stark sie fühlbar war, ebenfalls.

IV Glanz und Elend: Die julisch-claudische Dynastie

43 Jahre lang hatte Augustus allein über die römische Welt geherrscht. Schon ihrer Länge nach ragt die Regierungszeit des ersten Princeps als Solitär aus der langen Geschichte der römischen Kaiserzeit heraus. Durch Tiberius' Erhebung entstand eine Dynastie, die nach den beiden Familien, die sie wesentlich konstituierten – die des Augustus und die seiner Gattin Livia – die julisch-claudische genannt wird. Vor allem wurde der Prinzipat erst durch Tiberius' Nachfolge zu einer Institution, die aus der römischen Politik nicht mehr wegzudenken war. Erst in der langen Dauer mutierte er zur Monarchie mit einem »Kaiser«, dessen Amt mehr war als die Summe aus persönlicher Autorität und einzeln verliehenen Befugnissen. Bis 14 n. Chr. war das Purpurgewand, das der erste Mann in Rom trug, auf Augustus maßgeschneidert gewesen – auf ihn persönlich, seine Errungenschaften und Qualitäten. Mit der Nachfolge hatte sich zu erweisen, ob dieser Mantel, wenn man hier und da Änderungen vornahm, auch anderen Trägern passte. Mit jedem Kaiser-, mit jedem Dynastiewechsel änderte sich der Schnitt – oft kaum merklich, manchmal auch markant. Das Kaisertum der Spätantike und noch des Byzantinischen Reiches hatte kaum noch Ähnlichkeiten mit der augusteischen Herrschaftsordnung – und doch war es unverkennbar der Institution entwachsen, die Augustus 27 v. Chr. geschaffen hatte.

Wie war mit Roms Feinden jenseits der Grenzen umzugehen? Wie mit den Verbündeten, die als »Klientelkönige« Territorien am Rand der römischen Welt verwalteten, mit innerer Autonomie, sonst aber gebunden an die Weisungen vom Tiber? Wie sollte das Riesenreich verwaltet werden, wie war sein Finanzbedarf zu sichern? Wie hatte sich der Herrscher der Bevölkerung, vor allem der Hauptstadt Rom, zu präsentieren? Wie sich dem Militär gegenüber zu verhalten? Und welche Rolle sollte er gegenüber den Senatoren einnehmen, die Augustus seine Autorität hatte spüren lassen, denen er aber auch das Gefühl gegeben hatte, selbst nur ein Senator unter Standesgenossen zu sein? Jeder Princeps hatte diese – und etliche andere – Fragen bei Herrschaftsantritt neu zu stellen. Welche Antworten er fand, hing von der Situation, aber auch von seinem Naturell ab – und davon, welche Konzeption er von seiner Rolle als Herrscher entwickelte.

1 Neuanfang mit Missverständnissen: Tiberius

Das Problem, wie mit dem Senat zu verfahren war, stellte sich Tiberius gleich nach seiner Machtübernahme. Dass Princeps und Senatoren in den Wochen nach Augustus' Tod keine gemeinsame Sprache fanden und unaufhörlich aneinander vorbeiredeten, belastete die neue Regierung mit einer schweren Hypothek. Tiberius' Prinzipat begann mit einer Lüge: Er lehnte, unter Verweis auf die Größe des Reiches und die Last der Aufgaben, die ihm von Senat angetragene Machtfülle kurzerhand ab. »In einer solchen Rede lag mehr Würde als Aufrichtigkeit«, urteilt schneidend Tacitus, bei dem Tiberius nicht gut angeschrieben ist.[1]

Tacitus hat recht: Die *recusatio imperii*, die der zweite Princeps hier vor dem Senat vollführt, ist eine rhetorische Figur, mehr nicht. Sie soll sagen: Seht her, ich reiße mich nicht um die Verantwortung, ich akzeptiere sie, wenn man mich darum bittet. Und Tiberius ließ sich bitten. Erst auf das inständige Flehen der Senatoren hin willigte er, scheinbar noch immer widerstrebend, ein, die Herrschaft zu übernehmen.[2]

Auch am Stil der Regierungsarbeit nahm Tiberius Korrekturen vor. Recht machte der neue Herrscher der alten Elite es damit nicht, obwohl er vermutlich besten Willens war. Der verblichene Princeps hatte ab 2 v. Chr. den Ehrentitel *pater patriae* getragen; Tiberius verzichtete jetzt in aller Form darauf, »Vater des Vaterlands« genannt zu werden – und galt hinter vorgehaltener Hand als Heuchler, der Bescheidenheit lediglich vorschützte. Seine Abneigung, an Spielen und Staatsempfängen teilzunehmen, wurde dem nüchternen Herrscher als Mangel an Leutseligkeit ausgelegt, die Augustus nie hatte vermissen lassen. Tiberius ließ die Konsuln in der Tagespolitik eine wichtige Rolle spielen und übertrug dem Senat zusätzliche Aufgaben. So entzog er der Volksversammlung das Wahlrecht für die Magistrate und betraute die Versammlung der Väter damit. Augustus hatte den Senatoren unmissverständlich zu verstehen gegeben, welche Abstimmungergebnisse er von ihnen erwartete, indem er als erster sein Votum abgab. Jetzt hielt sich Tiberius mit der eigenen Stimmabgabe zurück – nur um den Senatoren eine Falle zu stellen, wie man auf den Bänken argwöhnte. »Als wievielter wirst du deine Stimme abgeben, Caesar«, wollte der mutige Senator Gaius Piso wissen. »Wenn als Erster, dann weiß ich, welcher Meinung ich zu folgen habe; wenn als Letzter, so fürchte ich, ich könnte, wenn auch ungewollt, von deiner Linie abweichen.«[3]

Missverständnisse und Misstrauen schaukelten sich zu einem Klima der Angst hoch, in dem keiner der Akteure mehr wusste, woran er bei dem jeweils Anderen war. Tiberius musste die Senatoren nach Lage der Dinge für feige Duckmäuser halten, die in der Politik kläglich versagten und denen nicht zu trauen war; umgekehrt sahen die Väter in ihm einen notorischen Heuchler, der nur danach trachtete, vermeintliche Oppositionelle ausfindig zu machen und in Schauprozessen abzuurteilen. Tatsächlich häuften sich Anklagen wegen diverser Schmähungen des Herrschers, die nicht selten in sogenannte Majestätsprozesse mündeten, vor allem in der zweiten Hälfte von Tiberius' Regierungszeit. Die Prozesse waren ein probates Mittel, politisch missliebig gewordene Angehörige der Oberschicht aus dem Weg zu schaffen. Allerdings hatte Tiberius die Rechtslage nicht geschaffen; ein Gesetz, das Lästerungen des Princeps unter Strafe stellte, gab es schon seit den Tagen des Augustus. Jetzt aber griff ein Denunziantentum um sich, das es so unter Augustus nicht gegeben hatte. Tiberius war dem Gros der politischen Klasse bald so gründlich verhasst, dass sich sein negatives Image auch dem historischen Gedächtnis einprägte: Noch hundert Jahre später ließ Tacitus seinen Bericht über Tiberius' Herrschaft mit dem

Satz beginnen: »Das *erste* Verbrechen des neuen Prinzipats war die Ermordung des Agrippa Postumus.«[4]

Mit dem zweiten Princeps war der Typus des Tyrannen, des »schlechten« Kaisers, in die römische Welt gekommen. Schließlich entfremdete sich Tiberius der Hauptstadt und ihrer feinen Gesellschaft so weit, dass er politisch die Zügel immer mehr schleifen ließ und 26 n. Chr. auf die kleine Insel Capri im Golf von Neapel übersiedelte, wo er sich einen mondänen Palast, die Villa Iovis, hatte errichten lassen. Hier lebte der Monarch in den Tag hinein, während in Rom sein Prätorianerpräfekt Sejan nach Belieben schaltete und waltete. Der um 20 v. Chr. geborene Lucius Aelius Seianus entstammte einer Ritterfamilie und führte bereits in zweiter Generation das Kommando über die von Augustus geschaffene Leibgarde. 14 n. Chr. von Tiberius berufen, hatte er sich die Prätorianerpräfektur anfangs mit seinem Vater Lucius Seius Strabo geteilt; mit Tiberius' Rückzug aus der Politik wurde er immer mehr zur Grauen Eminenz. Bald munkelte man, er wolle sein eigenes Haus dynastisch mit der *domus Augusta* verbinden, strebe gar selbst nach der Herrschaft.[5]

Wirklich arbeitete Sejan zielstrebig auf die Konsolidierung seiner Machtbasis hin: Er konzentrierte die bis dahin auf mehrere Garnisonen im Stadtgebiet verteilte Prätorianergarde in einem großen Lager auf dem Viminal, kontrollierte den Zugang zum Princeps, filterte den Informationsfluss und warb, nachdem deren Gatte, der jüngere Drusus – selbst Herrschersohn und präsumtiver Nachfolger –, 23 n. Chr. eines mysteriösen Todes gestorben war, um Livilla, die Nichte des Princeps. Statuen des Prätorianerpräfekten schmückten die Hauptstadt, Münzen mit seinem Namenszug waren im Umlauf. Er sorgte sogar dafür, dass sein Geburtstag ein öffentlicher Feiertag wurde. 31 n. Chr. bekleidete Sejan, gemeinsam mit Tiberius, den Konsulat und erhielt ein *imperium proconsulare*, das ihn auch formaljuristisch nahezu auf eine Stufe mit dem Princeps stellte – und das alles, obwohl er keine senatorische Laufbahn absolviert hatte.

Dann, wie aus heiterem Himmel, stürzte Sejan. Gegen Ende des Jahres 31 wurde der Prätorianerpräfekt verhaftet und wenig später hingerichtet. Hatte er tatsächlich den Bogen überspannt? Waren Gerüchte, Sejan selbst strebe nach der Herrschaft, Tiberius in seinem selbstgewählten Exil auf Capri zu Ohren gekommen? Oder wollte sich der Princeps aus anderen Motiven seines römischen Statthalters entledigen? War am Ende gar Macro, als Präfekt der *vigiles* verantwortlich für die stadtrömische Feuerwehr, der Drahtzieher hinter Sejans Fall? Immerhin verdankte er der Affäre seine eigene Berufung zum Prätorianerpräfekten und damit einen ansehnlichen Karrieresprung. Wie auch immer: Sejan riss etliche vornehme Römer mit in den Abgrund; nach seiner Hinrichtung rollte eine weitere Verfolgungswelle über die Senatoren- und Ritterschaft. Abermals hielt Terror die Hauptstadt in Bann.[6]

Dennoch war Tiberius' Prinzipat kein kompletter Fehlschlag. So sehr er in der von Augustus virtuos beherrschten Kommunikation mit den römischen Eliten versagte, so effektiv war sein Bemühen, das Imperium nach außen weiter zu stärken. Die Unzufriedenheit, die sich in der Meuterei der Rheinlegionen Luft gemacht hatte, ließ er seinen Neffen Germanicus in einen großangelegten Feldzug im rechtsrheinischen Germanien ableiten.[7]

Noch im Jahr 14 griff Germanicus mit Vexillationen von vier Legionen, 26 Auxiliarkohorten und 8 Reiteralen – alles in allem rund 25 000 Mann – die Marser im Rhein-Lippe-Gebiet an; im darauffolgenden Frühjahr richtete sein Unterfeldherr Aulus Caecina ein Massaker unter diesem Stamm an; unterdessen wandte sich Germanicus selbst gegen die Chatten im nördlichen Hessen; im Sommer operierten beide Feldherren mit über 40 000 Legionären im Raum zu beiden Seiten der Ems, wo die Stämme der Friesen, Ampsivarier, Angrivarier und Brukterer ihre Siedlungsgebiete hatten. Auf diesem Feldzug erreichte man auch den Ort der Varusschlacht, wo man die bleichenden Knochen der dort gefallenen Römer bestattete. Auf dem Rückweg geriet das von Caecina geführte Heer in einen Hinterhalt. Als das römische Heer gerade die *pontes longi* passierten, die »langen Brücken«, einen durch ein Sumpfgebiet führenden Dammweg, sahen sich die Soldaten plötzlich von Germanen umzingelt, die durch Umleiten von Wasserläufen die gesamte Niederung fluteten. Mit knapper Not entkam Caecina mit der Masse seines Heeres, aber die Kämpfe hatten sich als unerwartet verlustreich erwiesen.

Auch 16 n. Chr. zog Germanicus wieder über den Rhein und drang bis zur Weser vor. Die Schlachten bei Idistaviso und am Angrivarier-

IV Glanz und Elend: Die julisch-claudische Dynastie

Abb. 4.1: Porträtbüste des Germanicus, nach 14 n. Chr. Onyx. Das Kreuz auf der Stirn wurde in der Spätantike hinzugefügt. London, British Museum.

wall blieben ohne eindeutigen Sieger, obwohl Germanicus beide Male triumphale Siege nach Rom meldete. Die Flotte geriet auf dem Rückmarsch in einen Sturm, etliche Schiffe wurden zerstört. Weiter südlich eilte Germanicus einem von Germanen belagerten Legionslager an der Lippe zu Hilfe und fiel abermals ins Land der Chatten und der Marser ein, wo die Nachricht von der Dezimierung der Flotte Aufstände ausgelöst hatte. Immerhin erbeuteten die Römer hier einen der 9 n. Chr. verlorenen Legionsadler. Im anbrechenden Herbst zogen sich die Truppen in ihre Winterlager am Rhein zurück.

Die dreijährige Kampagne war gewiss nicht der große Erfolg, als den Germanicus seine Operationen der römischen Öffentlichkeit ver-

1 Neuanfang mit Missverständnissen: Tiberius

kaufte. Zwar waren die Römer um Haaresbreite einer zweiten großen Niederlage entronnen, wie sie Varus erlitten hatte, aber die Siege, die unter großen Verlusten erkämpft worden waren, erwiesen sich allesamt als politisch wertlos. Was überhaupt suchten die Römer in Germanien? Tacitus stellt das ganze Unternehmen als Rachefeldzug für die Varus-Niederlage dar: »Mehr um die Schmach zu tilgen«, habe man gegen die Germanen Krieg geführt, »als aus dem Bestreben, das Imperium zu vergrößern.«[8]

Für Tiberius mögen noch andere Motive eine Rolle gespielt haben: Angesichts der Meuterei und der hohen Sympathiewerte, die Germanicus in der Truppe genoss, dürfte sich der Feldzug als Beschäftigungstherapie angeboten haben; zugleich mag es eine verlockende Option gewesen sein, den gefährlich beliebten Neffen auf eine *mission impossible* ins notorisch unbeherrschbare Germanien zu schicken. Für Germanicus schließlich war spätestens ab 15 n. Chr. der Erfolg in Germanien eine Frage des persönlichen Prestiges: Seine *dignitas* stand auf dem Spiel; unverrichteter Dinge aus Germanien abzuziehen, konnte sich des Drusus Sohn schlechterdings nicht leisten. Deshalb gab er immer wieder Durchhalteparolen aus und log seinen Soldaten vor, der Endsieg sei nahe.

Noch 16 n. Chr. beorderte Tiberius den Feldherrn – aus »Missgunst«, wie es bei Sueton heißt – nach Rom zurück, ließ ihn aber sein Gesicht wahren, indem er ihn mit einem glanzvollen Triumphzug beschenkte, der am 26. Mai des folgenden Jahres gefeiert wurde. In Wirklichkeit war Tiberius nicht grün vor Neid. Vielmehr verfügte er über hinreichen Realitätssinn, um einzusehen, dass Rom in den Weiten Germaniens viel zu verlieren, aber wenig zu gewinnen hatte. Obwohl römisches Militär sporadisch auch später rechts des Rheins aufmarschierte, war das Land zwischen Nordsee und Donau jetzt vor allem eine Arena, in der römische Diplomaten ihr Geschick entfalteten. Die Rechnung ging auf – mindestens bis zu den Markomannenkriegen im 2. Jahrhundert n. Chr.: Etliche der sich nach Ruhe und wirtschaftlicher Prosperität sehnenden Stämme schlossen den Pakt mit Rom, das Imperium wurde für viele Germanen Sehnsuchtsort und bewundertes Vorbild.[9]

Dasselbe Augenmaß bewies Tiberius im Umgang mit anderen imperialen Randgebieten: Zwar unterdrückte er mit aller Härte 17 n. Chr.

eine Rebellion in Numidien, warf 21 n. Chr. zwei weitere Aufstände in Gallien nieder und ließ Germanicus 17 n. Chr. die Klientelfürstentümer Kommagene und Kappadokien – dessen König er zuvor den Prozess gemacht hatte – annektieren. Der erfahrene Militär Tiberius nahm aber den aggressiven Habitus, der Roms Kurs gegenüber seinen Nachbarn unter Caesar und Augustus bestimmt hatte, deutlich zurück und setzte stattdessen auf Verhandlungen. So gelang es ihm, mit langem diplomatischen Atem gleich zwei Nachfolgekrisen in dem zwischen Römern und Parthern ewig umstrittenen kleinasiatischen Königreich Armenien zu meistern. 18 n. Chr. ließ er Germanicus Zenon, den Sohn eines pontischen Dynasten, unter dem Namen Artaxias III. als König installieren. Als Artaxias 35 n. Chr. starb, schmiedete Tiberius eilends eine Koalition aus lokalen Fürsten, um den Sieg eines parthischen Prätendenten zu verhindern. Ohne dass er die gesunden Knochen eines einzigen italischen Legionärs riskieren musste, erreichte Tiberius, dass sein Kandidat Mithridates die Herrschaft in dem Kaukasuskönigreich antreten konnte.[10]

Mit zunehmendem Alter stellte sich auch für Tiberius die Nachfolgefrage. Bei Sejans Sturz zählte der Princeps bereits 72 Lenze und litt unter mannigfachen Gebrechen. Germanicus und Tiberius' leiblicher Sohn, der jüngere Drusus, waren bereits seit Jahren tot, ebenso andere Kandidaten für die Nachfolge. Berechtigte Hoffnungen machen konnten sich Gaius, ein 12 n. Chr. geborener Sohn des Germanicus, und Tiberius Gemellus, der um wenige Jahre jüngere Tiberius-Enkel. Gaius hielt sich seit 31 n. Chr. meist auf Capri auf, in der nächsten Umgebung des Princeps. Obendrein genoss er das Vertrauen des Prätorianerpräfekten Macro, der prompt zur Schlüsselfigur avancierte, als Tiberius am 16. März 37 n. Chr. das Zeitliche segnete. Auf Macros Initiative wurde das Testament, das Tiberius Gemellus noch zum Miterben bestimmt hatte, annulliert; der Senat akklamierte dem 24-jährigen Gaius am 18. März. Wenige Monate später war Tiberius Gemellus tot.

2 Verfall einer Familie: Caligula, Claudius, Nero

Wie unmittelbar das Naturell der Amtsinhaber auf die Ausgestaltung des noch gleichsam in zähflüssigem Zustand verharrenden und also formbaren Prinzipatssystems wirkte, lässt sich an den letzten drei Herrschern der julisch-claudischen Dynastie studieren: Gaius, der unter seinem Spitznamen »Stiefelchen« – Caligula – und als Prototyp des wahnsinnigen Despoten in die Geschichte einging, der körperlich missgestaltete, aber gelehrte und fleißige Claudius und schließlich Nero, der sich selbst als großes Genie, in dem die Nachwelt aber eine Ausgeburt der Hölle sah.

1894 veröffentlichte der Historiker und Publizist Ludwig Quidde eine kurze Schrift mit dem Titel *Caligula – Eine Studie über römischen Cäsarenwahnsinn*. Vordergründig war Protagonist der Princeps Gaius, Thema dessen Hang zu tyrannischer Willkür und tolldreistem Unfug. Doch hätte die althistorische Schrift ihrem Verfasser kaum 30 Auflagen binnen kürzester Zeit und erst recht keine dreimonatige Haftstrafe eingetragen, hätte sich nicht hinter Caligula die Gestalt Wilhelms II., des deutschen Kaisers, überdeutlich abgezeichnet.[11]

Für eine historische Psychopathologie des Cäsarenwahns geben die Quellen zu Caligula reichhaltiges Material her: Anfangs in Rom als Erlöser von der Schreckensherrschaft des misstrauischen Tiberius begrüßt, wandelte sich Caligula selbst zum Tyrannen, nachdem er, gerade sechs Monate im Amt, eine lebensbedrohliche Krankheit überstanden hatte. Mit immer neuen Zumutungen forderte er die traditionelle Elite Roms heraus. Der Herrscher soll sein Lieblingspferd Incitatus zum Konsul ernannt und seinen Soldaten befohlen haben, am Strand Muscheln zu sammeln; es wird berichtet, er habe eine Schiffsbrücke über die immerhin mehr als drei Kilometer breite Bucht von Misenum schlagen lassen, so dass kein Getreide in die Hauptstadt transportiert werden konnte, wo prompt der Versorgungsnotstand ausgerufen wurde. Damit nicht genug: Auf dem Höhepunkt eines Zechgelages habe er plötzlich seine Soldaten von der Brücke ins Wasser gestoßen, wo viele von ihnen gestorben seien. Außerdem soll er reihenweise Senatoren gefoltert, in die Verbannung getrieben oder zum Tode verurteilt, ehrbare Frauen vergewaltigt und die kultische Verehrung seiner Person in den Provinzen wie in Rom eingefordert haben. *Oderint, dum metuant* – »Sollen sie mich hassen, wenn sie mich nur fürchten«, sei Caligulas Wahlspruch gewesen, berichtet sein Biograph Sueton.[12]

Die Frage ist: War das auffällige Verhalten des Herrschers tatsächlich, wie auch heute noch den Handbüchern zu entnehmen ist, Caligulas labiler psychischer Verfassung anzulasten? War Gaius geisteskrank? Nachdenklich stimmt jedenfalls, dass das gesamte Tableau der Tabubrüche – von der Unzucht über sinnlose Grausamkeiten und spontanes Ausrasten bis zum Lächerlichmachen geheiligter Traditionen – nicht allein Caligula zum Tyrannen stempelt, sondern gleich eine stattliche Reihe von Herrschern, die den in sie gesetzten Erwartungen in keiner Weise gerecht wurden. Auch kann man, wie dies Aloys Winterling getan hat, die vermeintlichen Auswüchse von Caligulas Irrsinn als Teile eines perfiden, aber ingeniösen Plans zur »Unterwerfung der Aristokratie« begreifen.[13]

So greift die Diagnose »Cäsarenwahn« womöglich zu kurz, wenn man dem Phänomen auf den Grund gehen möchte. Die auffällige Häufung debiler Despoten in der römischen Kaisergeschichte ist jedenfalls interessant genug, um eingehender untersucht zu werden. Caligula erlag nach knapp vierjähriger Herrschaft nicht etwa, wie man vermuten könnte, einer Verschwörung von Senatoren, sondern der Privatrache eines Prätorianeroffiziers und dem Überlebensinstinkt eines in Ungnade gefallenen Freigelassenen. Dem 24. Januar 41 folgte eine Nacht der langen Messer: Viele Angehörige der julisch-claudischen Familie überlebten Caligula nur um wenige Stunden. Vermutlich hatte man sich hinter den Kulissen auf Claudius, den Bruder des Germanicus, als Nachfolger geeinigt. Der stotternde, körperbehinderte Onkel des verblichenen Despoten war ein idealer Kompromisskandidat. Von diesem versponnenen Gelehrten, der ein etruskisches Wörterbuch und eine Geschichte dieses im römischen Italien restlos aufgegangenen Volkes verfasst hatte, war ein Übermaß an politischer Initiative nicht zu erwarten.

Dennoch gab es um Claudius' Kaisererhebung ein vielstündiges Tauziehen. Im Senat wurden Stimmen laut, die forderten, mit der

Nachkommenschaft des Augustus und der Livia gänzlich aufzuräumen. Einige machten sich sogar für die Rückkehr zur Republik stark. Unter diesen Umständen zögerte Claudius, seine Einwilligung zur Akklamation zu geben. Den Ausschlag gaben schließlich die Prätorianer, die Claudius akklamierten und den Senat nötigten, es ihnen nachzutun.

Die Überlieferung taucht Claudius in kaum milderes Licht als seinen Vorgänger Caligula und Nero, seinen Nachfolger. Nicht als Tyrann begegnet der Princeps in den Texten, sondern als willfähriges Werkzeug seiner Frauen und Freigelassenen. Im Skandal um seine dritte Frau Valeria Messalina offenbart sich die ganze Abhängigkeit des Herrschers von Personen, die kraft ihres Geschlechts oder Standes nicht zum Herrschen bestimmt waren. Messalina, die selbst der julisch-claudischen Sippe entstammte, hatte Claudius noch unter Caligula geheiratet und ihm zwei Kinder, Octavia und Britannicus, geboren. Kaum war Claudius an der Macht, beanspruchte seine Gattin in der öffentlichen Selbstdarstellung seines Prinzipats einen prominenten Platz. Sie nahm an einem Triumphzug teil und wurde – wie schon die ältere Agrippina – mit Münzbildnissen geehrt. Zusammen mit dem Freigelassenen Narcissus, dem Leiter von Claudius' Kanzlei, zog sie auch politisch die Strippen. Gemeinsam sorgte das Duo 42 dafür, dass der angesehene Senator Appius Silanus, ein potentieller Claudius-Nachfolger, hingerichtet wurde. Auch viele andere, die es sich mit Messalina verdarben, lebten gefährlich.[14]

Schlimmer war, dass Gerüchte über Messalinas zahlreiche Sexaffären mit vornehmen Senatoren die Runde machten. Der Princeps als gehörnter Ehemann – das war mit der Würde des Amtes kaum in Einklang zu bringen. Besonders bunt soll Messalina es mit dem jungen Senator Gaius Silius getrieben haben, mit dem sie 47 eine Liaison einging. Ein Jahr später feierten Messalina und Silius, der für einen Konsulat des Folgejahres vorgesehen war, in aller Öffentlichkeit Hochzeit, während Claudius in Ostia weilte. Aus dem Abenteuer war ein politischer Umsturzversuch geworden, dem erst eine Intrige des Kanzleichefs Narcissus Einhalt gebot: Narcissus überredete zwei Mätressen, dem Kaiser das Geschehene zu berichten; später setzte er sich dafür ein, dass den Ehebrechern kein Pardon gewährt wurde. Am Ende wur-

Abb. 4.2: AR Denar von Claudius, 54 n. Chr. Av.: *AGRIPP(ina) AVG(usti) DIVI CLAVD(i) NERONIS CAES(aris) MATER*. Gegenständig Kopf von Nero links und drapierte Büste der Agrippina minor rechts. Rv.: *NERONI CLAVD(io) DIVI F(ilio) CAES(aris) AVG(usti) GERM(anici) IMP(eratoris) TR(ibunicia) P(otestate) / EX S(enatus) C(onsulto)*. Eichenlaubkranz. RIC 2.

de dem Kaiser nur lapidar mitgeteilt, seine Frau sei zu Tode gekommen. »Er fragte auch nicht weiter nach, verlangte einen Becher und setzte sein gewohntes Trinkgelage fort«, resümiert Tacitus die Reaktion des Princeps.[15]

Messalina starb 48 n. Chr., nur ein Jahr später heiratete Claudius seine Nichte Agrippina, eine Germanicus-Tochter. Wieder hatte der Princeps einer starken Frau nichts entgegenzusetzen, doch diesmal gab es kein Happy End. Agrippinas Lebensinhalt war ihr Sohn Lucius geworden, dem sie den Weg an die Macht zu bahnen trachtete, kostete es, was es wolle. Wirklich adoptierte Claudius am 25. Februar 50 den Zwölfjährigen, der danach Tiberius Claudius Nero Drusus Germanicus Caesar hieß – kurz: Nero. Später wurde er mit Octavia vermählt, Claudius' eigener Sohn Britannicus trat in den Hintergrund. Als Claudius, wie es heißt, nach dem Genuss eines Pilzgerichts, am 13. Oktober 54 starb, war der Weg für Neros Nachfolge frei – die Prätorianer unter ihrem Präfekten Burrus, einem Vertrauten Agrippinas, akklamierten dem neuen Herrscher, Britannicus wurde weniger Monate später aus dem Weg geschafft. Böse Zungen behaupteten, bei Claudius' plötzlichem Tod sei Gift im Spiel gewesen. Völlig abwegig scheint dieser Gedanke nicht.[16] Nach dem Friedensstifter Augustus, dem eskapistischen Zyniker Tiberius und dem Scheusal Caligula trug also mit Claudius ein willenloser Schwächling den Purpur des ersten Mannes – so jedenfalls berichten es unisono die Gewährsleute Tacitus, Sueton und Cassius Dio. Vor allem Tacitus setzt in seiner Schilderung Charaktere wie Messalina, Narcissus und Agrippina virtuos ein, um Claudius als närrischen Einfaltspinsel zu entlarven, der Wachs in den Händen ebenso gewissenloser wie ehrgeiziger Höflinge war. Doch es gab auch einen ganz anderen Claudius, einen Herrscher, der zielstrebig politische Weichenstellungen vornahm. Dieser Claudius gliederte nicht nur Klientelfürstentümer wie Noricum, Thrakien und Mauretanien sowie das kleinasiatische Pampylien und den lykischen Bund als Provinzen ins römische Imperium ein, sondern schritt auch zur Landung in Britannien. Die Insel war seit Caesar Expansionsziel römischer Strategen; doch dort Fuß zu fassen, war selbst dem Diktator missglückt. In mehrjährigen Feldzügen besiegten die Römer, unter Ausnutzung lokaler Konflikte, den Stamm der Catuvellaunen, eroberten deren Hauptort Camolodunum (Colchester) und brachten schließlich ganz Südostengland bis zum Fluss Trent in ihre Gewalt.

Auch innerhalb der Reichsgrenzen setzte Claudius neue Akzente. Er investierte in die Infrastruktur der Hauptstadt. So ließ er in der Hafenstadt Ostia ein künstliches Hafenbecken errichten, baute neue und restaurierte vorhandene Aquädukte. Er engagierte sich in der Rechtspflege, die seither einen wesentlichen Kern herrscherlicher Aufgaben ausmachte. Unter dem vierten Princeps machte die Institutionalisierung des »Hofes« zu einer Regierungszentrale rasante Fortschritte. Freigelassene wie Narcissus oder der für Petitionen zuständige *a libellis* Callistus versahen praktisch die Aufgaben von Fachministern. Besonders zukunftsweisend war, wie Claudius das Zusammenwachsen des Imperiums zu einer Rechtseinheit förderte. Erstmals berief er in größerem Umfang Honoratioren aus den Provinzen in den römischen Senat. Ein Zensus 48 zählte fast sechs Millionen römische Bürger – eine Million mehr als gut dreißig Jahre zuvor unter Augustus. Der Zuwachs verdankte sich der großzügigen Verleihungspraxis beim Bürgerrecht, wie sie vor allem unter Clau-

IV Glanz und Elend: Die julisch-claudische Dynastie

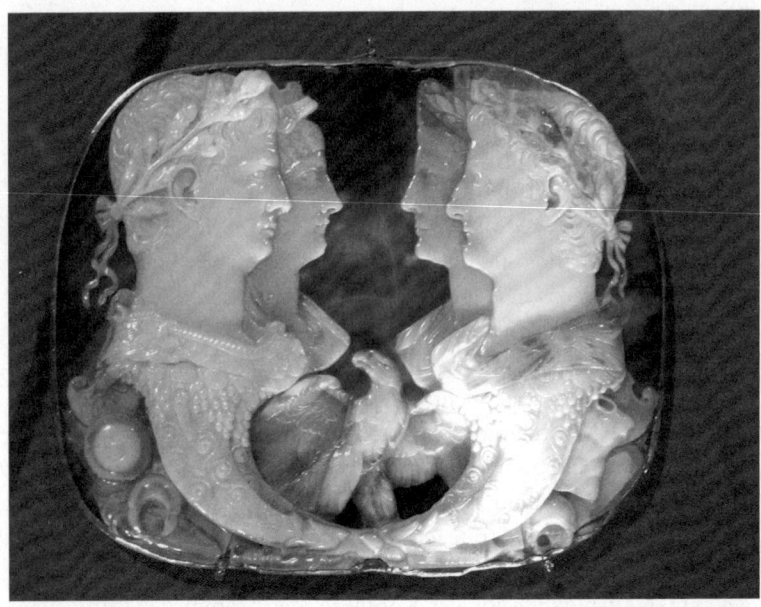

Abb. 4.3: Kameo mit Claudius, Agrippina der Jüngeren, Agrippina der Älteren und Germanicus, sogenannte Gemma Claudia, ca. 49 n. Chr. Onyx. Wien, Kunsthistorisches Museum.

dius Einzug gehalten hatte. Beides, die Ausweitung des Bürgerverbands wie der Senatorenschaft, wurde in Rom durchaus kontrovers diskutiert, war aber letztlich entscheidend dafür, dass sich ein reichsweites Bewusstsein der Zugehörigkeit zum römischen Imperium ausbilden konnte.[17]

Am 13. Oktober 54 konnte Nero unangefochten die Herrschaft antreten. Sie begann durchaus vielversprechend. Unter der Lenkung des Prätorianerpräfekten Burrus und des Philosophen Seneca, seines Erziehers, war er ein Princeps, mit dem vor allem die Senatoren bestens leben konnten. Im Osten agierte das neue Regime ebenfalls zunächst glücklich. Hier hatten die Parther 52 nach erneuten Thronwirren die Initiative ergriffen und einen Angehörigen des arsakidischen Herrscherhauses, Tiridates I., als König eingesetzt. Dem Prokonsul von Asia, Gnaeus Domitius Corbulo, gelang es 58 n. Chr., die armenischen Städte Tigranokerta und Artaxata einzunehmen und Tiridates durch einen Gefolgsmann Roms zu ersetzen. Der Krieg zog sich jedoch weiter in die Länge, auch weil man in Rom ein Friedensangebot der Parther ablehnte. 61 kam die parthische Gegenoffensive ins Rollen. Bei Rhandeia in Westarmenien kapitulierten im Herbst 62 drei römische Legionen unter dem Statthalter Kappadokiens, Lucius Iunius Caesennius Paetus. Erst Corbulos beherztes Eingreifen brachte die erneute Wende: Der römische Oberkommandierende und der parthische König Vologaises kamen überein, dass Tiridates auf den armenischen Thron zurückkehrte, sein Diadem aber in einem symbolischen Akt aus der Hand Neros empfangen sollte. So geschah es 66 – ein Jahr später war Corbulo tot. Die Beliebtheit seines fähigsten Generals im Heer hatte den Argwohn Neros geweckt, der ihn prompt der Verschwörung bezichtigte und zum Selbstmord zwang.[18]

Unterdessen hatte sich die Lage in einem weiteren Krisenherd dramatisch zugespitzt. Für das alte Königreich der Juden, das seit 63 v. Chr. unter römischem Einfluss stand und in dem die Römer ohne viel Erfolg mit diversen Varianten direkter und indirekter Herrschaft experimentiert hatten, waren seit 6 n. Chr. Präfekten und später Prokuratoren verantwortlich, die dem römischen Statthalter Syriens unterstanden. In der Auswahl dieser Beamten hatten die Römer eine wenig glückliche Hand: Judäa ächzte unter Inkompetenz, Korruption und Taktlosigkeit der römischen Verwaltung. Bereits mehrfach hatte sich der Unmut der Juden in Rebellionen entladen, doch unter der Ägide des seit 64 amtierenden Prokurators Gessius Florus radikalisierte sich der Widerstand so weit, dass er die Region in einen veritablen Krieg stürzte. Obwohl im Judentum diverse Strömungen miteinander rivalisierten und sich zum Teil bis aufs Messer bekämpften, gelang es, Jerusalem gegen die eilig durch den Statthalter Syriens in Marsch gesetzte 12. Legion zu verteidigen. Nero betraute mit den Operationen Titus Flavius Vespasianus, der eine glanzvolle militärische und administrative Karriere absolviert hatte, aber beim Princeps dadurch in Ungnade gefallen war, dass er bei dessen schauspielerischen Darbietungen im Theater eingeschlafen war.

Die Begebenheit ist symptomatisch: Nero sah sich in erster Linie als Künstler, seinen Prinzipat als ein Gesamtkunstwerk. Dass er, indem er als Sänger und Schauspieler brillieren wollte, nach römischer Lesart, dem Verständnis zumal der traditionsbewussten Elite, buchstäblich aus der Rolle fiel, war ihm gleichgültig. Der Schlüsselmoment in Neros Leben war die Stunde, da ihm dämmerte, dass er als Nachfolger des Augustus über allen Gesetzen stand. »Vor mir hat noch kein Herrscher gewusst, was er sich alles herausnehmen kann«, soll Nero im Vollbewusstsein seiner Allmacht ausgerufen haben. Dies war auch der Moment, da er sich von seinen Ratgebern emanzipierte und die Zügel in die eigenen Hände nahm: Der Prätorianerpräfekt Burrus erkrankte schwer, Seneca zog sich aus der ersten Reihe zurück, Agrippina wurde sukzessive entmachtet und schließlich – wenn wir den Quellen Glauben schenken dürfen – auf Betreiben Neros ermordet.[19]

Neros Prinzipat hinterließ bleibende Verwüstungen im kollektiven Gedächtnis der Römer. Der Brand Roms, die blutige Niederschlagung der sogenannten Pisonischen Verschwörung, das Wüten gegen die Christen, Neros selbstgefällige künstlerische Darbietungen, sein – um es milde auszudrücken – extravaganter Lebensstil und die stürmische Liebesaffäre mit der eleganten Lebedame Sabina Poppaea: All das beflügelte den Klatsch und bediente den Voyeurismus von Zeitgenossen wie Nachwelt. Allerdings scheinen auch hier, wie bei Caligula, wieder überall die typischen Versatzstücke historiographischer Tyrannentopik durch. So war es ein bloßes Gerücht, dass Nero im Juli 64 das Feuer gelegt haben sollte, das den großen Brand Roms auslöste. Doch Tacitus kolportiert den Klatsch ungeniert und setzt noch einen drauf: »Um das Gerücht zu entkräften, schob Nero die Schuld auf andere und verurteilte jene, die das Volk ihrer Untaten wegen hasste und Christen nannte, zu höchsten Strafen.« Im selben Zusammenhang begegnen wir auch dem frühesten Beleg für eine christliche Gemeinde: Tacitus berichtet, Christus, der Namenspatron der *Christiani*, sei unter Tiberius durch Pontius Pilatus hingerichtet worden; von Judäa ausgehend habe sich der »verderbliche Aberglaube« überallhin ausgebreitet, auch nach Rom. Nero habe seinen Spott mit den Christen getrieben, indem er sie in Tierfelle einnähen und Hunden zum Fraß vorwerfen oder als lebende Fackeln anzünden und an Kreuze schlagen ließ.[20]

Außer Frage steht, dass Nero die Erwartungen an einen Herrscher nicht erfüllte. Mit dem ostentativen Luxus, den er entfaltete, und seiner Selbststilisierung als Künstler verstieß er gegen von Augustus begründeten Konsens. Als Standesgenosse hatte er sich bescheiden zu geben; ein Palast mitten in Rom, wie ihn Nero sich mit der Domus Aurea errichtete, hatte im sorgsam austarierten Rang- und Prestigegefüge des Prinzipats keinen Platz. Setzte sich Nero so nach oben von der Senatorenschaft ab, so rangierten seine Auftritte als »Künstler« weit unterhalb ihrer Standesehre. Wie bei Caligula muss nicht unbedingt Wahnsinn der Grund für das abweichende Verhalten des Princeps gewesen sein. Denkbar ist durchaus, dass Nero die Tabubrüche bewusst inszenierte, um – wie hatte Sueton sich ausgedrückt? – die Senatoren spüren zu lassen, »was er sich alles herausnehmen« konnte.

Für den Brand Roms war Nero mit Sicherheit nicht verantwortlich. Vielmehr linderte er die Not mit großzügigen Spenden und tat sich auch als vernünftiger Gesetzgeber hervor, der die in der Hauptstadt grassierende Bauspekulation durch Begrenzung von Geschosszahl und Traufhöhe der Mietshäuser – *insulae* – einzudämmen suchte. Auch die schon in der Spätantike verbreitete Überzeugung, Nero habe als erster römischer Herrscher eine Christenverfolgung befohlen, ist so pauschal nicht zu halten. Die Verurteilungen *ad bestias* waren punktuelle Aktionen; von einer systematischen Verfolgung der christlichen Religion, wie sie erst viel später, im 3. Jahrhundert n. Chr., Valerian und dann, in noch größerem Stil, Diokletian, auslöste, kann keine Rede sein.

Dennoch verlor Nero dramatisch an Rückhalt in der senatorischen Oberschicht. Das Prestige, das Augustus mit der Herrschaft seinen Nachfolgern aus der julisch-claudischen Dynastie hinterlassen hatte, war endgültig aufgezehrt. So machte sich das Gefühl breit, das etwas geschehen müsse. Zugleich wurde den Mächtigen in Rom und in den Provinzen bewusst, dass der Prinzipat kein Familienunternehmen war: Das Herrschaftsmonopol der Julier und Claudier war gebrochen; *capax imperii* – »befähigt zu herrschen« – war, wie Tacitus bemerkt, auf einmal auch ein Senator wie jener Lucius Sulpicius Galba, dem am 3. April 68 eine begeisterte Menge in der spanischen Stadt Carthago Nova als Imperator zujubelte. Als Nero die Nachricht von Galbas Usurpation erreichte, war sein Prinzipat schon nicht mehr zu retten. Erst jammerte er, dann schmiedete er Fluchtpläne und schließlich, als der Senat ihn schon zum *hostis publicus* erklärt hatte, stieß er sich einen Dolch in die Kehle. Nero starb am 9. oder 11. Juni 68 – und mit ihm die julisch-claudische Dynastie.

3 Krise als Lehrstück: Das Vierkaiserjahr 69 n. Chr.

Tacitus machte noch eine zweite Beobachtung. Durch Neros politischen Offenbarungseid sei ein Geheimnis der Herrschaft – *arcanum imperii* – offenbar geworden: dass nämlich »ein Kaiser auch anderswo als in Rom gemacht werden« könne. Der Chronist der Kaiserzeit hatte aufmerksam registriert, dass dem Militär bei der Bestellung von Kaisern in Krisenzeiten eine Schlüsselrolle zukam. Und die Legionen waren nicht in Rom und in Italien stationiert, sondern an den langen Außengrenzen des Imperiums, entlang von Rhein, Donau und Euphrat. Hier lag, wenn ein Regime so gründlich zerrüttet war wie das Neros, das machtpolitische Gravitationszentrum des Reiches.[21]

Die klassische Form des blutigen Machtwechsels in Rom wurde seit Galba die Usurpation. Als erster Usurpator hatte sich 42 der Konsular Lucius Arruntius Camillus Scribonianus, der Statthalter Dalmatiens, gegen den vermeintlich noch nicht fest im Sattel sitzenden Claudius zum Imperator ausrufen lassen. Damals war die Revolte rasch in sich zusammengefallen, nachdem Scribonianus' eigene Soldaten von ihm abgefallen waren. Der Aufstand gegen Nero gründete tiefer und er zog weitere Kreise. Noch vor Galba waren in der Gallia Lugdunensis der Statthalter Gaius Iulius Vindex und wenig später der Legat der *legio III Augusta* in Numidien, Lucius Clodius Macer, von Nero abgefallen. Macers Usurpation griff vermutlich auf Sizilien über und drohte Rom von der Getreidezufuhr von dort und aus Afrika abzuschneiden.

Noch gefährlicher war die gallische Rebellion, obwohl Vindex keine eigenen Truppen befehligte. Mit Galba nämlich schloss sich dem Aufstand ein zwar schon älterer, aber hochangesehener und in der Senatorenschaft bestens vernetzter Konsular an. Ihm fiel prompt die Rolle

3 Krise als Lehrstück: Das Vierkaiserjahr 69 n. Chr.

der Gallionsfigur zu. Die Usurpation setzte eine komplizierte Ereigniskette in Gang, an deren Ende Nero tot und Galba Princeps war. Zunächst schienen freilich die beharrenden Kräfte die Oberhand zu gewinnen. Die Aufständischen wandten sich, weil ihre militärischen Kräfte zu schwach waren, an die Befehlshaber der Heeresbezirke Ober- und Niedergermanien, Gaius Fonteius Capito und Lucius Verginius Rufus, die vier bzw. drei Legionen kommandierten. Doch beide hielten sich bedeckt. Von Capito traf keine Antwort ein, Verginius Rufus entschied sich, nachdem er mit Vindex verhandelt hatte, gegen die Aufständischen und für Nero. Verginius Rufus lehnte es auch ab, selbst nach dem Purpur zu greifen. Im Mai unterlag Vindex' vor allem aus gallischen Stammeskriegern zusammengewürfeltes Aufgebot bei Vesontio den Legionen des obergermanischen Befehlshabers.

Wenn die Rebellion jetzt nicht in sich zusammenbrach, dann verdankte sie das erstens dem kläglichen Krisenmanagement Neros, der in Italien zwischen Siegeszuversicht und Verzagen schwankte, und zweitens der Autorität des 70-jährigen Galba, der im Juni die Anerkennung durch den Senat erhielt, während auch der Prätorianerpräfekt Gaius Nymphidius Sabinus von Nero abfiel und die Soldaten zu Galba überlaufen ließ, indem er ihnen ein ansehnliches Donativ in Aussicht stellte. Gleich nach Neros Tod brach Galba gen Rom auf und erreichte die Hauptstadt im Oktober.

Dort erwies sich, dass der Nachsatz, mit dem Tacitus seine Bemerkung, Galba sei *capax imperii*, versehen hatte, zutraf: *nisi imperasset*, »hätte er bloß nicht geherrscht«, schränkt der Historiograph sein Lob sogleich ein. Der betagte Princeps verdarb es sich binnen Monaten mit den Kräften, denen er sein Amt verdankte. Er erklärte den Prätorianern, die das ihnen von Nymphidius Sabinus versprochene Donativ einforderten, er sei gewohnt, »seine Soldaten auszuheben, nicht sie zu kaufen«. Die stadtrömische Plebs brüskierte er, indem er den Aufwand für öffentliche Veranstaltungen und Spiele drastisch reduzierte. Auch seine senatorischen Standesgenossen entfremdete er sich durch unverhältnismäßige Härte. Galba stand für altrömische Sparsamkeit und Strenge – Tugenden, die nicht mehr in die Zeit passten.[22]

Als zwei Monate nach Galbas Ankunft in Rom das verhängnisvolle Vierkaiserjahr 69 anbrach, war Galbas Autorität schon so weit erschüttert, dass am Neujahrstag die Rheinlegionen den Treueid auf ihn verweigerten. In Köln nahm einen Tag später der Befehlshaber des niedergermanischen Heeres, Aulus Vitellius, die Akklamation der Garnison entgegen. Da beging der greise Galba in dem Versuch, die drängende Sukzessionsfrage zu lösen und seine Herrschaft zu stabilisieren, einen letzten tödlichen Fehler, indem er sich mit dem erst 30-jährigen Gnaeus Calpurnius Piso Licinianus einen Nachfolger erkor, der zwar rechtschaffen war, aber weder politische Erfahrung noch eine senatorische Hausmacht mitbrachte. Seinen bisherigen politischen Weggefährten, den 32 n. Chr. geborenen Marcus Salvius Otho, stieß er mit der unbedachten Personalentscheidung so gründlich vor den Kopf, dass der prompt einen Staatsstreich gegen ihn anzettelte. Am 15. Januar ließ er sich von den Prätorianern zum Kaiser ausrufen, die wenig später Galba mitten auf dem Forum aus seiner Sänfte zerrten und erschlugen.

Das Geschehen um Galbas Ende verdeutlicht lehrbuchartig den Automatismus römischer Usurpationen. Das Drehbuch ist immer dasselbe: Mit nachlassender Autorität des Princeps wächst die Usurpationsneigung anderer senatorischer Würdenträger, die *capaces imperii* entweder sind oder sich dafür halten. Der Prätendent erklärt seine Bereitschaft, den Prinzipat zu übernehmen, vor einer Heeresversammlung, die ihm akklamatorisch ihre Zustimmung signalisiert. Die Akklamation ist sorgsam inszeniert, auch wenn manche Usurpatoren vorgeben, sie seien durch das Heer erst in ihre Rolle gedrängt worden. Die besten Chancen haben Usurpationen, wenn sie, wie bei Vitellius, von den starken Garnisonen in Germanien, auf dem Balkan und im Orient ausgehen; in Einzelfällen kann jedoch, wie bei Otho, auch die Unterstützung der Prätorianer den Ausschlag geben.

Stets schafft die Usurpation irreversible Fakten. Hat er einmal nach dem Purpur gegriffen, gibt es kein Zurück für den Usurpator. Er muss dann auf dem Schlachtfeld die Entscheidung mit dem Rivalen suchen, der seinerseits gezwungen ist, die Herausforderung anzunehmen. Der Bürgerkrieg lässt sich nur vermeiden, wenn einer der Kandidaten vorzeitig dadurch aus dem Rennen ausscheidet, dass sich das eigene Heer seiner in aussichtsloser Lage entledigt. Dem Senat und den nicht am Bürgerkrieg beteiligten Heeren bleibt schließlich nur noch, die Entscheidung der Waffen zu ratifizieren und dem siegreichen Prätendenten die Treue zu schwören.²³

Mit Otho und Vitellius hatten jetzt, an unterschiedlichen Orten, gleich zwei Kandidaten nach der Macht gegriffen. Otho hatte die Anerkennung des Senats erhalten, aber wie viel sie wert war, erfuhr er, fast auf den Tag genau drei Monate nach Herrschaftsantritt, bei dem kleinen Ort Bedriacum in der Nähe von Cremona. Hier traf am 14. April das von Germanien gegen Rom heranziehende Heer des Vitellius auf Othos eilends ausgehobene Verbände. Verhandlungen, in denen Otho Vitellius eine Teilung der Herrschaft angeboten hatte, waren ergebnislos geblieben. Die Schlacht wogte hin und her, am Ende aber behielten die trainierten Vitellius-Legionen die Oberhand. Otho gab seine Sache verloren und sich, Stunden später, den Tod.

Vitellius erhielt als Sieger wenige Tage später die Anerkennung durch den Senat. Mitte Juli zog er in die Hauptstadt ein. Doch da war bereits eine weitere Usurpation angerollt: Am 1. Juli war in Alexandreia der Oberkommandierende des noch immer im Jüdischen Krieg kämpfenden Heeres, Titus Flavius Vespasianus, zum Imperator ausgerufen worden. Auf die Nachricht von Neros Ende hin hatte Vespasian zunächst seinen Sohn Titus nach Rom gesandt, um sein Kommando bestätigen zu lassen; nach dem erneuten Umsturz verhielt er sich zunächst abwartend. Bevor er seinen Anspruch auf den Purpur erklärte, sicherte er sich die Unterstützung der mächtigen Amtsträger im Orient: des syrischen Statthalters Gaius Licinius Mucianus und des ägyptischen Präfekten Tiberius Iulius Alexander. Wenig später ergriff auch der Legat der in Pannonien stationierten *legio VII Galbiana*, Marcus Antonius Primus, Partei für Vespasian; ihm folgte der Rest des Donauheeres.

So lief alles auf eine erneute Konfrontation zwischen Prätendenten hinaus: Diesmal befand sich Vitellius in der Rolle des Verteidigers. Seine Position war denkbar schlecht: Von Ägypten aus kappte Vespasian die Getreideversorgung der Hauptstadt und vom Balkan kommend wälzte sich die Armee des Antonius Primus heran – insgesamt fünf Legionen, denen Vitellius nur zwei entgegenstellen konnte. Ausgerechnet bei Bedriacum, das so zum zweiten Mal innerhalb eines Jahres zur Walstatt im Bürgerkrieg wurde, prallten die Armeen im September aufeinander. Die Vitellianer unterlagen, Vitellius selbst bot in aussichtsloser Lage gegen die Zusicherung freien Geleits seinen Rücktritt an. Flavius Sabinus, Bruder Vespasians und Stadtpräfekt, der Vespasian in Rom vertrat, war geneigt, auf das Angebot einzugehen; doch die Prätorianer hintertrieben das Abkommen und nötigten Vitellius, bis zum Ende zu kämpfen. Bis Dezember verlagerten sich die Kämpfe in die Straßen Roms, der Tempel des Iuppiter Optimus Maximus auf dem Kapitol, wohin sich Sabinus geflüchtet hatte, ging in Flammen auf. Am Ende waren Vitellius und Sabinus unter den zahlreichen Toten.

Das Vierkaiserjahr ist ein Lehrstück für das Verständnis der dem Prinzipat innewohnenden Schwachstellen – aber auch dafür, dass sich inzwischen die Monarchie so weit gefestigt hatte, dass über Alternativen nicht mehr nachgedacht wurde. Zwar nannte sich Galba bei seiner Akklamation noch *legatus senatus ac populi Romani*, also »Beauftragter des römischen Senats und Volks«, was sich als Lippenbekenntnis zu republikanischer Freiheit deuten ließe. Doch trug auch er mit dem Tag seiner Anerkennung durch den Senat den auf Augustus zurückgehenden Dreiklang der Macht im Namen: *Imperator Caesar Augustus*. Nicht zur Disposition stand der Prinzipat als Institution 68/69, wohl aber die Autorität einzelner Principes. Wenn sie den Ansprüchen an einen Herrscher nicht gerecht wurden, waren ihre Tage im Purpur meist gezählt. Die Erwartungen orientierten sich noch immer an Augustus: Der Princeps hatte sich als Freund, *amicus*, der Senatoren zu bewähren und als fürsorglicher Patron, *patronus*, der Soldaten und der stadtrömischen Volksmassen. Kam er diesen Verpflichtungen nicht nach – aus Misanthropie, wie Tiberius, aus Selbstüberhebung, wie Caligula, aus Schrankenlosigkeit, wie Nero, oder aus Geiz, wie Galba – dann verlor er dramatisch an Kredit bei den Gruppen, auf deren Konsens seine Herrschaft ruhte.

Die Geduld der Adressaten ließ nach, je länger die julisch-claudische Dynastie Bestand hatte und je mehr mit der Zeit das Charisma des Augustus, das die Familie wie einen ererbten Besitz hütete, verblasste. Neros Regime stand auf wackeligen Füßen, nachdem er sich von seinen Ratgebern Seneca und Burrus emanzipiert hatte und der »wahre« Nero zum Vorschein gekommen war. Während Tiberius noch eines

3 Krise als Lehrstück: Das Vierkaiserjahr 69 n. Chr.

natürlichen Todes gestorben, Caligula einer Privatrache zum Opfer gefallen und Claudius' Prinzipat resistent gegenüber einem frühen Usurpationsversuch gewesen war, hatte sich Nero erst einer Verschwörung von Senatorenkreisen um Piso und dann der von Vindex entfachten und von Galba exekutierten Militärrevolte zu erwehren. Die Herrschaft von Figuren wie Galba, Otho und Vitellius konnte überhaupt nicht mehr vom ererbten Charisma der julisch-claudischen Familie zehren; entsprechend schwach war ihre Immunität gegen Autoritätsverfall, in den jeder Fehltritt unweigerlich mündete. Dass Vespasian seine Herrschaft stabilisieren und zum Gründer einer neuen Dynastie werden konnte, verdankte er allein dem überragenden Prestige, über das er als faktischer Sieger des Jüdischen Kriegs verfügte. Der Triumph über die Aufständischen und der durch Vespasian restaurierte Friede wurde zum Gründungsmythos des flavischen Hauses, so wie die Pax Augusta den ideellen Grundstein für die julisch-claudische Herrschaft gelegt hatte.

V Den Prinzipat neu denken: Die Flavier

Mit Vespasian kleidete sich zum ersten Mal für mehr als ein paar Monate ein Herrscher in den imperialen Purpur, in dessen Adern nicht das Blut des Augustus floss. Gegenüber den julisch-claudischen Kaisern machte das größere Neujustierungen in der Mechanik des Prinzipats notwendig. Die neuen Herrscher mussten, um ihre Rolle plausibel zu machen, stärker als ihre Vorgänger eigene Leistungen herauskehren. Während Vespasian und Titus ein beeindruckendes Quantum an militärischen Erfolgen vorzuweisen hatten, war Domitian bei seinem Amtsantritt 81 ein unbeschriebenes Blatt. Entsprechend mehr war er herausgefordert; entsprechend tiefer griffen seine Anstrengungen, den Prinzipat von den Fesseln zu befreien, die einst das augusteische System ihm angelegt hatte.

1 Im Zeichen des Sieges: Vespasian und Titus

Vespasian ließ sich Zeit. Noch bis Sommer 70 hielt er sich in Ägypten auf, dann brach er gen Rom auf, wo er im Oktober seinen *adventus* feierte. Währenddessen führte sein Sohn Titus das Oberkommando im nach wie vor den Osten erschütternden Jüdischen Krieg. Zwar war inzwischen das flache Land weitgehend befriedet, doch hielten Aufständische noch immer verschiedene befestigte Plätze – vor allem die Hauptstadt Jerusalem, um die Titus im März 70, am Tag des Passah-Festes, den Belagerungsring schloss. Von außen rückten der stark be-

1 Im Zeichen des Sieges: Vespasian und Titus

festigten Stadt die römischen Legionen mit ihren Katapulten und Belagerungsmaschinen zu Leibe, im Innern lieferten sich die verschiedenen Fraktionen jüdischer Extremisten – Sikarier, Sadduzäer, Zeloten und Idumäer – in einem bizarren Ringen um die Macht erbitterte Gefechte. Über die Burg Antonia, die sie Ende Juli eroberten, drangen die Römer in den Tempel ein, der niedergebrannt wurde. Die gesamte Stadt befand sich bis Anfang September in römischer Hand.[1]

Titus folgte Vespasian nach Rom; gemeinsam feierten Vater und Sohn einen prächtigen Triumph, an den bis heute der Titusbogen auf dem Forum Romanum erinnert. Der Krieg war damit aber nicht beendet: Die Rebellen beherrschten noch drei fast uneinnehmbare Bergfestungen, die einst Herodes der Große hatte anlegen lassen: die zwölf Kilometer südlich Jerusalems gelegene Burg- und Palastanlage Herodeion, die Burg Machairos östlich und die Festung Masada westlich des Toten Meers. Machairos und das Herodeion fielen 71 n. Chr., die fanatisch kämpfende Besatzung von Masada harrte bis zum Winter 73/74 aus, als der Statthalter Flavius Silva eine Rampe errichten und die Festung im Sturm erobern ließ. Die letzten der in Masada verschanzten Sikarier zogen den Freitod der Gefangennahme durch die Römer vor.

Abb. 5.1: Titusbogen auf dem Forum Romanum, ca. 81–90 n. Chr.

Der Sieg der römischen Waffen war zugleich ein Sieg der Flavier. Der Triumphzug im Juni 71 gab einen Vorgeschmack darauf, wie die Familie den militärischen Erfolg für die Konsolidierung ihrer Herrschaft zu nutzen gedachte. Die Reliefs auf den Innenwänden des 82 unter Titus' jüngerem Bruder Domitian errichteten Titusbogens zeigen den Triumphator (Nordseite), umrahmt von Genien und Rutenbündeln tragenden Liktoren, und die Beutestücke aus dem Jerusalemer Tempel (Südseite): die Menora, den Schaubrottisch und die Trompeten. Jedem Zuschauer riefen diese Gegenstände eindringlich ins Bewusstsein, wie fremd die Religion der besiegten Juden den Römern war: eine Religion, die ohne Götter in Menschengestalt und Bilder auskam, sich nur seltsamen Kultgeräts bediente. Für Vespasians Münzprägung war die Niederschlagung des jüdischen Aufstands selbstverständlich ein wichtiges Thema. Gleich zu Beginn seiner Herrschaft erschienen Nominale wie der zum Jahreswechsel 69/70 geprägte Denar mit dem Kriegsgott Mars und einem Tropaeum auf der Rückseite, noch bevor die letzten Aufständischen die Waffen gestreckt hatten. Auch der Friede kam zu seinem Recht: Verschiedene Emissionen zeigen Vespasian oder Titus auf der Vorder- und eine Darstellung der Göttin Pax mit der Legende *PAX AVGVSTI*. Demonstrativ wurden, wie zu Augustus' Zeiten, die Tore des Janustempels geschlossen. Wie einst der erste Princeps, so wollten auch Vespasian und Titus als Herrscher wahrgenommen werden, die nach einer Periode inneren und äußeren Unfriedens der Pax Romana wieder Geltung verschafft hatten.[2]

Dazu passte, dass man der Friedensgöttin ein Heiligtum, das Templum Pacis, in unmittelbarer Nähe des Forum Romanum weihte. Die Bezüge zu Augustus und seiner Ara Pacis sind auch hier unübersehbar. Der quadratische Platz nördlich der Basilica Aemilia wurde zum von Portiken eingefassten Forum Pacis ausgebaut und mit einer Umfassungsmauer versehen. Darauf erhob sich in der Mitte, hinter einer Gartenanlage, der eigentliche Friedenstempel, davor der Altar. Darum angeordnet waren eine lateinische und eine griechische Bibliothek, ein Ausstellungsraum für die Beute aus Jerusalem und ein Museum, in dem Kunstwerke aus der gesamten antiken Welt ausgestellt waren, darunter so gefeierte Bilder wie die *Jagd des Ialysos* des Protogenes von Kaunos und die *Skylla* des spätklassischen Malers Nikomachos. Gleich

1 Im Zeichen des Sieges: Vespasian und Titus

Abb. 5.2: AR Denar von Vespasian, 77–78 n. Chr. Av.: IMP(erator) CAESAR VE-SPASIANVS AVG(ustus). Belorbeerter Kopf nach links. Rv.: CO(n)S(ule) VIII. Mars stehend nach links mit Speer und Tropaeum. RIC 938.

Abb. 5.3: AE Sesterz von Vespasian, 69–79 n. Chr. Av.: IMP(erator) CAES(ar) VE-SPAS(ianus) AVG(ustus) P(ontifex) M(aximus) TR(ibunicia) P(otestate) P(ater)P(atriae) CO(n)S(ule) III. Belorbeerter Kopf nach rechts. Rv.: PAX AVGVSTI S(enatus) C(onsulto). Pax stehend nach links mit Olivenzweig und Füllhorn. RIC 243.

mehrere Statuengruppen stellten Barbaren aus den Randgebieten der antiken Welt dar.[3]

Der Tempel für Pax, die grüne Oase davor, das Ebenmaß des Forums, die Bücher und die erlesenen Kunstwerke: All das diente nicht nur der Erbauung, sondern bezog seinen Sinn daraus, dass es wie ein Abbild des flavischen Regimes und des von den Flaviern beherrschten Imperiums wirkte. Die Harmonie, die hier herrschte, spiegelte die politischen Ordnungsbegriffe des Imperiums und der flavischen Dynastie. So präsentiert sich das Templum Pacis als ein Mikrokosmos der römischen Welt, in dem zugleich ihre gebändigten Antithesen präsent waren: Barbaren, Monster und die durch den Jäger Ialysos überwundene Natur.[4]

Die meisten der im Templum Pacis ausgestellten Kunstwerke stammten aus Neros Domus Aurea. Die Sammlung des Tyrannen war so durch die Flavier gleichsam der Öffentlichkeit geschenkt worden. Entprivatisiert wurde auch der Grund und Boden, auf dem Nero seinen extravaganten Palast, die Domus Aurea, errichtet hatte. In dessen Gärten, in der Senke zwischen Palatin, Esquilin und Caelius, hatte er eine über 30 Meter hohe Statue von sich errichten lassen, den *Colossus Neronis*. Diese Statue beließ man an ihrem Standort, gab ihr aber das Antlitz des Sonnengottes Sol. In unmittelbarer Umgebung des Kolosses begann Vespasian 72 mit der Errichtung eines gigantischen Amphitheaters. Finanziert wurde der Bau, wie eine Bauinschrift beweist, aus der immensen Beute, die der Jüdische Krieg abgeworfen hatte. Die ausgeklügelte Anlage, die 50000 Zuschauern Platz bot, ihnen über 80 Eingänge Zugang gewährte und in der Länge 188 Meter maß, wurde 80 durch Titus – Vespasian war 79 gestorben – mit Spielen eröffnet, die volle hundert Tage dauerten. Tierhetzen, Gladiatorenkämpfe und Seeschlachten, für die man die Arena mit Wasser fluten konnte, konfrontierten die Zuschauer – wie ähnlich auch die Kunstwerke im Templum Pacis – mit der durch Rom gezähmten Wildheit von Natur und Barbaren.

Während in der Arena die Mächte des Chaos miteinander rangen, saßen auf den Rängen die Angehörigen des *populus Romanus*, säuberlich nach Rang und Stand gegliedert. Hier war der primäre Ort, wo sich der Princeps der breiten Masse der stadtrömischen Plebs zeigen, wo das Volk seinem Herrscher nahe sein konnte. Spiele waren daher weit mehr als bloße Unterhaltung – sie waren eine hochgradig ritualisierte Form der politischen Kommunikation, die längst andere Foren – vor allem die Volksversammlung – verdrängt hatte. Wenn die Flavier den zuvor privaten Raum Neros für ein Ritual öffneten, in dem die Nähe zwischen Herrscher und Volk immer wieder zelebriert werden konnte, dann setzten sie sich damit wirkungsvoll von der julisch-claudischen Dynastie ab: Effektiver jedenfalls als mit dem Großprojekt Amphitheatrum Flavium, aus dem der Volksmund bald das Kolosseum machte, ließ sich Volksnähe nicht demonstrieren. Der Dichter feierte die Flavier für die Rückgabe des einst den Bürgern weggenommenen Bodens: »Hier, wo der Koloss des ehrwürdigen Amphitheaters gut sichtbar aufragt, hatte einst Nero seine Teiche.«[5]

Wenn die Untertanen ihrem Princeps begegneten, dann meist in Form der zahlreichen Bildnisse, die ihn darstellten und den öffentlichen Raum schmückten. Augustus hatte von sich ein Bild altersloser Schönheit schaffen lassen. Das Zeitalter des Friedens, das der erste Princeps einläutete, spiegelte sich in den gleichmäßigen und unaufgeregten Zügen des Porträts, in seinen »harmonische[n], am klassischen Kanon orientierten Proportionen«.[6] Die julisch-claudischen Kaiser folgten in unterschiedlicher Intensität dem augusteischen Vorbild – sie alle ließen Bildnisse von sich schaffen, die wohl die Wiedererkennung des Individuums im Typus gewährleisteten, im Übrigen aber dem von Augustus zum Kanon erhobenen Klassizismus verpflichtet waren. Tastend entfernten sich Nero und Otho von diesem Typus. Die radikale Abkehr davon vollzog aber erst Vespasian: In den Porträts haben Alter und Lebenserfahrung ihre Spuren hinterlassen; nicht überirdische Schönheit strahlt das Herrscherhaupt aus, sondern die Bodenständigkeit eines italischen Landmanns. Auch durch den extremen, an republikanischen Traditionen orientierten Realismus seiner Bildnisse inszenierte sich der Flavier als volksnaher Princeps, dessen Reich ganz und gar von dieser Welt war.[7]

Am 23. Juni 79, dem Todestag Vespasians, trat dessen ältester Sohn Titus, der zuvor schon wichtige Herrschaftsbefugnisse wahrgenommen hatte, seinen Prinzipat an. Titus' kurze Regierungszeit überschatteten gleich drei Katastrophen: Am 24. August 79 brach der Vesuv aus und begrub die Städte Pompeji, Herculaneum und Stabiae unter Bergen von Bimsstein, Asche und Schlamm. Ende 79 wütete in Rom eine Seuche, die viele Menschen dahinraffte und frühere Epidemien, an denen kein Mangel geherrscht hatte, in den Schatten stellte.

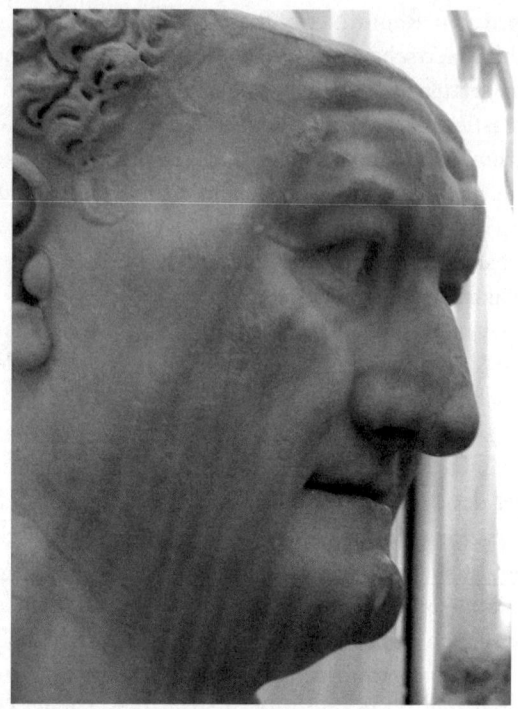

Abb. 5.4: Porträtkopf Vespasians, 69–79 n. Chr. Marmor. Aus Rom. Neapel, Museo Nazionale.

80 legte ein weiteres Feuer Teile des Kapitols und des Marsfeldes in Schutt und Asche. In allen Fällen kümmerte sich Titus persönlich um die Hilfsmaßnahmen, die unverzüglich eingeleitet wurden und aus der privaten Schatulle des Princeps bezahlt wurden.

Titus war seiner Rolle als fürsorglicher Vater in vollem Umfang gerecht geworden. Dabei hatten viele zunächst den Verdacht gehegt, mit dem Eroberer Jerusalems würde ein zweiter Nero das Regiment übernehmen. Titus hatte sich in seiner Funktion als Prätorianerpräfekt den Ruf eines »Schlächters« erarbeitet. Die Bekleidung dieses eigentlich ritterständischen Amts durch einen Angehörigen des Herrscherhauses war an sich schon fragwürdig. Titus aber hatte antiflavische Umtriebe mit solch brutaler Härte unterdrückt, dass seine Amtsführung

Schlimmstes im Hinblick auf seinen Prinzipat befürchten ließ. Obendrein bot seine Lebensführung Anlass zu Klatsch und Sorge. Der Kaisersohn unterhielt in aller Öffentlichkeit ein skandalträchtiges Liebesverhältnis mit Berenike, der zehn Jahre älteren Tochter des jüdischen Königs Herodes Agrippa I., die im Krisenjahr 69 die Flavier großzügig mit Geld unterstützt hatte und ihm 75 nach Rom gefolgt war. Bei Amtsantritt ließ Titus aber seine Exzesse ebenso hinter sich wie Berenike, die nach Judäa zurückkehrte. Er wurde, wie der spätantike Breviarienautor Eutrop schrieb, *amor et deliciae humani generis* – »Liebe und Vergnügen des Menschengeschlechts«.[8]

2   Dominus et deus: Domitian

Titus lebte nur bis 81. Die Nachfolge trat sein jüngerer, 51 geborener Bruder Domitian an, der bisher im Hintergrund gestanden hatte. Zwar war Domitian, der in Rom um sein Leben fürchten musste, mit der Erhebung seines Vaters zum Caesar ausgerufen worden; danach aber hatte man von ihm, im Gegensatz zu Titus, nicht viel gehört.[9]

Kaum saß Domitian fest im Sattel, entschloss er sich zu einer energischen Gangart in Germanien, wo seit den Germanicus-Feldzügen weithin Friede geherrscht hatte. 82 hielt sich Domitian in Gallien auf, wo er einen Zensus abhielt und eine neue Legion aufstellte. Im Jahr darauf überschritt er den Rhein und griff die Chatten im heutigen Hessen an. Im Herbst 83 kehrte Domitian nach Rom zurück und feierte seinen Sieg, den Tacitus, der dem Flavier nicht wohlgesonnen war, als *falsus triumphus* bezeichnet, als Lügentriumph. Tacitus schrieb nach Domitians Sturz, zu einer Zeit, als Kritik an dem letzten Princeps aus flavischem Haus bei den neuen Herren wohlgelitten war. Außerdem war Iulius Agricola, der unter Domitian das Kommando in Britannien geführt hatte und sich, obwohl hoch dekoriert, durch diesen zurückgesetzt fühlte, Tacitus' Schwiegervater. Tacitus schrieb also auch in dieser Angelegenheit gewiss nicht *sine ira et studio*.[10]

Abb. 5.5: Porträtkopf Domitians, 81–96 n. Chr. Marmor. Aus Athen. Athen, Nationalmuseum.

In Wahrheit hatte Domitian in Germanien einen durchaus entscheidenden Sieg errungen, der an die militärische Besetzung der sogenannten *agri Decumates* im heutigen Baden-Württemberg durch seinen Vater Vespasian 72 anknüpfte. Domitian fügte diesen Eroberungen nicht nur die Wetterau – den Raum zwischen Rhein, Lahn und Main – hinzu, sondern gliederte die römischen Territorien entlang des Rheins auch aus der *Gallia Belgica* aus und organisierte sie als zwei neue Provinzen: *Germania inferior* im Norden und *Germania superior* im Süden. Damit unterschlug er zwar, dass der Großteil Germaniens sich noch immer außerhalb direkter römischer Herrschaft befand, aber die Unterwerfung der Chatten entschärfte den letzten verbliebenen Krisenherd rechts des Rheins auf Dauer. Domitian trug also den Siegernamen Germanicus, den er sich 83 zugelegt hatte, durchaus zu recht.

Er beließ es nicht beim Erobern: Um die neuen Provinzen effektiv zu schützen, begann Domitian damit, ein neuartiges Grenzbefestigungssystem zu errichten, mit Kastellen, Wachtürmen, Wall und Graben – der Grundstein zum Limes, der in den folgenden Jahrzehnten immer weiter ausgebaut wurde. Der Limes umfing das Imperium entlang seiner immens langen Grenzen im Nordwesen (Britannien), Norden (Rhein und Donau) und teilweise auch im Osten (Kappadokien, Mesopotamien, Syrien) und Süden (Sahara). Er war zunächst aus Holz und Erde, ab Hadrian dann aber solide in Stein ausgeführt. Der Zweck dieser Anlage bestand nicht darin, gleich einem Eisernen Vorhang jeden Kontakt zwischen den Provinzen und der Außenwelt zu unterbinden; Ziel war eher, den Grenzverkehr zu überwachen und Gefahrensituationen so zu entschleunigen, dass Verstärkung aus dem rückwärtigen Gebiet herangeführt werden konnte.[11]

Die Statthalterschaft in Britannien, einer zweiten offenen Expansionsgrenze im hohen Norden, hatte bereits unter Vespasian Gnaeus Iulius Agricola, der Schwiegervater des Tacitus, übernommen. Die Provinz war 60 durch eine Rebellion schwer erschüttert worden. Die von der Stammesführerin Boudicca angeführte Revolte hatte mit Camulodunum (Colchester), Verulamium (St Albans) und Londinium (London) die wichtigsten Städte zerstört und die römische Herrschaft an den Rand des Zusammenbruchs manövriert, bevor er 61 niedergeschlagen worden war. Agricola, der seinen Posten 77 antrat, konsolidierte zunächst den bereits von Rom kontrollierten Raum, demonstrierte römische Stärke und trieb die Romanisierung der lokalen Stämme voran. 79 begann die Offensive, die Agricola schließlich weit nach Schottland führte, bis weit nördlich des Firth of Forth. Am nicht lokalisierten Mons Graupius errangen die Römer 83 einen Sieg über die Kaledonier. »Stille und Wüste überall, verlassene Hügel, in der Ferne rauchende Häuser, niemand, der den Aufklärern begegnete«, beschreibt Tacitus die gespenstische Szenerie am Tag nach der Schlacht.[12]

Der Herbst hielt Einzug, und Agricola war zum Rückzug gezwungen. Wohl Anfang 84 wurde er von Domitian nach Rom zurückbeordert. Ob, wie von Tacitus behauptet, Eifersucht eine Rolle spielte oder ob sachliche Gründe den Ausschlag gaben – immerhin hatte Agricola sieben Jahre das Kommando in Britannien geführt –, lässt sich kaum sicher ermessen. Agricolas Leistung kann sich sehen lassen: Er hatte die Provinz größer und sicherer gemacht und römische Feldzeichen so weit nach Norden geführt wie niemand vor – und auch wenige nach – ihm.[13]

Dauer war den Eroberungen in Schottland nicht beschieden. Ein anderer Kriegsschauplatz beanspruchte unversehens die ganze Aufmerksamkeit des Princeps: Die Daker unter ihren Königen Diurpaneus und Decebalus hatten, unbemerkt von den Römern, eine starke Stammeskonföderation gebildet und waren 85 plündernd in die römische Provinz Moesien an der unteren Donau eingefallen. Den dortigen Statthalter Gaius Oppius Sabinus hatten sie besiegt; er war in der Schlacht gefallen. Domitian zog an der Spitze einer Armee heran, die er eilends aus Vexillationen der pannonischen und dalmatischen Legionen zusammenstellte, besiegte die Daker, nahm gleich drei imperatorische Akklamationen entgegen und kehrte nach Rom zurück, um seinen – wie er meinte: wohlverdienten – Triumph zu feiern. Doch diesmal ertönten die Siegesfanfaren voreilig. Schon 86 kehrten die Daker zurück und vernichteten ein weiteres römisches Heer mit 5 000 Mann bei Tapae. Abermals eilte Domitian persönlich an die Donau, überließ dann aber das Kommando dem Konsular Tettius Iulianus, der 88 die Situation so weit unter Kontrolle brachte, dass man ein *foedus* mit den Dakern abschließen konnte – allerdings zu für diese durchaus günstigen Bedingungen: Rom erkannte Decebalus als König an und verpflichtete sich, den Dakern Subsidien in Höhe von acht Millionen Sesterzen pro Jahr zu zahlen.

Wenig später, 93, erzwang die neuerliche Katastrophe einer Donaulegion schon wieder die Anwesenheit des Kaisers. An der oberen Donau fielen Jazygen in die Provinz Pannonien ein und vernichteten dort die *legio XXI Rapax*. Domitian konnte die Jazygen aus Pannonien vertreiben und die Grenze wiederherstellen. Das Legionslager Aquincum (Budapest), das diesen Abschnitt der Donaugrenze sicherte, wurde ausgebaut. Die in Pannonien vernichtete 21. Legion hatte sich kurz zuvor an der Revolte des Statthalters Lucius Antonius Saturninus beteiligt, dem die Garnison von Mogontiacum Anfang 89 als Imperator akklamiert hatte. Die Chatten boten dem Usurpator sogleich ihre Unterstützung an, so dass sich der Aufstand zu einem neuen Germanenkrieg auszuwachsen drohte. Er brach dann doch in sich zusammen, als die Domitian treuen Legionen aus Niedergermanien eingriffen, aber die Usurpation war eine unmissverständliche Warnung an die Adresse des Princeps, dem auch in Rom der Wind ins Gesicht blies.

An der verfahrenen Situation war Domitian selbst nicht unschuldig. Der zweite Vespasian-Sohn steuerte einen Kurs, der markant von dem seines Vaters und Bruders abwich und der darauf angelegt war, vor allem die Senatoren vor den Kopf zu stoßen. Statt sich in Jovialität zu üben und seine senatorischen Standesgenossen mit Respekt zu behandeln, ignorierte er den Senat, wo immer es ging. Auf wichtige Kommandoposten hievte er Angehörige des Ritterstands, unter sorgsamer Umgehung einflussreicher Senatoren. Außerdem beflügelten Skandälchen im Kaiserpalast die Phantasie der Öffentlichkeit. Domitian verstieß seine Frau Domitia Longina, die Tochter des Domitius Corbulo, und holte sie wenig später zurück. Hinter vorgehaltener Hand erzählte man sich, Longina habe ihren Gatten mit Paris, einem Schauspieler, betrogen. Auch Domitians eheliche Treue war längst nicht über jeden Zweifel erhaben. Ausgerechnet mit seiner Nichte Iulia unterhielt der Princeps eine Affäre. Als sie von ihm schwanger wurde, habe er sie zur Abtreibung gezwungen. Die sei missglückt, und Iulia sei gestorben, berichtet Sueton in seiner Domitian-Biographie.[14]

Mehr als alles andere brachte die Senatoren aber die demonstrative Herablassung auf, die Domitian ihnen gegenüber übte. Seit Augustus hatte der Konsens zwischen Herrscher und Elite darauf beruht, dass die faktische Allmacht des Princeps in seinem Verhältnis zu den Senatoren keinen symbolischen Ausdruck fand. Caligula und Nero hatten gegen die goldene Regel verstoßen und waren gescheitert. Kein Monarch vor Domitian aber hatte so hemmungslos die Autokratie zum Markenkern seiner Herrschaft gemacht. Auf Schritt und Tritt gab der Flavier den Senatoren zu verstehen, dass sie Untertanen waren, keine Standesgenossen. So bestand er auf der Anrede »Herr« (*dominus*), die sonst nur Sklaven ihren Herren gegenüber verwendeten, und ließ sich als *deus* (Gott) verehren, dessen Statuen auf dem Kapitol aus Gold und Silber bestanden. Siebenmal in Folge, von 82 bis 88, bekleidete er während seiner Regierungszeit den ordentlichen Konsulat, öfter als jeder andere Princeps – und verhinderte so, dass Senatoren diese besondere Ehre zuteilwerden konnte.[15]

Sichtbar Ausdruck gab der neuen Rolle, die Domitian für sich als Herrscher vorsah, der gigantische Palast, den er sich auf dem Palatin bauen ließ und dessen zwei Flügel – die Domus Flavia und die Domus Augustana – mit ihrem Mauerwerk aus roten Ziegeln noch immer den Circus Maximus überragen. Nachdem Augustus und seine unmittelbaren Nachfolger noch in Baulichkeiten residiert hatten, die eher die Dimensionen großer Privathäuser hatten, hatte als Erster Nero mit einem einer luxuriösen Residenz aufgetrumpft. Die sogenannte Domus Transitoria war dem großen Brand 64 zum Opfer gefallen und hatte Platz für ein weit ehrgeiziges Bauvorhaben geschaffen: die Domus Aurea, die allerdings nie fertiggestellt worden war. Jetzt schuf Domitian auf dem Palatin eine wahre Gebäudemasse, die fast den gesamten Hügel unter sich begrub. Die Domus Augustana beherbergte die prunkvollen Privatgemächer des Princeps. Von hier gab eine Terrasse den Blick auf den Circus Maximus frei, so dass Domitian sich nicht unters Volk zu mischen brauchte, um den Wagenrennen beiwohnen zu können. Innenhöfe und eine um ein Stockwerk »versenkte«, von Kolonnaden beschattete Gartenanlage luden zum Flanieren ein.

Die westlich an die Domus Augustana anschließende Domus Flavia war ganz auf das Repräsentationsbedürfnis des Herrschers zugeschnitten. Herzstück der Anlage waren drei große, prunkvoll mit Marmor, Säulen und Statuen ausgestattete Hallen, deren Stirnseite je in einer Apsis endete. Wenn Domitian hier seine Gäste zu festlichen Diners empfing, nahm er selbst in der Apsis Platz, während die Geladenen sich zu seinen Füßen auf den Triklinien niederließen. Im Bedarfsfall konnten anscheinend alle großen Säle der Domus gleichzeitig genutzt werden, was es dem Princeps ermöglichte, hunderte von Gästen zu empfangen. Wie nahe die Gäste ihrem Herrscher bei solchen Anlässen sein durften, hing von ihrem Rang ab und davon, wie hoch sie gerade in Domitians Gunst rangierten.[16]

Domitians Gastmähler in solch protziger Kulisse verkehrten den augusteischen Konsensprinzipat in sein Gegenteil: Nicht als Standesgenossen des Princeps kamen hier die Senatoren und andere geladene

2 Dominus et deus: Domitian

Würdenträger, sondern als Untertanen, denen ihre Unterlegenheit dem gottgleichen Herrscher gegenüber schon durch das Arragement des Speisesaals zu Bewusstsein gebracht wurde. Nicht die Freundschaft, *amicitia*, des *dominus et deus* Domitian bekamen sie in den weiten Sälen des Palasts auf dem Palatin zu spüren, sondern die eisige Unnahbarkeit eines Despoten. Zwar schmückte ihre Togen noch der Purpursaum, das Rangabzeichen ihres Standes, doch die Privilegien des *ordo senatorius* waren hohl geworden. Die erlesenen Speisen, die der Princeps kredenzte, hatten einen schalen Beigeschmack: Im Grunde unterschied die Senatoren im Innern des Palasts kaum noch etwas von jenen Untertanen, die Domitian vor den Toren im Ritual der allmorgendlichen *salutatio* ihre Aufwartung machten.

So brach Domitian einerseits mit Traditionen, die sein Vater und Bruder begründet hatten, setzte sie andererseits aber auch fort: Einen Bruch bedeutete die demonstrative Abkehr von der Volkstümlichkeit und Leutseligkeit, die Vespasian und Titus so beliebt gemacht hatten. Als Principes zum Anfassen hatten sie die symbolische Distanz zwischen Herrschern und Untertanen mit Bedacht verkürzt, während jetzt Domitian sie ins Unermessliche wachsen ließ. Dazu passt auch, dass vor allem die Münzbilder wieder vom Realismus der frühen Flavierzeit abrückten und das Antlitz der Macht stärker idealisierten. Doch offenbaren sich, bei näherem Hinsehen, eben auch Kontinuitäten: Konsequent beschritt Domitian den Weg zur Institutionalisierung des Prinzipats fort, den Vespasian eingeschlagen hatte. Die Fiktion vom Fortbestehen der Republik war, als Domitan 81 seinen Prinzipat antrat, kaum mehr als eine ferne Erinnerung. Zeit also, eine neue Rolle für den Herrscher zu finden und seine Allmacht für alle sichtbar zu zeigen.

Wie Vespasian und Titus stellte auch Domitian Sieghaftigkeit in den Mittelpunkt seiner Selbstdarstellung. Nur verfügte er, anders als sein Vater und Bruder, über keine militärischen Lorbeeren aus dem Jüdischen Krieg; er war als in Rom zurückgebliebener, ewig Jüngerer kein Triumphator, der die Pax Romana als Pax Flavia restauriert hatte. Domitian konnte durch Bauwerke wie den Titusbogen die Erinnerung an flavische Siege wachhalten; wichtiger aber war, dass er sich seine Gloriole als Kriegsheld selbst erarbeitete. Seine fehlende militäri-

101

sche Vorgeschichte nötigte ihn geradezu, sich in kriegerische Abenteuer zu stürzen. Sie eröffnete ihm aber Spielräume dafür, den Prinzipat neu zu interpretieren und zu konzipieren.[17]

Man könnte deshalb Domitian als ersten römischen »Kaiser« bezeichnen, der bewusster als alle seiner Vorgänger die Möglichkeiten der nun vollends zum »Amt« gewordenen Herrschaftsgewalt des Princeps nutzte. Ohne Frage verpasste der Flavier dem römischen Imperium und seinem politischen System den kräftigsten Innovationsschub, seit Augustus über hundert Jahre zuvor den Prinzipat geschaffen hatte. Er wirkte damit weit über seine eigene Lebensspanne hinaus. Kurzfristig aber scheiterte er. An einem Spätsommertag des Jahres 96 wurde Domitian, der immer misstrauischer selbst auf seine engste Umgebung reagiert hatte, das Opfer einer Palastverschwörung. Eingeweiht waren Teile der Dienerschaft, Soldaten, aber vermutlich auch Senatoren, deren Motiv vor allem Angst vor dem Despoten gewesen sein soll. So jedenfalls berichten es die Quellen.[18]

VI Möge der Beste herrschen: Die Adoptivkaiser

Domitians Ermordung beschwor unmittelbar eine zweite Krise des Prinzipats herauf. Der Tote hinterließ ein Machtvakuum, das zu füllen der Senat als seine Aufgabe betrachtete. Die Senatoren einigten sich auf einen aus ihrer Mitte: Marcus Cocceius Nerva war bereits Mitte sechzig, als er die Akklamation des Senats entgegennahm; er hatte bereits unter Nero die Prätur und später zwei Konsulate bekleidet, zuletzt als *consul ordinarius* gemeinsam mit Domitian im Jahr 90. Nerva war zweifellos einer der Vornehmsten im Senat, wenn man ihm auch eine besondere Distanz zu dem toten Tyrannen nicht nachsagen konnte. Er war ein typischer Wendehals, der unter den Flaviern stets mit den Wölfen geheult, dann aber bei der ersten sich bietenden Gelegenheit das Schiff verlassen hatte. Vermutlich war der neue Mann an der Spitze sogar einer der Drahtzieher der Verschwörung gewesen, der Domitian zum Opfer gefallen war. Jetzt, da Domitian tot war, lavierte er zwischen Bestrafung der Mörder und der Verhängung von Gedächtnissanktionen. Auch sonst war Nervas Kür nicht unproblematisch: Sein Alter warf sozusagen schon am Tag seiner Wahl das Problem der Nachfolge auf, zumal der neue Herrscher kinderlos war. Misstrauisch beäugten die Legionen an Roms Grenzen und vor allem die Prätorianer das Agieren des Princeps. Eine Wiederholung des Bürgerkriegschaos nach Neros Sturz war keineswegs ein unwahrscheinliches Szenario.[1]

1 Optimus princeps: Trajan

Doch anders als Galba löste Nerva das Problem auf elegante Art und Weise – und sorgte so dafür, dass sich Geschichte nicht wiederholte. Er adoptierte bereits Ende Oktober 96 mit Marcus Ulpius Traianus einen Mann, der ebenfalls unter Domitian Karriere gemacht und erst als Legionslegat und dann als Statthalter in Germanien reichlich militärische Erfahrung gesammelt hatte. Trajan stammte zwar nicht aus Italien, sondern war aus dem spanischen Italica gebürtig; doch er war in der senatorischen Elite bestens vernetzt. Schon sein gleichnamiger Vater hatte eine glanzvolle senatorische Karriere absolviert und es bis zum Prokonsul der Provinz Asia gebracht, einer der angesehensten Positionen, die das Imperium zu vergeben hatte. Trajan verfügte über die Ressource, auf die es in der Krise mehr als auf alles andere ankam: Autorität.

»Dir hat der beste (*optimus*) Princeps bei der Adoption seinen eigenen Namen gegeben, und der Senat hat dich *optimus* (der Beste) genannt«, schmeichelte der jüngere Plinius später Trajan in seinem Panegyricus auf den Herrscher. Das Prinzip der Adoption des Geeignetsten, aus der Not geboren, verklärten die Zeitgenossen später zum Leitprinzip des sogenannten Adoptivkaisertums. So bündig wie wahrheitswidrig behauptet Plinius: »Wer über alle herrschen soll, muss aus allen erwählt werden.«[2]

Doch eine Wahlmonarchie, die gar dem stoischen Ideal der Bestenauslese gehorchte, war das Adoptivkaisertum damit noch lange nicht. Auf Nerva folgten Trajan, Hadrian und Antoninus Pius. Keiner dieser Männer hatte einen Sohn. Deshalb, nicht aus Idealismus, bestimmten sie ihre Nachfolger aus dem Kreis entfernter, aber qualifizierter Verwandter. So war Commodus 180 nach hundert Jahren der erste Princeps, der seinem Vater nachfolgte.

Nerva starb am 28. Januar 98, nach nicht einmal anderthalb Jahren im Purpur – eines natürlichen Todes. Mit Trajan hatte er eine Wahl getroffen, die seinem Prinzipat Bestand über den Tag hinaus sicherte. Der neue Herrscher baute dort auf, wo Nerva das Fundament gelegt hatte. Er übte sich in demonstrativer Bescheidenheit den Senatoren gegenüber. Dass sich der mächtigste Mann Roms *dominus* nennen ließ, war Vergangenheit, und selbst den ihm vom Senat angetragene Ehrentitel *optimus princeps* schlug er zunächst aus. Damit rückten die Angehörigen des erlauchten Gremiums Trajan in die Nähe des höchsten Staatsgottes Iuppiter Optimus Maximus – und strichen zugleich seine herrscherlichen Qualitäten als – im historischen Vergleich – wortwörtlich »bester« Princeps heraus. Durch Taten und Gesten zeigte sich Trajan der Ehre würdig. Der jüngere Plinius, selbst einer der Vornehmsten im Senat, beschreibt in seiner Lobrede auf Trajan, dem Panegyricus, wie der Herrscher im Herbst 99, von der Donau kommend, in die Hauptstadt einzieht: zu Fuß. Leutselig erwidert er den freundschaftlichen Kuss jedes Senators, spricht die versammelten Ritter mit Namen an und nimmt dann in den Straßen Roms ein Bad in der Menge. Trajan gestattet Nähe, allerdings, wie die Senatoren wohlgefällig registrieren, säuberlich abgestuft nach sozialem Status. Augenfällig ist der Kontrast zu dem in unerreichbarer Ferne verharrenden *dominus et deus* Domitian.[3]

Trajan bewies den Römern auch ganz praktisch seine Fürsorglichkeit. Die vermutlich bereits von Nerva eingerichteten Alimentarstiftungen, mit denen der Princeps kinderreichen Familie in Italien finanziell unter die Arme griff, machte er zu einem bevölkerungspolitischen Instrument. Das war womöglich auch bitter nötig, weil im späten 1. Jahrhundert, nach dem signifikanten Bevölkerungsanstieg in der frühen Kaiserzeit, offenbar eine Periode wenigstens demographischer Stagnation einsetzte. Für Jungen erhielten bedürftige Familien bis zu 16, für Mädchen immerhin noch 12 Sesterze pro Monat. Bestritten wurden die Unterhaltszahlungen durch die Zinsen, die Grundbesitzer für aus der Hand des Princeps zu günstigen Konditionen empfangene Darlehen aufbrachten. So sanierte Trajan zugleich die marode Landwirtschaft Italiens. Das Beispiel des Princeps machte Schule: Außer ihm engagierten sich auch zahlreiche Privatpersonen in der Alimentierung des Nachwuchses, vom superreichen Senator Plinius bis zum Mittelstand, wie ihn jener namenlose Zenturio aus Florentia (Florenz) repräsentierte, der unter Vespasian im Jüdischen Krieg gedient hatte und in seiner Heimatstadt Getreidespenden für »freigeborene Jungen bis zum Alter von 14 Jahren« finanzierte.[4]

Abb. 6.1: AU Aureus von Trajan, 98–117 n. Chr. Av.: *IMP(eratori) TRAIANO AVG (usto) GER(manico) DAC(ico) P(ontifici)M(aximo) TR(ibunicia) P(otestate)*. Belorbeerter, drapierter Kopf nach rechts. Rv.: *CO(n)S(uli) V P(atri)P(atriae) SPQR OPTIMO PRINC(ipi)/ALIM(enta) ITAL(iae)*. Trajan stehend als Togatus nach links, die rechte Hand zu zwei Kindern ausgestreckt. RIC 93.

Nach außen setzte Trajan hingegen Domitians auf Expansion gerichtetes Programm fort. Wie der Flavier verstand sich auch der *optimus princeps* in erster Linie als Mehrer des Imperiums, der Bedrohungen vom Reich fernhielt und neue Provinzen eroberte. Allerdings verschob der neue Princeps gegenüber Domitian auch hier die Akzente. Schon sein langes Verweilen bei den Grenztruppen in Germanien 98/99 war Signal: Der Herrscher zeigte auch den Soldaten seine Nähe; demonstrativ teilte er ihre Strapazen und war bei Kampfhandlungen stets in vorderster Front zugegen. Und nicht im rechtsrheinischen Germanien sah Trajan ein erstrangiges Expansionsziel, sondern an der unteren Donau und im Orient. Er brach die von Domitian eingeleiteten Operationen in Böhmen ab und überfiel 101 die Daker, die sich keinerlei Verfehlungen gegen das *foedus* mit Rom hatten zuschulden kommen lassen. In zwei blutigen Kriegen (101/102 und 105/106) eroberte er das Reich des Decebalus mit seinen reichen Silberminen und machte es zur römischen Provinz. Die Kämpfe schildert als visuelles Heldenepos der Bilderfries der Trajanssäule in Rom, die zugleich Mittelpunkt war für den gigantischen Baukomplex, mit dem der Herrscher das Bauensemble der Kaiserforen erweiterte.⁵

Noch während Trajan selbst in Dakien Krieg führte, annektierte der syrische Statthalter Aulus Cornelius Palma Frontonianus das der römischen Provinz benachbarte Nabatäerreich mit seiner Hauptstadt Petra. Vermutlich hatte der Tod des letzten nabatäischen Klientelkönigs Rabbel II. Soter 106 ein Machtvakuum geschaffen, das Rom schon aus Sicherheitsgründen füllen musste. Auch wenn die Schaffung der neuen Provinz Arabia Trajan vermutlich gut ins Konzept passte und vielleicht auch nicht ganz ohne Kämpfe vonstattenging, als Sieg rechnete er sich die Zerschlagung des Nabatärerreichs nicht an: Er verzichtete auf das Agnomen *Arabicus*, während er bereits 97 *Germanicus* und 102 *Dacicus* als Siegernamen angenommen hatte. Der Mehrung seines militärischen Ruhms diente denn auch ein Projekt von gänzlich anderen Dimensionen, zu dessen Verwirklichung der *optimus princeps* 113 schritt: die Unterwerfung des Partherreichs im Osten, das ehrgeizigen römischen Politikern seit Crassus schon immer als Expansionsziel vor Augen geschwebt, sich aber bisher aller inneren Konflikte zum Trotz als unerwartet standfest erwiesen hatte. Den willkommenen Anlass lieferte eine parthische Intervention in Königreich Armenien: Um 110 marschierte der parthische König Osroes I. in das ewig umkämpfte Königreich ein und manövrierte dort mit Waffengewalt seinen Neffen Axidares auf den Thron.⁶

Das Ausmaß der römischen Reaktion gibt zu erkennen, was Trajan von Anfang an vorschwebte: Der Princeps zog an der Spitze von elf Legionen in den Osten, eroberte Armenien und machte das Königreich ohne viel Federlesens zur römischen Provinz (114). Von Armenien kommend fiel er in die Ebene Nordmesopotamiens ein – und damit ins Partherreich. In Edessa, der Hauptstadt des parthischen Teilkönigreichs Osrhoene, bezog er Winterquartier und nahm die Treuebekundungen der übrigen parthischen Fürsten Mesopotamiens entgegen. Im Frühjahr 115 setzten die Römer ihren Vormarsch fort, bis sie schließlich Ktesiphon eroberten, die parthische Hauptstadt in Babylonien. Von hier war der Weg zum Persischen Golf frei, an dessen Ufer der inzwischen über 60jährige Princeps den in Richtung Indien absegelnden Handelsschiffen nachblickte. Er ahnte, dass ihm nicht die Zeit bleiben würde, es Alexander dem Großen gleichzutun und erobernd bis ans Ende der Welt zu ziehen. Doch nicht nur sein Alter machte Trajan einen Strich durch die Rechnung. Kaum hatte der Herrscher sein Winterquartier im syrischen Antiocheia bezogen, da erreichten ihn Nachrichten von einer rasant sich ausweitenden Rebellion, die ganz Mesopotamien im Griff hielt und das römische Besatzungsheer in Babylonien von seinen Nachschublinien abzuschneiden drohte (116). Es half auch nichts, dass Trajan auf eine direkte Annexion Mesopotamiens verzichtete und stattdessen Parthamaspates, einen Sohn des Partherkönigs Osrhoes, der aber den Großteil seines Lebens im römischen Exil verbracht hatte, als König von Roms Gnaden einsetzte. An den Unruhen beteiligt waren viele der in der babylonischen Diaspora lebenden Juden. Ungefähr gleichzeitig entlud sich auch die in der jüdischen Diaspora im römischen Imperium herrschende Unzufriedenheit in einem Aufstand. Brennpunkt der Revolte war zunächst die alte griechische Kolonie Kyrene im östlichen Libyen, wo ein Jude namens Lukas oder Andreas – die Quellen gehen in dieser Frage auseinander – zum König ausgerufen wurde und prompt zu Ausschreitungen gegen Nichtjuden aufrief. Wenig später nahmen die fanatisierten Juden sogar Alexandreia ein, wohin sich viele der Griechen aus Kyrene geflüchtet hatten. Die großen Tempel beider Städte gingen in Flammen auf, und unter der Zivilbevölkerung forderte die von den Juden entfesselte Gewalt zahlreiche Opfer. Ein Massaker richteten Juden auch auf Zypern an. Denkbar ist, dass die Aktivitäten der Aufständischen in den Diasporagebieten Mesopotamiens, Nordafrikas und Zyperns koordiniert waren. Die römischen Ordnungskräfte brauchten jedenfalls bis 117, um die Aufstände in Kyrene, Alexandreia und im zyprischen Salamis niederzuschlagen.

In Mesopotamien wurden die Römer der Rebellion überhaupt nicht Herr. Zwar schaffte es Trajans maurischer Reitergeneral Lusius Quietus mit äußerster Brutalität – für die er wenig später mit dem Konsulat belohnt wurde –, die wichtigen Städte Edessa, Nisibis und Seleukeia am Tigris zurückzuerobern, doch scheiterte Trajan vor der Wüstenfestung Hatra. Bei der vergeblichen Belagerung des Kult- und Handelszentrums führte der Princeps höchstpersönlich das Kommando. Sie geriet zum Fiasko: Der sengenden Hitze, dem Durst und den im Heer grassierenden Krankheiten fielen noch mehr Soldaten zum Opfer als den Gegenangriffen der Hatrener und der mit ihnen verbündeten Nomaden. Trajan musste das Unternehmen abblasen.[7] Bereits auf dem Rückmarsch von Hatra erkrankte der Princeps; an eine Fortführung der Kampagne war unter diesen Umständen nicht mehr zu denken. Publius Aelius Hadrianus, sein ebenfalls aus Spanien stammender Verwandter, erhielt die Statthalterschaft über Syrien und das Oberkommando über die im Osten zusammengezogenen Truppen. Trajan, der über Kleinasien die Heimkehr nach Rom antreten wollte, erlag am 8. August im kilikischen Selinus seiner Krankheit, nachdem er einen Schlaganfall erlitten und die Seereise nach Rom hatte abbrechen müssen. Den bereits 116 beschlossenen Triumph über die Parther konnte Trajan dennoch feiern: Sein Nachfolger Hadrian sorgte dafür, dass die Leichenprozession in der Hauptstadt als Triumphzug inszeniert wurde; statt des Feldherrn fuhr auf dem *currus triumphalis* eine Wachsfigur mit den Zügen des *optimus princeps*, nachdem zuvor die goldene Urne mit seiner Asche im Sockel der Trajanssäule beigesetzt worden war. Trajan verließ diese Welt so, wie er auf ihr gelebt hatte: als Inkarnation römischer *virtus*, kraft derer er selbst noch im Tod siegreich über Roms Feinde sein konnte.

2 Im Zenit: Hadrian

Weit weniger triumphal gestaltete sich Hadrians Regierungsantritt. Trajan hatte dem neuen, 76 geborenen Princeps ein ganzes Bündel ungelöster Probleme hinterlassen. Gerüchte machten die Runde über die Umstände der Nachfolge. Man munkelte, Trajan habe eigentlich vorgehabt, den Konsular Lucius Neratius Priscus zu adoptieren, der zu seiner engsten Umgebung gehörte und sich als hervorragender Jurist wie als Statthalter mehrerer Provinzen verdient gemacht hatte. Einige behaupteten sogar, Trajan habe überhaupt keinen Nachfolger bestimmen wollen, aber seine Frau Plotina habe ihren Vertrauensmann Hadrian durch einen Trick in den Purpur gehievt: Sie habe, als ihr Gatte schon gestorben war, »jemanden hineingeschmuggelt, der anstelle Trajans mit schwacher Stimme« gesprochen habe. Tatsache ist, dass hernach nur Plotina und der Prätorianerpräfekt Publius Acilius Attianus die Adoption bezeugen konnten.[8]

Wie immer es sich verhalten haben mag, solche Gerüchte kamen dem neuen Mann an der Spitze des Imperiums denkbar schlecht zupass. Zwar erhielt er, nachdem ihm bereits das Heer in Syrien akklamiert hatte, unverzüglich die Bestätigung durch den Senat, doch waren mit Avidius Nigrinus, Palma Frononianus, Publilius Celsus und Lusius Quietus vier hochdekorierte Heerführer am Leben, die zu Trajans engster Umgebung gehört hatten und je eigene Ambitionen auf das höchste Amt hegten. Vor allem passte diesen Männern nicht der neue Kurs, den Hadrian den Parthern gegenüber eingeschlagen hatte. Der vor Hatra so katastrophal gescheiterte Eroberungskrieg war die größte Hypothek, die Trajan seinem Nachfolger hinterlassen hatte. Hadrian räumte die ohnehin verlorenen Gebiete in Mesopotamien und Armenien, verpflanzte den Klientelkönig Parthamaspates nach Edessa und zog seine Legionen hinter den Euphrat zurück. Zugleich gab er auch Territorien preis, die Trajan an der unteren Donau erobert hatte. Trajans alter Kamarilla erschien die Kehrtwende als Verrat an den Siegen des *optimus princeps*. Männer wie Lusius Quietus, den Trajan noch zum Statthalter in Judäa gemacht hatte und der dort mit seiner Leibgarde aus maurischen Kriegern jede antirömische Regung der Juden brutal unterdrückte, waren gefährlich. Hadrian reagierte beherzt und ließ die vier alten Haudegen durch seinen Prätorianerpräfekten Attianus hinrichten.

Im Senat weckte die Nacht der langen Messer ungute Erinnerungen an das Regime Domitians. Hadrian gab sich alle Mühe, die Bedenken zu zerstreuen: Er lud die Verantwortung für die Hinrichtungen auf Attianus ab, gab sich demonstrativ leutselig und verzichtete auf Ehrungen, die der Senat für ihn beschlossen hatte. Als zugänglicher Herrscher, der seine Nähe ebenso großzügig spendete wie Mittel aus seiner privaten Kasse, knüpfte er bewusst an den augusteischen Prinzipat an. Wie ehedem Augustus umgab er sich mit einem Kreis von Intellektuellen. Und auch die prominente Rolle, die er dem Frieden in Politik wie Selbstdarstellung zudachte, erinnert an den ersten Princeps. Hadrians Mission war nicht, das Imperium, wie Trajan, zu erweitern; er verstand es als seine Aufgabe, das Erreichte zu sichern.

Abb. 6.2: AR Denar von Hadrian, AD 117. Av.: *IMP(erator) CAES(ar) TRAIAN(us) HADRIAN(us) OPT(imus) AVG(ustus) GER(manicus) DAC(icus)*. Belorbeerte, leicht drapierte Büste nach rechts. Rv.: *PARTHIC(i) DIVI TRAIAN(i) AVG(usti) F(ilius) P(ontifex)M(aximus) TR(ibunicia) P(otestate) CO(n)S(ul) P(ater)P(atriae) / PAX*. Pax nach links mit Olivenzweig und Füllhorn. RIC 2,7a.

Wie noch keiner seiner Vorgänger begriff er das Reich, das er empfangen hatte, als Einheit – politisch und strategisch, aber auch geistig und kulturell. Hadrian brachte alle Voraussetzungen dafür mit, eine neue, wirklich bahnbrechende Auffassung von der römischen Welt als *Oikumene* zu entwickeln. Wie Trajan aus dem romanisierten Spanien stammend, war er umfassend gebildet und ein Bewunderer der großen Tradition, für die das klassische Hellas stand. Vor allem brannte er vor Neugier, das Reich, über das er die Herrschaft führte, im Wortsinn zu erfahren. Ausgedehnte Reisen, welche die ersten anderthalb Dekaden seines Prinzipats fast zur Gänze ausfüllten, führten ihn in fast jeden Winkel des Imperiums. 121 n. Chr. brach Hadrian in Begleitung seiner Frau Vibia Sabina und einer Entourage aus hochrangigen Wür-

VI Möge der Beste herrschen: Die Adoptivkaiser

denträgern in den Norden auf: zunächst nach Germanien, wo er die Donau- und Rheingrenze besuchte und den bis dahin aus Holzpalisaden bestehenden Limes dauerhaft verstärken ließ. Nächste Station seiner Reise war Britannien (122), das kurz zuvor von einer Rebellion (ca. 119–121) einheimischer Stämme heimgesucht worden war; hier ordnete Hadrian ebenfalls den Ausbau der Grenzbefestigungsanlagen an: Zwischen dem Solway Firth und der Tyne-Mündung erstreckte sich das System aus Wällen, Gräben, Straßen, Wachtürmen, größeren, sogenannten Milecastles und veritablen Legionslagern im rückwärtigen Gebiet, das heute als Hadrian's Wall bekannt ist. Der Ausbau der Grenzanlagen leitete ebenso wie der Rückzug aus den von Trajan annektierten Teilen des Partherreichs einen Gezeitenwechsel im römischen Reichs-, ja Selbstverständnis ein. Das Imperium war jetzt auch in der offiziellen Lesart kein *imperium sine fine* mehr, wie Augustus es der Idee nach begründet und Vergil es besungen hatte. Vielmehr besaß es nun in der Landschaft deutlich markierte Grenzen nach außen, worin sich das Eingeständnis artikulierte, dass es Weltgegenden gab, die nicht zu Rom gehörten. Das Imperium wandelte sich so zu einem Raum, der einer klareren geographischen Definition zugänglich wurde und als Rahmen auch für eine imperiale Identität seiner Bewohner herhalten konnte.[9]

Bereits 123 war der Princeps in Mauretanien, wo er persönlich einen Feldzug gegen rebellierende Stämme kommandierte; noch im selben Jahr besuchte Hadrian Rhodos und Kleinasien, wo er sich im kappadokischen Melitene am Euphrat mit dem Partherkönig Osroes traf und einen Frieden besiegelte, mit dem der Krieg endgültig beigelegt wurde. Von Kappadokien aus erreichte Hadrian über Pontus und Bithynien Thrakien, wo er die Stadt Hadrianopolis (Adrianopel, Edirne) gründete (124), und schließlich, 125, Athen. Fast das ganze Jahr hielt sich der Princeps in Griechenland auf, wo er außer Athen noch Sparta, Delphi, Nikopolis und Dyrrachium besuchte. In die Zeit von Hadrians Aufenthalt in Griechenland fällt auch die Gründung des Panhellenion, einer in Athen tagenden Versammlung, in die alle zum hellenischen Kulturraum zählenden Städte des römischen Ostens Abgesandte schickten. Freilich war diesem Versuch, der griechischen Identität auch institutionell einen Raum zu schaffen, weder Dauer noch Erfolg beschieden. Nach endlo-

Abb. 6.3: Legionslager Vindolanda am Hadrian's Wall, Northumberland. Errichtet ab ca. 80 n. Chr.

sen Streitereien der Delegierten erlosch das Panhellenion mit Hadrians Tod. Nach mehrmonatigem Griechenlandaufenthalt kehrte der Princeps, im Spätsommer 125, nach Rom zurück, nicht ohne vorher noch einen Abstecher nach Sizilien gemacht zu haben.

Bereits drei Jahre später trat Hadrian seine zweite große Reise durch die Provinzen an: Im numidischen Lambaesis wohnte er Manövern der dort stationierten *legio III Augusta* bei. In einer inschriftlich erhaltenen Ansprache wandte sich Hadrian dort an die Soldaten: Voll des Lobes war der Herrscher über die Leistungen der Legionäre und ihres Befehlshabers, des wie Hadrian aus Spanien stammenden Legaten Quintus Fabius Catullinus. »Nicht ohne Eleganz habt ihr eure, wiewohl kurzen und starren, Speere geschleudert. Etliche von euch haben ihre Lanzen ebenso geschickt geworfen«, rief Hadrian den Soldaten einer pannonischen Reiterabteilung zu. Und weiter: »Ihr seid heute gewandt aufgesessen und auch gestern schnell. Wenn etwas zu wünschen übriggeblieben wäre, hätte ich es angemerkt; wenn etwas herausgeragt hätte, hätte ich es angedeutet. Während des gesamten Manövers habt ihr mir ohne Unterschied gefallen.«[10] Hadrian tritt hier in einen Dialog mit den Soldaten, in dem er sich als Fachmann des Kavalleriewesens zu erkennen gibt; dadurch, dass er die Soldaten einer freundlichen Ansprache würdigt und Lob zollt, belohnt er ihren Einsatz im Manöver. Der Kaiser vergilt die Pflichterfüllung (*officium*) der Soldaten mit einem herrscherlichen Gunsterweis (*beneficium*) und gleicht so die reziproke Leistungsbilanz aus. Auch der Einsatz des Legaten Catullinus stieß auf Hadrians ungeteilten Beifall.»Catullinus, mein Legat, der hochangesehene Mann (*vir clarissimus*), zeigt in allen Dingen, die er befehligt, dasselbe Maß an Umsicht«, wendet sich der Princeps an die Soldaten. Für Catullinus zahlte sich die solide Vorstellung seines Verbandes beim Kaisermanöver unmittelbar aus: Zwei Jahre nach Hadrians Besuch in Lambaesis bekleidete dessen Landsmann einen ordentlichen Konsulat – für einen Legionslegaten ein durchaus ansehnlicher Karrieresprung –; dann allerdings verlieren sich seine Spuren.[11]

Nachdem Hadrian nach kurzem Zwischenstopp in Rom den Winter 128/129 in seiner Lieblingsstadt Athen verbracht hatte, reiste er nach Osten weiter, wo er Ephesos, Antiocheia und die syrische Oasenstadt Palmyra besuchte. Im Frühjahr 130 weilte er in Arabien und in der notorischen Unruheprovinz Iudaea. Deren Metropole Jerusalem wollte er nach den Zerstörungen des Krieges zu neuem Glanz verhelfen. Er bestimmte den Wiederaufbau, jetzt aber als römische Kolonie Aelia Capitolina, deren Mittelpunkt statt des zerstörten jüdischen Tempels ein Heiligtum für Iuppiter Capitolinus sein sollte. In Ägypten, wohin Hadrian im Sommer reiste, traf den Princeps ein Schicksalsschlag: Sein ständiger Begleiter und mutmaßlicher Geliebter Antonoos ertrank Ende Oktober, noch nicht 20-jährig, im Nil. Hadrian ordnete an, dass seinem Günstling kultische Ehren zuteilwurden; eine Stadt, die an der Unglücksstelle gegründet wurde, erhielt seinen Namen. Bis heute künden über hundert Büsten und Statuen, die Antinoos bald als Osiris, bald als griechischen Gott darstellen, von Hadrians Zuneigung zu dem jungen Bithynier.

Hadrian hielt sich bis zum Frühjahr 131 in Alexandreia auf, bevor er von dort über Syrien, Kleinasien und Moesien abermals nach Athen reiste. Spätestens 134 war Hadrians letzte große Reise zu Ende; der Kaiser war zurück in Italien. Vermutlich noch während der Princeps in Griechenland weilte, brach in Judäa ein neuer großer Aufstand los, der die römische Herrschaft in der Region in ihren Grundfesten erschütterte. Unter der Führung eines gewissen Schimon bar Kosiba, der sich bar Kochva, »Sohn des Sterns«, nannte, erhob sich zunächst die Bevölkerung der Stadt Modi in nordwestlich von Jerusalem; von dort breitete sich die Rebellion wie ein Flächenbrand über weite Teile des ländlichen Judäa aus. Auslöser war womöglich die Umwandlung Jerusalems in die römische Kolonie Aelia, für die die Arbeiten just 131 begannen. Bar Kochva, der zumindest die besonders radikalen unter seinen Anhängern glauben machen konnte, er sei der Messias, kontrollierte ein Gebiet mit mehreren befestigten Städten, in dem die Rebellen zügig zur Errichtung staatlicher Strukturen schritten. Auf den Tetradrachmen, die sie prägten, prangte der Stern, Bar Kochvas Zeichen, über der Fassade des zerstörten Tempels mit der Bundeslade; die Legende auf der Rückseite lautete: »Für die Befreiung Jerusalems«. Die römische Garnison in Jerusalem war vom Nachschub abgeschnitten, die eilig aus allen Teilen des Reichs herangeführten Verstärkungen mussten sich verlustreiche Guerillakämpfe mit Bar Kochvas vorzüglich geführten Kämpfern liefern und die befestigten Plätze mussten einer nach dem anderen belagert und erobert werden. So zog sich der Krieg bis 135 hin, als mit der Festung Betar, wohin sich Bar Kochva zurückgezogen hatte, das letzte Bollwerk der Aufständischen fiel. Hier fand auch der selbsternannte Messias den Tod. Die Römer, die in dem Krieg horrende Verluste erlitten hatten, nahmen grausame Rache an den Juden: Ihnen wurde bei Strafe verboten, sich in Jerusalem aufzuhalten, die Stadt wurde dem Erdboden gleichgemacht, an ihrer Stelle das neue Aelia als heidnische Stadt errichtet. Die Zahl der Toten ging in die Hunderttausende, unzählige Juden traten den Weg in die Sklaverei an. Selbst der Name Judäa verschwand: Die Provinz hieß fortan *Syria Palaestina*. Jüdisches Leben hatte hier nur am Rande Platz, es spielte sich jetzt fast ausschließlich in der »Zerstreuung« – Diaspora – ab.[12]

Abb. 6.4: Tetradrachme Bar Kochvas, Rv.: Lulav.

Der Bar-Kochva-Aufstand war auch eine Zäsur in der Regierungszeit Hadrians. Der zuvor so tatendurstige Princeps war kränklich geworden und menschenscheu. Im idyllischen Tibur hatte sich der Philhellene einen großzügigen Landsitz errichten lassen. Hierhin, wo alles an die Stationen seiner Reisen erinnerte, zog sich der jetzt 60-jährige zurück. Es war höchste Zeit, das Haus zu bestellen. 136 adoptierte Hadrian Lucius Ceionius Commodus, den amtierenden Konsul, der damit als Aelius Caesar designierter Nachfolger war. Doch auch dessen Gesundheit war angeschlagen: Am 1. Januar 138 starb Aelius Caesar an Tuberkulose. In aller Eile wurde der Öffentlichkeit der aus Nemausus (Nîmes) stammende, gut 50-jährige Konsular Titus Aurelius Antoninus als Nachfolger präsentiert. Antoninus war Prokonsul in *Asia* gewesen und verfügte über reichlich Verwaltungs-, aber kaum Kommandoerfahrung. Das Besondere an der jetzt von Hadrian verfügten Nachfolgeregelung war, dass er personell die Weichen nicht nur für die nächste, sondern bis in die übernächste Generation stellte: Der todkranke Princeps legte nämlich fest, dass, während er selbst Antoninus adoptierte, sein Nachfolger seinerseits den erst 7-jährigen Sohn des Aelius Caesar, Lucius Verus, und den 16-jährigen Neffen Hadrians, Marcus Annius Verus, zu adoptieren hatte. Rasch stellte sich heraus, dass Marcus, der mit Ceionia, der Tochter Aelius Caesars, verlobt war, der Begabtere

2 Im Zenit: Hadrian

Abb. 6.5: Porträtbüste des jungen Mark Aurel, ca. 138 n. Chr. Marmor. Berlin, Antikensammlung.

der beiden war. Er, der sich als Herrscher Aurelius nannte, war von allen römischen Kaisern der bei weitem Gebildetste: Die Erziehung durch stoische Philosophen und den Grammatiker Fronto fiel bei ihm auf einen denkbar fruchtbaren Boden. Als Intellektueller hielt er zeitlebens Abstand zu der ihm als Herrscher anvertrauten Macht. Distanz wahrte er stets auch zu sich selbst: Nichts sah der Philosoph Marcus dem Kaiser Marcus nach.

Hadrian tat seinen letzten Atemzug am 10. Juli 138 in Baiae. Kaum war der Leichnam erkaltet, vernahm man im römischen Senat Stimmen, die forderten, man solle Hadrian nicht vergöttlichen und stattdessen seine Denkmäler umzustürzen, seine Gesetze annullieren, ihn selbst aus dem Gedächtnis tilgen. Allzu lang war nämlich das Gedächtnis mancher Senatoren, die Hadrian in seinen ersten Regierungsmonaten als Tyrannen erlebt hatten, denen vielleicht auch sein Philhellenismus und der politische Kurswechsel nach Trajans Tod nicht in den Kram passten. Jedenfalls musste Antoninus im Senat alle rhetorischen Register ziehen und sogar mit Rücktritt drohen, um Hadrians Vergöttlichung durchzusetzen. So ging der Tote in die Reihe der »guten« Kaiser ein, und Antoninus verdiente sich den Beinamen Pius, der »Pflichtgetreue«.

3 Vorboten: Antoninus Pius, Marcus Aurelius, Commodus

Die Herrschaft des Antoninus Pius, die nun begann, dauerte 23 Jahre – und nicht an einem Tag davon verließ der Herrscher Italien. Einschneidende Ereignisse sind aus dieser Zeit kaum überliefert, was auch den spärlich fließenden Quellen anzulasten sein mag. Immerhin verschob man in Britannien und in Obergermanien den Limes weiter ins Barbarenland. Von 142 bis 144 eroberten römische Legionen unter dem Statthalter Quintus Lollius Urbicus den Süden Schottlands bis zur Landenge zwischen dem Clyde und dem Firth of Forth; sie befestigten

3 Vorboten: Antoninus Pius, Marcus Aurelius, Commodus

das gewonnene Territorium mit einer neuen Befestigungslinie, dem Antoninuswall. Der Expansion war ein Konflikt vorausgegangen, dessen Verlauf und Ausmaß im Dunkeln liegen. In Obergermanien wurde der Odenwald-Lautertal-Neckar-Limes auf die Linie Miltenberg-Lorch vorverlegt, so dass er nunmehr eine Gerade bildete; außerdem wurden die Grenzbefestigungen weiter verstärkt. Mit kleineren Revolten musste sich das römische Militär in verschiedenen Teilen des Imperiums herumschlagen: In Dakien, Ägypten und Judäa brachten die örtlichen Einheiten die Lage offenbar rasch wieder unter Kontrolle; einzig in Numidien und Mauretanien loderte acht Jahre lang, von 144 bis 152, ein Aufstand der Mauren. Ohne dass wir nähere Informationen hätten, fällt doch auf, dass Konfliktherde samt und sonders in Gebieten lagen, die unter Trajan und Hadrian bereits von Unruhen erschüttert worden waren.

Um das römische Imperium schien also tiefster Friede zu herrschen. Dennoch bereiteten sich um die Jahrhundertmitte Ereignisse vor, die Roms Rhein- und Donau-Provinzen mittelfristig in militärische Brennpunkte verwandeln sollten. Die Stämme des germanischen Barbaricum waren, ohne dass man am Tiber davon Notiz genommen hätte, in Bewegung geraten. Viele der bis dato sesshaften Gruppen begaben sich auf Wanderschaft – in Richtung Süden, den römischen Grenzen entgegen. Etliche der Stämme, die noch Tacitus in seiner Germania nannte und die der Geograph Klaudios Ptolemaios in seinem unter Antoninus Pius entstandenen Atlas verzeichnete, existierten schon wenige Jahrzehnte später nicht mehr. Das legt den Schluss nahe, dass sich die ethnisch-tribale Geographie Germaniens um 150 bereits dramatisch verschoben hatte. Aber nicht nur die räumliche Verteilung der Gefolgschaftsgruppen und Stämme änderte sich, auch ihre innere Struktur war in stetem Wandel begriffen. Neue Eliten schälten sich heraus, die soziale Differenzierung erreichte ein zuvor nicht gekanntes Niveau, ein Königtum mit stark charismatischen Zügen gewann Gestalt. Hauptursache könnte das demographische Wachstum sein, das sich im archäologischen Befund des 1. und 2. Jahrhunderts abzeichnet. Der Bevölkerungsdruck beraubte viele Menschen ihrer Existenzgrundlage; sie begaben sich auf Wanderschaft und suchten ihr Heil in Raub- und Plünderungszügen. Beschleunigt wurde der Wandel ausge-

119

rechnet durch die Präsenz des römischen Imperiums in Mitteleuropa: Fernhandel, Migration und Dienst im römischen Militär schufen Aufstiegs- und Repräsentationsmöglichkeiten für Angehörige der germanischen Oberschicht und sorgten dafür, dass sich herumsprach, wie komfortabel es sich innerhalb der römischen Grenzen leben ließ. Hierarchien wurden steiler, die soziale Kluft zwischen oben und unten tiefer, die Gruppen – geographisch und sozial – mobiler.[13]

Von diesen Dynamiken bekamen die Römer zunächst kaum etwas mit. Sie nahmen das zentral- und osteuropäische Barbaricum als statischen Raum war, in dem die römische Diplomatie unverändert effizient ihren Dienst tat. So besaßen die politisch Verantwortlichen kein Konzept, mit dem sie den entlang der Donaugrenze immer spürbarer werdenden Druck hätten mildern können. Bereits 118, im Windschatten von Hadrians Rückzug aus Mesopotamien, hatten Markomannen und Quaden römische Befestigungen in Pannonien überrannt. 120 und 138 fielen die Roxolanen ins römische Dakien ein; als Reaktion ließ Hadrian Teile des Stammes, darunter den König Rasparaganus, nach Dalmatien deportieren. Als germanische Gruppen, darunter Quaden, Markomannen und Jazygen, wohl um 136 um Erlaubnis nachsuchten, auf römischem Gebiet zu siedeln, beschied man ihre Bitte abschlägig, gab ihnen aber, nachdem sie die Reichsgrenze gewaltsam überschritten hatten und schließlich besiegt worden waren, einen neuen, für Rom politisch bequemen König. In den 140er und 150er Jahren war die Provinz Dakien wiederholt Ziel von Einfällen der im benachbarten Barbaricum lebenden sogenannten freien Daker. Zu ihrer Abwehr musste Rom Verbände aus dem nördlichen Afrika in den Donauraum verlegen.[14]

Aus der Rückschau sind dies alles deutliche Warnsignale, dass sich für das Imperium nördlich und östlich der Donaugrenze bereits unter der Herrschaft des Antoninus Pius Unheil zusammenbraute. In ihrer gesamten Tragweite wurden die Umbrüche im Barbaricum jedoch erst unter den Kaisern Marcus Aurelius und Lucius Verus wahrgenommen, die im März 161 die Herrschaft angetreten hatten. Im Winter 166/67 überschritten rund 6000 Langobarden und Obier die Donau und zogen plündernd durch die Balkanprovinzen. Zuvor hatten sie um Aufnahme ins Imperium gebeten, waren aber abgewiesen worden, weil

3 Vorboten: Antoninus Pius, Marcus Aurelius, Commodus

Abb. 6.6: AR Denar von Antoninus Pius, 139–140 n. Chr. Av.: *ANTONINVS AVG (ustus) PIVS P(ater)P(atriae) TR(ibunicia)P(otestate) CO(n)S(ule) III.* Belorbeerte, drapierte Büste nach rechts. Rv.: *REX QVADIS DATVS / S(enatus) C(onsulto).* Pius stehend nach links, dem Quadenkönig, stehend nach rechts, ein Diadem reichend. RIC 3,620.

man auf römischer Seite die Einwanderung geschlossener Stämme nicht tolerieren wollte. Die Langobarden und Obier waren lediglich die Vorhut derjenigen, die sich zum Marsch nach Süden anschickten: Zunächst ließ sich eine Eskalation des Konflikts noch abwenden: Die Marcus-Vita der Historia Augusta nennt Alanen, Astingen, Bastarner, Bessen, Buren, Chatten, Chauken, Daker, Hermunduren, Jazygen, Koboten, Kostoboken, Kotiner, Lakringen, Langobarden, Markomannen, Naristen, Obier, Osen, Peukiner, Quaden, Roxolanen, Semnonen, Sueben, Wandalen und Viktualen als Stämme der großen Wanderungswelle, die sich auf dem Balkan in Bewegung gesetzt hatte. Die Ursachen für die Zuspitzung waren vielfältig: Ökonomische Motive – bittere Not in der Heimat, gepaart mit der Hoffnung auf ein besseres Leben im römischen Imperium – paarten sich dem politischen Ehrgeiz einzelner Führer, die ihren Stammesgenossen einen Neuanfang auf römischem Boden versprachen.[15]

Zunächst ließ sich die direkte Konfrontation noch abwenden – vorläufig: Der Markomannenkönig Ballomar setzte sich, verunsichert durch die robuste Reaktion der römischen Seite, mit dem Statthalter Oberpannoniens, Marcus Iallius Bassus, an den Verhandlungstisch und gelobte Wohlverhalten. Freilich war die militärische Abschreckungsgeste für das Imperium nur unter Aufbietung aller Kräfte zu leisten. Im Osten nämlich hatte sich ein römisch-parthischer Grenzkonflikt um Armenien und Kappadokien zum veritablen Krieg ausgewachsen, den Mark Aurels Mitkaiser Lucius Verus von 162 bis 166 zu führen hatte. Aus Mesopotamien schleppten die römischen Legionäre eine Seuche ein, die ab 166 auch im Westen des Reiches wütete. Zwar ist die Glaubwürdigkeit der Quellen, die von einer regelrechten Pandemie berichten, in der Forschung umstritten, doch dürfte klar sein, dass Partherkrieg und Seuche zusammen die römischen Grenzgarnisonen schwächten. An der Donau war Rom in den späten 160er Jahren allenfalls bedingt abwehrbereit.[16]

Abb. 6.7: Partherdenkmal, Apotheose des Lucius Verus, nach 169 n. Chr. Marmor. Aus Ephesos. Das Monument, das 1903 vor der Celsus-Bibliothek in Ephesos gefunden wurde, verherrlicht den Sieg des Lucius Verus über die Parther, nach 169 n. Chr. Wien, Ephesos Museum.

3 Vorboten: Antoninus Pius, Marcus Aurelius, Commodus

170 oder 171 überschritten die Stämme dann tatsächlich auf breiter Front die Donau, überrannten Pannonien, Raetien und Noricum und gelangten bis Venetien, wo sie Aquileia belagerten. Schleunigst zog Mark Aurel mit einem Heer heran, vertrieb die Germanen von römischem Gebiet und bezog Hauptquartier in der pannonischen Grenzstadt Carnuntum. Abgewendet war die Gefahr damit noch nicht. An der unteren Donau überwanden Jazygen und weitere Stämme die Grenzbefestigungen und fielen in Griechenland ein, wo sie sogar das Heiligtum von Eleusis bei Athen plünderten. Auch diese Angreifer konnten schließlich abgewehrt, der Krieg ins Land der Gegner getragen werden. 173 baten die Markomannen und Quaden um Frieden, die Situation an der Donau beruhigte sich. Als nächstes bekämpfte Mark Aurel die Jazygen in ihrer Heimat an der Theiß im heutigen Ungarn.

175 endeten auch diese Kämpfe: Jazygen und Germanen waren geschlagen, die Donaugrenze befriedet – wenn auch nur notdürftig, denn schon erforderte ein neuer, diesmal innerer Krisenherd die Aufmerksamkeit des Kaisers. Im Frühjahr 175 machte zum ersten Mal seit langer Zeit ein Usurpator von sich reden: Avidius Cassius, einer von Mark Aurels fähigsten Heerführern und Statthalter der wichtigen Provinz Syria, griff nach dem Purpur, nachdem eine Falschmeldung vom Tod des Kaisers in den Osten gedrungen war. Rückgängig machen ließ sich die Kaiserproklamation nicht: Cassius war bald auch im Osten isoliert; Offiziere bereiteten dem Spuk ein Ende, indem sie den Usurpator erschlugen. Der gesundheitlich angeschlagene Mark Aurel nahm die Episode zum Anlass, seine Herrschaft durch Designation eines Nachfolgers abzusichern. Anders als seine Vorgänger hatte Mark Aurel einen Sohn, den 13-jährigen Commodus, der bereits 166 den Titel Caesar erhalten hatte, jetzt aber systematisch auf die Herrschaftsübernahme vorbereitet wurde. Der Halbwüchsige wurde 175 *princeps iu ventutis*, ein Jahr später akklamierte ihm das Heer als *imperator*. An der Seite seines Vaters feierte er im Dezember 176 in Rom den Triumph über Markomannen, Quaden und Jazygen; wenig später trat er seinen ersten Konsulat an und erhielt den Augustusnamen, der ihn formal zum gleichberechtigten Mitherrscher machte.[17]

Mark Aurel tat damit nur, was die Römer – und vor allem das Heer – von ihm erwarteten. Dass erst die Usurpation des Cassius ihn dazu bewog, auf Commodus als seinen Nachfolger zu setzen, wie manche spätantike Texte glauben machen wollen, ist ebenso unwahrscheinlich wie die Vermutung, das Adoptivkaisertum sei mehr als eine Notlösung gewesen, ja in ihm habe sich ein meritokratisches Prinzipatsmodell durchgesetzt, nach dem der jeweils Beste zum Herrschen berufen sei. Beide Interpretationen entfalteten ihren Sinn erst für die Nachwelt, die Commodus' Herrschaft überblickte, einschließlich ihres katastrophalen Scheiterns. Wer diese finsteren Jahre überlebt hatte, musste tatsächlich die Adoptivkaiserzeit als umso strahlenderen Gegenentwurf wahrnehmen. Sie war es nicht. Das dynastische Prinzip war im römischen Prinzipat schwächer ausgeprägt als in den meisten monarchischen Systemen; es war dennoch vorhanden. Hätten sie Söhne gehabt, die bei ihrem Tod noch lebten, so hätten Nerva, Trajan, Hadrian und Antoninus Pius sie zu ihren Nachfolgern gemacht, so wie es jetzt Mark Aurel tat.

Dem zum Krieger verdammten Philosophenkaiser Mark Aurel blieben nur wenige Friedensjahre, die er in Griechenland und Rom verbrachte. Bereits am 3. August 178 zog er abermals in den Krieg. Der Frieden an der Donau hatte sich als brüchig erwiesen, abermals hatten germanische Stämme – die Quellen nennen diesmal Quaden, Markomannen und Hermunduren – den Fluss überschritten und römische Provinzen angegriffen. Als Antwort fielen die Römer ihrerseits in die Marcomannia und Quadia ein, legten hier befestigte Lager an und hielten mit kalkuliertem Terror die Stämme in Schach. Vermutlich zielte diese Strategie nicht darauf ab, den Raum nördlich der Donau dauerhaft zu beherrschen; eher ging es wohl darum, den Gegner in seiner Bewegungsfreiheit einzuschränken und ihn zu zermürben. Dieses Kalkül ging auf: Die Germanen waren 180, nach zehn Jahren Krieg, bereit, um Frieden nachzusuchen. Die Verhandlungen mit den Stämmen, die dem Imperium noch ein weiteres Halbjahrhundert trügerischer Ruhe schenkten, konnte Mark Aurel nicht mehr selbst zum Abschluss bringen: Der Kaiser, der selbst noch im Feldlager von Carnuntum seine »Selbstbetrachtungen« diktiert hatte, starb am 17. März 180.

Mit Commodus trat der am 31. August 161 geborene Sohn Mark Aurels die Herrschaft an. Er war nicht nur der erste Kaiser seit Titus, der seinem leiblichen Vater nachfolgte, sondern auch der erste im Purpur geborene Princeps überhaupt. Von seinem Vorgänger erbte er zunächst den Krieg an der Donau, den er rasch zu Ende brachte. Cassius Dios Unterstellung, Commodus habe übereilt mit den Barbaren Frieden geschlossen, um sich in Rom ganz dem Luxus hingeben zu können, ist aber nachweislich falsch: Commodus hielt sich noch mehrere Monate an der Donau auf, wo unter seiner Führung die Verhandlungen mit den Stämmen geführt wurden, die in einen für Rom äußerst günstigen Frieden mündeten. Es ist müßig, darüber zu spekulieren, ob Mark Aurel mehr erreicht, vielleicht gar nördlich der Donau weitere Provinzen eingerichtet hätte. Rom hatte mit dem Krieg unter erheblichem Aufwand rund 70 Jahre relativer Stabilität an der Donau erkauft. Auch an den übrigen Grenzen blieb es ruhig.[18]

Dennoch hat das Dutzend Jahre, das Commodus an der Spitze des Reiches stand, im historischen Gedächtnis der Römer eine Spur der Verwüstung hinterlassen. Der Sohn des großen Mark Aurel genoss im literarischen Rom eine so schlechte Presse wie kaum einer seiner Vorgänger: *saevior Domitiano, impurior Nerone,* »grausamer als Domitian, verworfener als Nero« sei Commodus gewesen, urteilt etwa die Commodus-Biographie der Historia Augusta. Kaum günstiger fällt das Verdikt des Zeitgenossen Cassius Dio aus: »Commodus beging viele Schandtaten und tötete ungezählte Menschen.« Was machte Commodus der Nachwelt so verhasst?[19]

Ähnlich wie bei Caligula und Nero scheint die als inadäquat wahrgenommene Amtsführung des Kaisers recht bald auf den Widerstand einflussreicher Kreise gestoßen zu sein. Bereits 181 oder 182 verübte Tiberius Claudius Pompeianus Quintianus, der zum engsten Kreis um den Kaiser gehörte, ein Attentat auf Commodus. Quintianus soll sich, ein Schwert in der Hand, auf Commodus gestürzt und ausgerufen haben: »Dies schickt dir der Senat!« Er wurde überwältigt und wenig später hingerichtet. So dilettantisch die Verschwörung ausgeführt war, so schwerwiegend war sie: Neben etlichen hochrangigen Senatoren war die Kaiserschwester Lucilla in das Komplott verwickelt. Quintianus selbst war Lucillas Schwiegersohn und ein Zechkumpan des Kaisers. Der Anschlag war lediglich der Auftakt zu einer ganzen Serie von Versuchen, Commodus aus dem Weg zu schaffen.[20]

Abb. 6.8: Porträtkopf des Commodus, 180–192 n. Chr. Marmor. Wien, Kunsthistorisches Museum.

Wie bei Caligula seine lebensbedrohliche Erkrankung, so markierte bei Commodus die Quintianus-Verschwörung den Wendepunkt seines Prinzipats. Hatte er in der Frühphase versucht, sich gut mit dem Zirkel der Mächtigen um Mark Aurel zu stellen, stieß er bald die alten Eliten systematisch vor den Kopf. Statt den Vertretern der altehrwürdigen Familien machten jetzt Männer wie Marcus Aurelius Cleander Karriere. Der unter Mark Aurel freigelassene Phryger war wohl bereits mit der Erziehung des jungen Commodus betraut gewesen und genoss das uneingeschränkte Vertrauen des Princeps, dessen Kammerdiener (*cubicularius*) er war. Rücksichtslos schaltete Cleander Konkurrenten um Commodus' Gunst aus, trat aber selbst nicht offen in Erscheinung, sondern wirkte als graue Eminenz im Hintergrund. Dio berichtet, der

3 Vorboten: Antoninus Pius, Marcus Aurelius, Commodus

Kammerdiener habe in einem Jahr 25 Männer zu Konsuln gemacht – eine präzedenzlose Zahl – und dafür Unsummen an Bestechungsgeldern eingestrichen. 188 griff Cleander nach der Prätorianerpräfektur, hatte damit aber sein Blatt überreizt. Als 190 eine Hungersnot Rom heimsuchte, wurde Cleanders Stellung unhaltbar. Commodus opferte den Freigelassenen, der sich zu ihm in den Palast geflüchtet hatte, dem wütenden Mob.[21]

Cleander war nicht der einzige Parvenü, der unter Commodus Karriere machte. Womöglich noch mehr aber verärgerte die Senatorenschaft, dass Commodus sich gar keine Mühe gab, ihren Bedeutungsverlust für das Imperium noch länger zu kaschieren. Die von Augustus geschaffene Geschäftsgrundlage des Prinzipats war längst Makulatur geworden, doch die Adoptivkaiser hatten wenigstens den Schein gewahrt. Commodus brach mit dieser Tradition und schenkte seine Gunst anderen Gruppen: so etwa der stadtrömischen Plebs, der er Spiele von nie dagewesener Pracht schenkte. Der Kaiser verkündete ein neues goldenes Zeitalter unter der Ägide des »Hercules Commodianus«, erklärte Rom zur *colonia Commodiana* und trat höchstselbst als Gladiator in der Arena auf. Ungeniert identifizierte er sich mit Herkules: So wie der Held des Mythos wollte sich auch Commodus als unbesiegbar (*invictus*) gesehen wissen, als Garant von Mannhaftigkeit (*virtus*) und Fortüne (*felicitas*). Dichter als jeder seiner Vorgänger rückte Commodus damit an eine Sphäre der Göttlichkeit. Mehr noch als den Menschen der Hauptstadt galt die Inszenierung einer anderen Gruppe, die den Senatorenstand mittlerweile als staatstragendes Element abgelöst hatte: dem Militär. Die Soldaten sollten sich mit der Tugend des Herrschers identifizieren, der seine *virtus* zwar nicht im Feld, wohl aber in der Arena unter Beweis stellte.[22]

VII »Bereichert die Soldaten«: Das Imperium der Severer

Mit Commodus endete die Zeit der Adoptivkaiser, in der sich die römische Welt vielleicht gründlicher gewandelt hatte als in allen Jahrhunderten zuvor. Freilich hätte ein oberflächlicher Betrachter kaum etwas davon mitbekommen: Scheinbar stabil ruhte das Imperium in einer Umwelt, die es kaum je ernsthaft herausforderte. Und verheißungsvoll strahlte die römische Zivilisation, die sich aus den Traditionen vergangener Zeiten speiste, noch in den fernsten Winkel des Reiches, von Britannien bis zum Nil, von Gibraltar bis zum Tigris. Selbst der unter hohen Verlusten niedergeworfene Bar-Kochva-Aufstand und die Markomannenkriege, die Mark Aurel die besten Jahre seines Lebens gekostet hatten, schienen kaum mehr als Nadelstiche, die Rom nicht ernsthaft bedrohlich werden konnten. Indes waren sie Vorboten eines neuen Zeitalters, in dem sich der römische Friede unter völlig anderen Rahmenbedingungen zu bewähren hatte. Das »lange« dritte Jahrhundert begann am Neujahrstag des Jahres 193 und es endete mit Konstantins Sieg über Maxentius an der Milvischen Brücke.

1 Das zweite Vierkaiserjahr

Dass der Prinzipat mit dem einst von Augustus begründeten System kaum noch etwas gemein hatte, erwies sich, als Commodus in der Neujahrsnacht 192/93 einer Palastintrige zum Opfer fiel. Eingeweiht in das Komplott waren der Prätorianerpräfekt Quintus Aemilius Lae-

1 Das zweite Vierkaiserjahr

tus und Marcia, die Konkubine des Commodus. Auslöser des Attentats war wohl eine Nacht der langen Messer, die der Kaiser geplant hatte und der die Verschwörer lediglich mit einem Präventivschlag zuvorkamen. Laetus präsentierte den durch das Attentat in Unruhe versetzten Prätorianern sogleich einen Kandidaten für die Nachfolge: Der 126 geborene Publius Helvius Pertinax hatte 192 einen ordentlichen Konsulat bekleidet und stand als Stadtpräfekt in der ersten Reihe der Senatoren. Gegen ein Donativ von 12 000 Denaren pro Kopf nahmen die Prätorianer, denen Commodus viele Privilegien gewährt hatte, die Erhebung des wegen seiner Strenge und Sparsamkeit bei den Soldaten nicht eben populären Senators hin, eher murrend als enthusiastisch. Der nur mühsam beherrschte Unmut im Prätorianerlager war ein schlechtes Omen: Das junge Jahr sollte noch drei weitere Kaiser sehen.[1]

Der neue Mann verkörperte trotz seines betont konservativen Habitus einen Typ Politiker, wie er noch wenige Jahrzehnte zuvor völlig undenkbar gewesen wäre. Alle Kaiser bis Commodus, selbst die, welche sich wie Vespasian und Nerva den Weg an die Macht mit Gewalt gebahnt hatten, waren dem kleinen Kreis erlauchter Familien entstammt, deren Vertreter seit mehreren Generationen die Sitzreihen des Senats füllten. Pertinax, Sohn des Freigelassenen Helvius Successus, stammte aus der norditalienischen Stadt Alba Pompeia (Alba). Er ergriff zunächst den Beruf des *grammaticus*, als der er den Sprösslingen der besseren Gesellschaft die höheren Weihen der Bildung näherbrachte. Später wechselte Pertinax in eine militärische Laufbahn, wobei ihm der Senator Lollianus Avitus, der Patron seines Vaters, kräftig unter die Arme griff. Im Militär machte der ebenso talentierte wie ehrgeizige Nachwuchsoffizier rasch Karriere: Er erlangte das Kommando über eine Kohorte in Syrien, nahm am Partherkrieg des Lucius Verus teil, wurde nach Britannien und später nach Moesien kommandiert und übernahm schließlich den Befehl über die Rheinflotte in Germanien.[2]

Seine nächste Karrierestation, die ihn als *procurator ducenarius* nach Dakien führte, hätte den Senkrechtstarter fast ins Aus manövriert: Pertinax wurde das Opfer einer Hofintrige und geriet bei Mark Aurel in Misskredit. Rehabilitiert durch die Intervention seines Freundes Claudius Pompeianus, der Mark Aurels Schwiegersohn war und

Statthalter der Provinz Pannonia inferior, wurde er nicht nur dessen Stellvertreter, sondern erhielt bald auch senatorischen Rang. Pertinax bekleidete die Prätur und gehörte zur engeren Führungsebene in den Kriegen gegen Markomannnen und Quaden. Vom Kaiser vorgeschlagen, erhielt er 175 einen Suffektkonsulat, war an der Niederschlagung der Avidius-Cassius-Usurpation beteiligt und erhielt in den folgenden Jahren wichtige Statthalterschaften: Ober- und Untermoesien, Dakien, Syrien und Britannien.

Unter Commodus zunächst zum Rückzug ins Privatleben gezwungen, holte man ihn zurück, als eine Meuterei der britannischen Legionen die Insel erschütterte. Unter Einsatz seines eigenen Lebens stellte Pertinax die Ordnung wieder her und bestrafte die Meuterer mit drakonischer Strenge. Weil ihm das im Militär wenig Freunde machte, wurde er aus Britannien abberufen und nach Italien versetzt, wo er für die Armenfürsorge zuständig war. 188 erhielt er den prestigeträchtigen Prokonsulat über die Provinz Africa, zwei Jahre später einen ordentlichen Konsulat. Als Pertinax in den Morgenstunden des 1. Januar 193 vor die Prätorianer trat, war er längst im engsten Machtzirkel des Imperiums angekommen. Dass er es als Sohn eines Freigelassenen so weit bringen konnte, verdankte er seiner Zielstrebigkeit und seinen Führungsqualitäten sowie, in mindestens zwei Fällen, der Fürsprache einflussreicher Freunde.

Die Gesellschaft des römischen Kaiserreichs war schon immer, bis zu einem bestimmten Grad, meritokratisch gewesen. Wer ehrgeizig und talentiert war, konnte es schon unter Augustus weit bringen. Standesschranken ließen sich immerhin innerhalb von zwei oder drei Generationen überwinden. Dennoch war die Karriere des Pertinax ohne Vorbild. Gleich zweimal hatte er als professioneller Militär eine soziale Schranke durchbrochen, von denen jede unter anderen Umständen kaum zu überwinden gewesen wäre: Pertinax stieg vom Sohn eines Freigelassenen erst zum Angehörigen des *ordo equester* und von dort zum Senator auf. Ein derart steiler Aufstieg war nur unter den Bedingungen des tiefgreifenden Wandels möglich, der die römische Gesellschaft im 2. Jahrhundert erfasst hatte. Der erste Faktor war die Demographie: Ereignisse wie der Bar-Kochba-Aufstand, der Partherkrieg des Lucius Verus und die Markomannenkriege, vermutlich auch schon die

Kriege Trajans und erst recht die Antoninische Pest hatten der römischen Führungsschicht einen hohen Blutzoll abgefordert, der nach Ergänzung der Elite von unten verlangte. Die dramatische Verknappung des für politisch-administrative Führungsaufgaben qualifizierten Personals eröffnete Chancen für eigentlich sozial nicht satisfaktionsfähige Außenseiter, die aber über die nötigen intellektuellen Voraussetzungen verfügten. Das galt erst recht für militärische Fachleute wie Pertinax. Der gestiegene Bedarf an höheren, militärisch versierten Offizieren war der zweite Faktor, der sozialen Aufsteigern zuvor ungekannte Möglichkeiten eröffnete. Er war direkte Folge der veränderten Sicherheitslage, die den Trend zu einer größeren, professioneller geführten Armee beschleunigte. Die Kaiser gaben deshalb zunehmend Karrieresoldaten den Vorzug vor den Vertretern der alten Senatorenfamilien, die oft lediglich auf eine kurze Dienstzeit als Militärtribunen zurückblicken konnten und im Grunde Dilettanten waren.[3]

Die Garantie dafür, dass ein hochdekorierter Berufsoffizier auch als Kaiser eine gute Figur machte, gab es allerdings nicht. Pertinax hatte seinen Kredit bereits nach drei Monaten verspielt. Zum Verhängnis wurde ihm die Strenge, mit der er auch die Prätorianer behandelte. Die Gardesoldaten, die sich wohl nach der laxen Disziplin zurücksehnten, die unter Commodus geherrscht hatte, meuterten, drangen in den Palast ein und erschlugen den Kaiser. Es war der 28. März 193. Anders als nach der Ermordung des Commodus war jedem Beobachter sofort klar, dass nur die Prätorianer das Machtvakuum füllen konnten. Bei ihnen wurden, noch während Pertinax' Leichnam auf dem Palatin erkaltete, gleich zwei Anwärter auf das höchste Amt vorstellig: der Stadtpräfekt Sulpicianus, Schwiegervater des ermordeten Kaisers, und Didius Iulianus, ein verdienter und immens reicher Konsular. »Wie auf dem Markt oder in einer Auktionshalle« hätten die Konkurrenten einander überboten, berichtet Cassius Dio: »Als Verkäufer traten die auf, die ihren Kaiser ermordet hatten; als Kunden Sulpicius und Iulianus.«[4]

Am Ende setzte sich Iulianus durch. Anlass zu langer Freude war die unwürdige Versteigerung der Kaiserwürde weder für den neuen Princeps noch für die Prätorianer. Ähnlich wie nach dem Tod Neros zeigte sich auch im zweiten Vierkaiserjahr, dass der Schlüssel zur

VII »Bereichert die Soldaten«: Das Imperium der Severer

Abb. 7.1: Porträtbüste des Septimius Severus, 193–211 n. Chr. Marmor. Wien, Kunsthistorisches Museum.

Macht nicht in Rom lag, sondern in den Provinzen: dort, wo die Legionen das Imperium bewachten. Bereits am 9. April griff der Statthalter von Oberpannonien, der aus dem nordafrikanischen Lepcis Magna stammende Lucius Septimius Severus, in Carnuntum nach dem Purpur; wenige Tage später folgten ihm in Syrien sein Kollege Gaius Pescennius Niger und in Britannien der dortige Statthalter Decimus Clodius Albinus. Den nun ausbrechenden Bürgerkrieg entschieden drei Momente: Persönlichkeit, Geographie und militärische Stärke. Severus, der als Muttersprache Punisch sprach, war der entschlossenste der drei Usurpatoren, der zudem über das zahlenmäßig stärkste Heer verfügte, das auch noch den kürzesten Anmarschweg nach Rom hatte. Während Niger noch seine Stellung im Osten konsolidierte und so viele Legionen wie möglich seinem Befehl zu unterstellen versuchte, hatte Severus bereits die Kontrolle über das riesige Donauheer gewonnen, sich mit Albinus geeinigt, der von ihm den Caesar-Titel entgegennahm, Iulianus besiegt, in Rom die Anerkennung durch den Senat erreicht und, am 9. Juni, seinen *adventus* in der Hauptstadt gefeiert.

Bereits am 9. Juli verließ Severus Rom wieder gen Osten. Niger hatte den Bürgerkrieg zu diesem Zeitpunkt im Grunde längst verloren. Zwar hatte er das Bündnis mit einigen Teilkönigen des Partherreichs und mit dessen neuem König Vologeses V. gesucht und auch gefunden, doch hatte er dem Großverband, an dessen Spitze Severus heranrückte, nichts entgegenzusetzen. Zum Jahreswechsel siegte Severus bei Nikaia und nahm Kleinasien in Besitz, im April 194 gelang seinen Legionen der Durchbruch durch die Tauruslinie bei Issos. Niger, der sich zunächst nach Antiocheia geflüchtet hatte, versuchte noch, sich ins Partherreich abzusetzen, wurde aber aufgegriffen und getötet. Severus hielt im Osten ein Strafgericht über die Städte, die Niger unterstützt hatten. Sie verloren Privilegien und Land und – in extremen Fällen – sogar ganz ihr Stadtrecht. Die drittgrößte Stadt des Reiches, Antiocheia, wurde so zum »Dorf« erklärt.

2 Punier auf dem Palatin: Septimius Severus und Caracalla

Severus nutzte den Schwung des Sieges über Niger sogleich, um den Krieg ins gegnerische Großreich zu tragen. Eine Rolle spielte vermutlich auch, dass parthische Teilkönige und vielleicht auch Vologeses Nigers Niederlage zu nutzen versuchten, um die territorialen Verluste des letzten Krieges gegen Rom wettzumachen. So belagerten Truppen aus Adiabene, Osrhoene und Hatra, die zuvor alle mit Niger paktiert hatten, die wichtige römische Garnisonsstadt Nisibis in Obermesopotamien. Die Chronologie des Mesopotamien-Feldzugs, den Severus im Frühjahr 195 eröffnete, ist einigermaßen verworren. Festzustehen scheint, dass Severus noch im selben Jahr die Kapitulation Abgars IX. von Edessa erzwang, den Belagerungsring um Nisibis sprengte und die adiabenische Hauptstadt Arbela eroberte. Zur Jahreswende 195/196 erreichte ihn die Nachricht, Clodius Albinus habe im Westen nach dem Augustus-Titel gegriffen.[5]

Das Zweckbündnis mit Albinus war obsolet, seit Niger aus dem Rennen um die Macht ausgeschieden war. Ohnehin hatte Severus seine Herrschaft längst auf eine neue Basis gestellt. Ab Frühjahr 195 hatte er seinen Prinzipat explizit in die Kontinuität der Antoninen gestellt, indem er Commodus vergöttlichte und, eine Adoption durch Mark Aurel fingierend, sich selbst *divi Marci Pii filius* und *divi Commodi frater* nannte: Sohn des vergöttlichten Marcus Pius bzw. Bruder des vergöttlichten Commodus. In der zweiten Jahreshälfte 196 kehrte Severus in den Westen zurück. Im Februar des folgenden Jahres schlug er Clodius Albinus bei Lugdunum; der Usurpator fand wenig später den Tod: Severus war Alleinherrscher.[6]

Kaum war die Gefahr im Westen gebannt, wandte sich der Kaiser abermals dem Kriegsschauplatz im Osten zu. Dort hatte Vologeses V. inzwischen von dem innerrömischen Machtkampf zu profitieren versucht, war ins nördliche Mesopotamien eingefallen und belagerte erneut Nisibis. Er konnte aber offenbar nicht die volle Stärke des parthischen Heeres zur Geltung bringen, weil zugleich Revolten in Medien und der Persis seine Herrschaft erschütterten. Ab Frühjahr 197 operierte Severus mit dem Gros der römischen Armee abermals im Osten: Die Römer eroberten Armenien und entsetzten Nisibis. Dann teilte Severus seine Streitmacht. Er marschierte selbst mit einer Abteilung den Euphrat entlang, um das Zentrum des Partherreiches um die Städte Ktesiphon und Seleukeia anzugreifen; ein zweiter Verband drang ins östliche Mesopotamien vor; und eine dritte Heersäule setzte über den Tigris und fiel in Adiabene ein. Ende 198 stand Severus' Abteilung vor den Mauern Ktesiphons, wo Vologeses sich zur Schlacht stellte. Der Sieg gehörte den Römern, die kurz darauf die parthische Hauptstadt eroberten und plünderten. Severus nahm den Titel *Parthicus maximus* an – symbolträchtig ausgerechnet an dem Tag, als sich der Herrschaftsantritt Trajans zum hundertsten Mal jährte.

Genau wie der *optimus princeps* scheiterte Severus an Hatra, der stark befestigten Wüstenstadt im östlichen Mesopotamien. Herodian und Cassius Dio beschreiben eindringlich die Hitze, die den Soldaten zusetzt, und die so erbitterten wie vergeblichen Bemühungen, die Mauern zu stürmen. Ohne die Einnahme Hatras hatten die Erfolge in Babylonien keinen Bestand. Der Frieden, der 198 oder 199 geschlossen wurde, war für Rom dennoch vorteilhaft: Nordmesopotamien wurde als Mesopotamia römische Provinz, eine römische Garnison bezog in Singara Quartier, das Königreich Osrhoene wurde faktisch zum Stadtstaat mit kleinem Territorium um die Hauptstadt Edessa und der mittlere Euphrat geriet unter direkte römische Verwaltung. Roms Legionäre konnten ihre Füße im Wasser des Tigris baden. Ein großer dreitoriger Triumphbogen auf dem Forum Romanum machte Severus' Sieg unsterblich: Die vier Reliefs über den Seitendurchgängen zeigen Episoden des Belagerungskriegs: vermutlich die römischen Angriffe auf Arbela und Ktesiphon, vielleicht auch auf Edessa und Hatra, möglicherweise den Entsatz von Nisibis. Die Inschrift feiert den Kaiser als Sieger über das »arabische« Parthien (also wohl den Raum Hatra) und das »adiabenische« Parthien (und mithin den Raum östlich des Tigris).[7]

Zweiter großer Kriegsschauplatz der frühen Severerzeit war Britannien, wo die Römer um 182 den zwischen Clydemündung und Firth of Forth verlaufenden Antoninuswall aufgegeben hatten. Severus selbst leitete die Operationen in Britannien ab 208, was auf ehrgeizige Ziele schließen lässt. Ob er die Restauration des Antoninuswalls oder noch

VII »Bereichert die Soldaten«: Das Imperium der Severer

Abb. 7.2: Septimius-Severus-Bogen auf dem Forum Romanum, nach 199 n. Chr.

größere Pläne verfolgte, ist nicht zu sagen, weil Severus am 4. Februar 211 in Eboracum, dem heutigen York, starb. Seinen Söhnen soll er vom Totenbett einen weitsichtigen Rat mit auf den Weg gegeben haben: »Bleibt einträchtig, bereichert die Soldaten und schert euch um alles andere einen Dreck!«[8]

Ob Severus diese Worte wirklich so gesagt hat oder ihm der Historiker Dio sie ihm in den Mund gelegt hat: Der Einzeiler eignet sich als Motto für die gesamte Severerzeit. Zwischen 193 und 235 wurde das Militär endgültig zur politikbestimmenden Interessengruppe, ohne oder gar gegen die kein Kaiser seine Herrschaft lange behaupten konnte. Selbstverständlich war die Loyalität der Soldaten käuflich: Severus und die Kaiser nach ihm erhöhten den Sold und rissen so ein tiefes Loch in die Staatskasse. Außerdem kassierte bereits Severus das Heiratsverbot für die Legionäre und erlaubte ihnen, mit der Familie am Garnisonsort zusammenzuleben. Der unpopuläre Zölibat hatte zuvor die reichsweite Versetzbarkeit von Soldaten ermöglicht; jetzt regionalisierte sich das römische Militär zusehends. Außerdem unterhöhlte Severus das Führungsmonopol des Senatorenstandes noch weiter: Sich buchstäblich von der Pike hochzudienen, wurde zur normalen Karriereleiter für immer mehr einfache Soldaten, die auch in die höchste Kommandoebene und selbst in den Kaiserpalast führen konnte.

Tatsächlich »einen Dreck« kümmerten sich die severischen Kaiser um die alte Macht- und Prestigeelite, den Senatorenstand. Zwar ließ Cassius Dio die Augustus-Freunde Maecenas und Agrippa eine Debatte darüber austragen, wie autokratisch der Führungsstil eines guten Princeps sein solle – und mahnte damit die Kaiser seiner eigenen Generation, den Bogen nicht zu überspannen und ihre Machtfülle nicht zu missbrauchen. Doch waren das allenfalls Rückzugsgefechte: Die Zukunft gehörte neuen Führungsschichten: professionellen Militärs, Administratoren und Juristen, welche die alten, den gestiegenen Anforderungen kaum noch gewachsenen Eliten immer weiter aus ihren Positionen verdrängten. Beispiele für solche neuen Männer waren die Juristen Papinian und Ulpian, die unter Septimius Severus und Caracalla die Prätorianerpräfektur bekleideten und wichtige Vorarbeiten für die großen Rechtskodifikationen der Spätantike leisteten.[9]

Wie weit man es als Jurist bringen konnte, illustriert das Beispiel des Marcus Gnaeus Licinius Rufinus, dessen Karriere eine Inschrift aus seiner lydischen Geburtsstadt Thyateira nachzeichnet: Rufinus wurde um 185 als römischer Ritter in die lokale Honoratiorenschicht hineingeboren. Er besuchte Anfang des 3. Jahrhunderts die schon zu dieser Zeit hochangesehene Rechtsschule von Berytus. Ab 211 diente er in mehreren ritterständischen Hofämtern, unter anderem als kaiserlicher Sekretär für die griechische Korrespondenz (*ab epistulis Graecis*), als Leiter der Finanzverwaltung (*a rationibus*) und als Beauftragter für das Petitionswesen (*a libellis*), bevor er in den Senatorenstand erhoben wurde, die Prätur bekleidete und als Statthalter die Provinz Noricum verwaltete. Rufinus war einer der vornehmsten Senatoren und zugleich einer der einflussreichsten juristischen Fachautoren seiner Zeit.[10]

Nicht weit her war es mit der von Severus angemahnten Eintracht: Caracalla war nicht gewillt, den Prinzipat mit seinem jüngeren Bruder zu teilen und ließ Geta nach gerade neun Monaten gemeinsamen Herrschens ermorden – wie es heißt, in den Armen seiner Mutter. Auf einem heute in der Berliner Antikensammlung ausgestellten Tondo, der Septimius Severus im Kreis seiner Familie zeigt, wurde der Kopf Getas nach dem Gewaltakt getilgt. Offizielle, in Temperafarben auf Holz gemalte Kaiserbildnisse dieser Art zierten überall im Reich die Amtslokale der römischen Verwaltung. Der Berliner Tondo zeigt, wie sich die Schockwellen des Brudermordes vom Palatin quer durchs Reich ausbreiteten.

Abb. 7.3: Tafelgemälde mit Darstellung des severischen Kaiserhauses, um 200 n. Chr. Tempera auf Holz. Berlin, Antikensammlung.

2 Punier auf dem Palatin: Septimius Severus und Caracalla

Geta war nicht das einzige Opfer des neuen Machthabers. Berüchtigt ist ein Massaker, das er in Alexandreia anrichtete, wo er 215 bei seinem Einzug von der unter großer Not leidenden Bevölkerung nicht so euphorisch empfangen worden war, wie er es erwartet hatte. Tagelang ließ Caracalla seine Soldateska die Bewohner der ägyptischen Metropole niedermetzeln. Etwa um die gleiche Zeit wie seinen Bruder räumte er Papinian aus dem Weg, der als Prätorianerpräfekt der führende Jurist seiner Epoche war und Septimius Severus lange Jahre loyal gedient hatte. Tatsächlich steht Caracallas Herrschaft für eine der wichtigsten juristischen Weichenstellungen der Prinzipatszeit: Per Verfügung machte der Kaiser so gut wie alle freien Untertanen zu römischen Bürgern und nahm so dem Bürgerrecht seine relative Exklusivität, die es jahrhundertelang zu einem der wichtigsten Herrschaftsinstrumente im römischen Imperium gemacht hatte. Der Zeitgenosse Cassius Dio unterstellt Caracalla, mit seinem Edikt von 212, der *constitutio Antoniniana*, vor allem fiskalische Zielsetzungen verfolgt zu haben. Doch was immer die Motive des Kaisers waren, die Fähigkeit des Reiches, die ganz und gar uneinheitliche Bevölkerung seiner Provinzen zu integrieren, erlitt durch das Edikt irreparablen Schaden.[11]

Dennoch stand die Herrschaft Caracallas, der sich als Kaiser eigentlich Marcus Aurelius Severus Antoninus nannte, im Zeichen der Kontinuität. Seinen Spitznamen trug er nach dem keltischen Kapuzenmantel, den er, wie viele Angehörige des Militärs, gerne trug. Die Mode zeigt, wie »global« das Imperium inzwischen geworden war: Längst hatte die Stadt am Tiber die Deutungshoheit darüber verloren, was als römisch zu gelten hatte. Der Kleidungsstil des Kaisers demonstrierte aber auch seine Verbundenheit den Legionen gegenüber. Militärisch war der ganze Habitus des Kaisers, den seine Porträts, mit leicht geneigtem Kopf, wie einen wiedergeborenen Alexander zeigen.

Seine *virtus* wollte Caracalla folglich gegen Roms Hauptgegner im Osten, die Parther, beweisen. Zunächst kämpfte der Kaiser jedoch an Main und Donau gegen germanische Stämme. Bevor er 213 im Maindreieck zwischen Schweinfurt und Ochsenfurt und im folgenden Jahr an der unteren Donau gegen die Karpen bedeutende Siege errang, war er in Raetien lebensbedrohlich erkrankt. Seine Heilung schrieb er dem mit dem römischen Apollo identifizierten keltischen Gott Grannus zu,

Abb. 7.4: Porträtbüste Caracallas, 211–217 n. Chr. Marmor. Aus Rom. Berlin, Antikensammlung.

dem er in Phoebiana (Faimingen) ein Heiligtum weihte. Caracalla nahm nach diesen Siegen den Namen *Germanicus maximus* an und wandte sich nach Osten. Das Partherreich schien nach dem Doppelfeldzug seines Vaters in den 190er Jahren und aufgrund von dynastischen Wirren reif für die endgültige Eroberung durch Rom. Zunächst wurde das bereits durch Severus verkleinerte Klientelkönigreich Osrhoene annektiert, laut Cassius Dio durch eine List Caracallas, der den arglosen König Abgar kurzerhand gefangen nahm. Als nächstes marschierten seine Truppen ins Königreich Armenien ein, den ewigen Zankapfel zwischen Römern und Parthern, und annektierten es. Und schließlich machte Caracalla Artabanos IV. Avancen, der sich kurz zuvor gegen seinen Bruder Vologeses VI. erhoben hatte: Er hielt um die

Hand einer parthischen Prinzessin an und schlug vor, man solle die Kräfte der beiden Großreiche bündeln, anstatt sich weiter zu bekriegen. Den Historiographen Herodian und Cassius Dio ist Caracallas diplomatische Initiative, die sie für eine weitere Finte des von ihnen äußerst kritisch bewerteten Kaiser halten, nur Beweis für seine charakterliche Verworfenheit. Tatsächlich bot sich den Akteuren hier womöglich die einmalige Chance, einen friedlichen Ausgleich zwischen den beiden rivalisierenden Mächten zu erwirken.[12] Sie verstrich ungenutzt: Artabanos ging auf das Angebot nicht ein. So sprachen denn die Waffen. Caracallas Heer überschritt im Frühjahr 216 die parthische Grenze, eroberte zügig Adiabene und Media Atropatene und fiel wohl auch nach Babylonien ein. Für das kommende Jahr plante der Kaiser den vernichtenden Schlag gegen die Parther. Sein Winterquartier bezog er in Edessa, wie fast genau hundert Jahre vor ihm Trajan. Als er sich auf dem Weg nach Karrhai befand, wo er dem dort verehrten Mondgott opfern wollte, wurde er hinterrücks ermordet. Der Anschlag geschah am 8. April 217. Die Verschwörer waren Offiziere, die sich offenbar selbst ihres Lebens nicht mehr sicher waren, seit der aus Ägypten stammende Wahrsager Serapio am Hof erheblichen Einfluss erlangt hatte. Glauben wir Cassius Dio, dann hatte Serapio dem Kaiser geweissagt, seine Tage würden kurz sein und der Prätorianerpräfekt Macrinus werde seinen Platz einnehmen. Zwar wurde Serapio daraufhin getötet, doch war die Prophezeiung Signal genug für Macrinus, dass Gefahr im Verzug war.[13]

3 Priester im Purpur: Elagabal

Für den Historiographen Dio war Caracallas Tod ein Spiegel seines schändlichen Lebens: Ein Soldat namens Martialis tötete den Sohn des großen Severus, nachdem er vom Pferd abgestiegen war, um seine Notdurft zu verrichten. Als Nachfolger akklamierte das Heer, drei Tage nach Caracallas Tod, tatsächlich Macrinus: Der aus Mauretanien stammende Prätorianerpräfekt war der erste Nichtsenator, der sich den kaiserlichen Purpur anlegen durfte. Eine glückliche Hand bewies der gut 50-jährige damit nicht. Kurz nach Herrschaftsantritt endete eine Schlacht gegen die Parther bei Nisibus mit Mühe und Not remis. Macrinus handelte mit Artabanos einen Friedensvertrag aus, der die römische Seite viel Geld kostete. Er räumte Armenien und setzte dort wieder einen Arsakiden als Klientelkönig ein. Auch an der Donau lenkte er im Konflikt mit den Karpen ein und entließ Geiseln, die zuvor Caracalla genommen hatte. Schließlich trachtete Macrinus, den überforderten Haushalt zu sanieren und kürzte zu diesem Zweck den Legionären ihren Sold. In der Truppe, die stets zu Caracalla gehalten hatte, erwachte spätestens jetzt die Nostalgie nach der severischen Herrschaft. Als tödlicher Fehler erwies sich jetzt, dass Macrinus die von der Macht vertriebene Sippe nicht mit Stumpf und Stiel ausgerottet hatte. Caracalla hatte seine aus Emesa stammende Verwandtschaft überlebt: seine Mutter Iulia Domna, deren Schwester Iulia Maesa sowie Maesas Töchter Soaemias und Mamaea. Nachdem die schwer krebskranke Iulia Domna Suizid begangen hatte, agitierte ihre jüngere Schwester unverdrossen für eine Rückkehr der Severer an die Macht. Die ganze Hoffnung der Dynastie war ein 14-jähriger Jüngling, der im Tempel seiner Heimatstadt Emesa den Priesterdienst für den dort verehrten Sonnengott Elagabal versah. Dieser Varius Bassianus Avitus war Sohn der Iulia Soaemias und des aus Apameia stammenden Ritters Sextus Varius Marcellus. Ihn präsentierte Maesa im Frühjahr 218 den hocherfreuten Soldaten der Garnison in Emesa. Prompt riefen sie den jungen Mann am 16. Mai zum Kaiser aus. Der syrische Zweig der Severer-Familie, der über viel Geld und exzellente Kontakte zur Oberschicht der syrischen Provinzen verfügte, veranlasste immer mehr Soldaten zum Überlaufen, bis Macrinus vor Antiocheia selbst versuchte, das Heer des Usurpators zu stellen. Erfolglos: Er unterlag dem Severer, flüchtete vom Schlachtfeld und fand wenig später den Tod.

Die vierjährige Herrschaft des jungen Varius, der sich selbst als Kaiser Marcus Aurelius Antoninus nannte, der aber in den Geschichtsbüchern – nach dem Gott seiner Heimatstadt – nur Elagabal heißt, zog eine Schneise der Verwüstung durch das kollektive Gedächtnis des römischen Imperiums. Der als Priester einer orientalischen Gottheit

3 Priester im Purpur: Elagabal

Abb. 7.5: Porträtkopf Iulia Domnas, 193–211 n. Chr. Marmor. Wien, Kunsthistorisches Museum.

sozialisierte Syrer sah es als seine Mission an, den in Form eines konischen Meteorsteins verehrten Elagabal zum obersten Gott des römischen Pantheons zu machen. Er entfachte einen Kulturkampf, mit dem er nicht nur das römische Militär und senatorische Establishment gegen sich aufbrachte, sondern auch die eigene Familie spaltete und schließlich seinen Untergang heraufbeschwor. Das Porträt eines Kaisers, der, Sklave seiner Prägung durch einen exotischen Kult, das römische Imperium aus der Mitte heraus unterwandert, zeichnet in düsteren Farben der wohl selbst aus Syrien stammende Herodian: Ihm ist Elagabal in allem der Antipode des gebildeten Philosophenkaisers Mark Aurel, des Idealbilds eines in griechischer *paideia* verwurzelten römischen Kaisers.[14]

Paradigmatisch für die kulturellen Verwerfungen im Reich steht der Konflikt, der den Palatin erschütterte, als Iulia Mamaea für ihren Sohn, Elagabals jüngeren Vetter Alexianus, Lehrer bestellte, die ihn in

Abb. 7.6: Porträtkopf Elagabals, 218–222 n. Chr. Marmor. Aus Eleusis. Athen, Nationalmuseum.

den Feinheiten griechischer Bildung unterweisen sollten. Elagabal geriet darüber so in Rage, dass er die Pädagogen vom Palatin jagte und einige von ihnen töten ließ. Stattdessen habe er, berichtet Herodian, Wagenlenker und Schauspieler mit der Erziehung des Knaben betraut. Die römische Öffentlichkeit beobachtete solche Umtriebe mit größtem Argwohn, und auch in der Familie nahm die Sorge zu, Elagabal würde mit seinen Eskapaden das Prestigekapital der severischen Dynastie im Handumdrehen verspielen. Als die Stimmung vollends gegen ihn zu kippen drohte, zwang man ihn, Alexianus zu adoptieren und zum Caesar zu erheben. Als ruchbar wurde, Elagabal trachte seinem Vetter nach dem Leben, wurde seine Stellung unhaltbar: Die Prätorianer erschlugen den Kaiser mitsamt seiner Mutter am 11. März 222; seine Leiche entsorgten sie in einem Abwasserkanal. Der große Tempel, den Elagabal für seinen heimatlichen Gott am Palatin hatte errichten lassen, weihte man Jupiter Ultor – dem »Rächer«.

3 Priester im Purpur: Elagabal

Die Nachfolge trat erwartungsgemäß Alexianus an: Severus Alexander, wie er sich als Kaiser nannte, war ebenfalls erst 13 Jahre alt und konnte schon deshalb politisch keine eigenen Akzente setzen. Er stand zunächst völlig unter dem Einfluss seiner Mutter Mamaea und des Prätorianerpräfekten Ulpian, eines erfahrenen Juristen, der aber die Prätorianer nicht einmal dadurch zu disziplinieren vermochte, dass er seine Amtskollegen Iulius Flavianus und Geminus Chrestus hinrichten ließ. Schließlich wurde Ulpian, vermutlich 223, von wütenden Prätorianern ermordet, die sich Straßenschlachten mit der Volksmenge lieferten. Rom drohte in Gesetzlosigkeit zu versinken. Allein das Entgegenkommen, das die kaiserliche Regierung den Soldaten zeigte, rettete den Frieden.

VIII Haudegen und Krisenmanager: Die Soldatenkaiser

Mehr noch als die Unruhen, die Rom erschütterten, überschatteten Entwicklungen, die weit jenseits der römischen Grenzen ihren Anfang nahmen, die dreizehnjährige Regierungszeit des Severus Alexander. Die Kriege mit den Markomannen und den mit ihnen verbündeten Stämmen der 160er und 170er Jahre waren lediglich die Ouvertüre zu einem unruhigen Jahrhundert an Roms Nordgrenze gewesen. Zwar war die Donaugrenze für die folgenden 50 Jahre relativ ruhig geblieben, doch hatten die sozialen Umwälzungen des 1. und 2. nachchristlichen Jahrhunderts das Barbaricum irreversibel verändert. Anstatt kleiner, kompakter und vor allem sesshafter Stämme unter politisch weitgehend bedeutungslosen Volkskönigen prägten jetzt hochmobile Großgruppen, die charismatischen Heerkönigen vom Typus Arminius folgten, das Milieu.

1 Das Ende der Pax Romana

233 war es mit der Ruhe im Nordwesten vorbei: Verschiedene germanische Stämme überschritten den Rhein und suchten die grenznahen Gebiete Galliens heim. Ein paar Jahre später machten Gruppen im Raum zwischen Donau und Don von sich reden, die man in Rom vorerst für Skythen hielt, die aber tatsächlich Goten waren. Der zweite Faktor, der die strategische Lage des Imperiums von Grund auf veränderte, war das persische Sasanidenreich, das ab den 220er Jahren die vom unter-

1 Das Ende der Pax Romana

gegangenen Partherreich hinterlassene Leerstelle füllte und sich von der ersten Stunde an aggressiv und expansionistisch gebärdete. War das Partherreich im Grunde kaum mehr als eine Föderation autonomer Königreiche gewesen, mit einem Großkönig, der seine Teilkönige, Fürsten und Satrapen meist am langen Zügel führte, reklamierten die neuen Herren die direkte Herrschaft über ganz Vorderasien für sich. Konkurrierende Gebietsansprüche galt es für die Sasaniden zu brechen, in Ost wie West. Unmittelbar nach dem endgültigen Kollaps der Arsakidendynastie richteten sich die Großmachtambitionen des ersten Sasanidenkönigs Ardaschir gegen die Grenzstadt Hatra im oberen Mesopotamien, die sich bald unter den Schild der römischen Kaiser flüchtete. Zweimal belagerte Ardaschir die stark befestigte Stadt allein 230; beide Male scheiterte er. Die sasanidische Offensive richtete sich nun gegen die Städte der römischen Provinz Mesopotamien, von denen die Perser etliche eroberten und plünderten, ohne aber wohl dauerhafte Geländegewinne zu erzielen. Um die wichtige römische Grenzfestung Nisibis schloss sich der persische Belagerungsring. 233 ging Kaiser Severus Alexander in die Gegenoffensive. Bis zum Sommer des nächsten Jahres scheint es ihm gelungen zu sein, Nisibis zu entsetzen und die Perser aus dem römischen Teil Mesopotamiens zu vertreiben.

Ähnlich wie schon beim Vorspiel zum Markomannenkrieg Mark Aurels offenbarte sich auch im Konflikt, den die Germanen am Rhein 233 Severus Alexander aufzwangen, die enge Wechselwirkung zwischen Ereignissen an weit auseinanderliegenden Reichsgrenzen: Um den das römische Syrien und Kleinasien bedrohenden Persern in Mesopotamien militärisch etwas entgegensetzen zu können, musste Severus Alexander die Grenzgarnisonen an Rhein und Donau ausdünnen. Den Stämmen im Barbaricum blieben solche Truppenbewegungen nicht verborgen: Rom bot ihnen eine offene Flanke, und sie zögerten keinen Moment, die sich bietende Chance zu nutzen. Zu groß war das Wohlstandsgefälle zwischen dem sogenannten freien Germanien und den gallischen Provinzen, als dass die verbliebenen Grenzgarnisonen die Stämme hätten abschrecken können.

Die Konstellation 233 gibt den Grundton vor für die Grenzkriege der kommenden rund 50 Jahre: Weder die Germanen noch die Perser allein waren imstande, dem römischen Imperium ernsthaft gefährlich zu werden. Die permanente Beanspruchung an zwei Kriegsschauplätzen in zeitlicher Parallele indes überforderte die militärischen Ressourcen Roms und ließ als Folge das Reich in eine halbhundertjährige Krise abgleiten, die sich in der deutschsprachigen Forschung mit dem Begriff »Soldatenkaiser« verbindet. Die rund zwei Dutzend Kaiser, die einander zwischen 235 und 284 in rascher Folge ablösten, heißen so, weil sie fast alle militärische Fachleute waren, den Aufstieg in der römischen Armee absolvierten und während ihrer Herrschaft fast durchgängig mit kriegerischen Konflikten an Roms langen Außengrenzen konfrontiert waren. Sie waren Männer des Militärs: Aus seiner Mitte kamen sie, ihm verdankten sie fast alle ihre Ausrufung zu Kaisern, und die Soldaten spielten meist auch die Hauptrolle bei ihrem Abtreten von der politischen Bühne.

Gleich der Erste aus dieser Galerie durchaus eindrucksvoller Herrscherpersönlichkeiten hatte alle Qualitäten eines prototypischen Soldatenkaisers: Maximinus stammte aus dem noch als halbbarbarisch geltenden Thrakien, soll angeblich von niederer Herkunft gewesen und als einfacher Soldat in die römische Legion eingetreten sein, wo er nach verdienstvoller Karriere zum Chef der Rekrutenausbildung, *praefectus tironibus*, aufstieg. Über Maximinus, seiner Herkunft wegen Thrax, der Thraker, genannt, kursierten absonderliche Gerüchte: Die Historia Augusta berichtet, er habe Speisen in enormen Mengen konsumiert und auch dem Alkohol im Übermaß zugesprochen; seinen reichlich fließenden Schweiß habe er in Bechern gesammelt und täglich getrunken. Solche Berichte haben keinerlei dokumentarischen Wert. Ihr Sinn und Zweck bestand allein darin, den Kaiser vor der Nachwelt als barbarischen Tyrannen zu denunzieren. Wer derart eklatant gegen den Verhaltenskodex der gebildeten griechisch-römischen Elite verstieß, konnte kein guter Kaiser sein.[1]

Im Winter 234/25 befand sich Maximinus mit Severus Alexander in Gallien, wohin das Heer in Eilmärschen gezogen war, nachdem die Nachrichten von der Rheingrenze in den Osten gedrungen waren. In Gallien war Maximinus mit dem Unmut konfrontiert, der in den Legionen hochgekocht war, seit Severus Alexander, der jetzt einen Feldzug gegen die Germanen vorbereitete, die Soldaten zu ungeliebten Bau- und Schanzarbeiten abkommandiert hatte. Ungeduldig warteten

1 Das Ende der Pax Romana

man in der Truppe darauf, dass es endlich gegen die Germanen ging, dass Beute gemacht wurde, die sich verteilen ließ. Maximinus war genau der Mann, der solch einen energischen, gewinnträchtigen Kurs verhieß. Im März 235 akklamierte die Mainzer Garnison dem anfangs widerstrebenden, schließlich aber beherzt nach dem Purpur greifenden Thraker. Prompt setzte die Usurpation den bereits aus dem Vierkaiserjahr 69 und dem Fünfkaiserjahr 193 bekannten Mechanismus in Gang: Severus Alexander, der sich ebenfalls in Mainz aufhielt, flüchtete sich zu seiner Mutter Iulia Mamaea ins Zelt; beide wurden dort von Offizieren, die sich Maximinus angeschlossen hatten, gestellt und getötet. Abermals fielen Statuen, wurden Inschriften getilgt, Gesetze für nichtig erklärt: Jegliche Erinnerung an den toten Kaiser sollte ausgelöscht werden.[2]

Maximinus fand, angesichts der Machtverhältnisse wenig überraschend, rasch Anerkennung in Rom. Jetzt freilich hatte er sich im Krieg gegen die Germanen zu bewähren, der inzwischen auch auf den Balkan übergegriffen hatte. Der Kaiser überquerte noch im Frühjahr 235 den Rhein, um gegen die mutmaßlich alamannischen Stämme vorzugehen, die 233 nach Gallien eingefallen waren. Vermutlich gehört das 2008 am Harzhorn im niedersächsischen Landkreis Nordheim entdeckte Schlachtfeld in einen Sinnzusammenhang mit der literarisch bezeugten Strafexpedition. Dass die Römer bei diesem Unternehmen derart tief ins germanische Barbaricum vordrangen, hätte indes noch vor wenigen Jahren niemand für möglich gehalten. Evidentermaßen betrachtete Maximinus das gesamte freie Germanien als Glacis seines Reiches, in dem man sich jederzeit diplomatische und militärische Optionen offenhielt; und anscheinend hat man lange die militärische Durchschlagkraft des römischen Militärs unterschätzt, das doch weit jenseits des Limes mit schwerem Kriegsgerät operierte. Im Jahr darauf bezog Maximinus sein Hauptquartier im pannonischen Sirmium, von wo aus er Daker und Jazygen auf das jenseitige Donauufer zurückschlug. Seine Bilanz als Krisenmanager im Westen konnte sich wahrlich sehen lassen.

Zum Verhängnis wurde dem Kaiser denn auch nicht die militärische Lage. Das Unheil schlug an einem denkbar unwahrscheinlichen Ort zu: in der kleinen Stadt Thysdrus, die inmitten fruchtbarer Felder in

149

der Provinz Africa proconsularis im heutigen Tunesien lag. Hier befanden sich kaiserliche Domänen, auf denen ein Teil des in der Hauptstadt dringend benötigten Getreides produziert wurde. Die Güter wurden von lokalen Großpächtern, *conductores*, bewirtschaftet, die gegenüber dem römischen Fiskus, vertreten durch Prokuratoren, zu Abgaben verpflichtet waren. Wegen der stetig wachsenden Ausgaben für immer mehr Soldaten war die Finanzlage des Imperiums zuletzt angespannt gewesen. Deshalb hatte die Zentrale an der Steuerschraube gedreht und vielen, darunter den *conductores*, mehr Abgaben aufgebürdet. Vor Ort zu vertreten hatten diese Politik die Prokuratoren.

In Thysdrus hatte sich der kaiserliche Steuerbeamte einen Ruf als »Mann von brutaler Härte« erworben. Eines Tages war er tot, erschlagen von Söhnen der *conductores*. Um der drohenden Strafverfolgung zu entgehen, riefen in dieser Situation etliche der Großpächter den Statthalter der Provinz Africa proconsularis, den schon 80-jährigen Prokonsul Marcus Antonius Gordianus, in dessen Abwesenheit zum Kaiser aus. Die Rebellion gewann rasch an Fahrt, nachdem Gordianus und sein gleichnamiger Sohn am 22. März 238 die Augustuswürde nach einigem Zögern tatsächlich akzeptiert hatten. In Rom wurde der Prätorianerpräfekt ermordet, der Senat erklärte Maximinus zum Staatsfeind, *hostis*. Schon machte man sich in Rom Gedanken, was man dem noch immer in Pannonien kämpfenden Maximinus entgegenzusetzen hatte, da schlug der Statthalter der Provinz Numidia die Gordiane, Vater und Sohn, die beide den Tod fanden.[3]

Die Usurpation wäre in sich zusammengebrochen, hätten sich die Senatoren in Rom nicht längst zu weit aus dem Fenster gelehnt. Ein Frieden mit Maximinus lag jenseits des Möglichen, und so wählte der Senat zwei Männer aus seiner Mitte zu Kaisern: Clodius Pupienus Maximus und Decimus Caelius Calvinus Balbinus waren angesehene Senatoren, besaßen aber kaum hinreichend Autorität, um mit dem Kaiser und seinem Heer fertigzuwerden. Die stadtrömische Plebs setzte durch, dass der 13-jährige Neffe des jüngeren Gordianus zum Caesar ernannt wurde. Symptomatisch für das 3. Jahrhundert, verschränkten sich in den Ereignissen des Sechskaiserjahres 238 innere und äußere Krisenfaktoren, mit fatalen Folgen für die politische Stabilität des Imperiums. Bedrohung der Grenzen, finanzielle Überbeanspruchung, das

Gefühl der Provinzialen, von der Zentrale im Stich gelassen zu werden und die zerstörerische Dynamik von Usurpation und Bürgerkrieg rissen das Imperium in einen Abwärtsstrudel, der seine Abwehrfähigkeit zunehmend lähmte und die Purpurträger ihre Autorität kostete, kaum waren sie ausgerufen. Wenn deshalb in der Forschung von einer »Krise des 3. Jahrhunderts« die Rede ist, dann ist das durchaus keine Übertreibung; der Begriff der Krise bedarf allenfalls der Präzisierung: Militärisch war die Lage angespannt, politisch war sie bedrohlich, fiskalisch war sie verzweifelt. Das heißt nicht, dass sämtliche Reichsbewohner den Notstand auch an der eigenen Haut spürten.[4]

Abb. 8.1: Porträtbüste Gordians III., 238–244. Marmor. Berlin, Antikensammlung.

VIII Haudegen und Krisenmanager: Die Soldatenkaiser

Nachdem sich in Rom die »Senatskaiser« Pupienus und Balbinus sowie der junge Gordian durchgesetzt hatten, hatte Maximinus nichts Eiligeres zu tun, als mit dem Donauheer nach Italien einzumarschieren, um die Halbinsel wieder unter seine Kontrolle zu bringen. Pupienus erwartete seinen Gegner in Aquileia, das zuvor befestigt worden war. Maximinus schloss den Ring um die Stadt, doch die Belagerung zog sich immer mehr in die Länge; einnehmen konnte er die Stadt am Nordrand der Adria nicht. Vor Aquileia scheiterte der in Kriegsdingen außerordentlich versierte Maximinus, der seine Autorität maßgeblich aus seinen militärischen Erfolgen bezog. Und auch dies ist charakteristisch für die politische Ausnahmesituation des 3. Jahrhunderts: Die eigenen Soldaten entledigten sich, kaum war sein Image als Sieger dahin, ihres Anführers; des Maximinus abgeschnittenes Haupt zierte bald einen Pfahl auf dem Forum Romanum.

Aber Pupienus und Balbinus wurden ihres Erfolgs nicht glücklich. Kaum war der gemeinsame Gegner tot, zerstritten sich die »Senatskaiser«. Die Lage an der Donau blieb unübersichtlich, im Osten setzten die Perser zum Sturm auf die römischen Orientprovinzen an, die Kassen waren nach wie vor leer. Gemeinsam wurden die beiden in ihrem Palast ein Opfer der Prätorianer, die ihre Blicke, wie viele andere, hoffnungsvoll auf den jungen Gordianus richteten. Der Mord an Pupienus und Balbinus am 29. Juli 238, nach nur 99 Tagen gemeinsamen Prinzipats, illustriert sinnfällig die völlige Ohnmacht des Senats: Das Gremium steuerte zur Legitimierung von Kaisern rein gar nichts mehr bei, als den Prinzipat tragende Gruppe hatte die senatorische Elite ausgespielt. Der Prinzipat, der bereits zur Zeit seiner Begründung durch Augustus eine verkappte Militärmonarchie gewesen war, hatte seine zivile Maske endgültig fallengelassen. Die Herrscher, die sich in immer rascherer Folge abwechselten, waren »Soldatenkaiser« gleich in doppeltem Sinn: Meist hatten sie als Berufssoldaten Karriere gemacht und waren aufgrund ihrer Tüchtigkeit in die höchste Kommandoebene aufgestiegen; und stets war es allein die Loyalität der Soldaten, die sie oben hielt. Sie aber war ein flüchtiges Gut und zerrann zuverlässig, kaum stellten sich erste militärische Rückschläge ein.[5]

Am besten lässt sich die historische Problematik der Soldatenkaiserzeit erfassen, wenn man die Herausforderungen, mit denen die fast zwei Dutzend Kaiser, die zwischen 235 und 284 die Geschicke des Reiches lenkten, und die Antworten, die sie darauf fanden, systematisch aufzugliedern versucht. Das Reich war überfordert, und zwar gleich in dreifacher Hinsicht: Erstens überforderte die Lage an den Grenzen seine Streitkräfte militärisch; zweitens überforderten die überbordenden Ausgaben für das Militär das Imperium materiell; und drittens überforderten die Unzulänglichkeiten des politischen Systems die einzelnen Kaiser, die den an sie herangetragenen Erwartungen immer weniger gerecht werden konnten.

2 Militärische Überforderung

Der Untergang des Partherreichs und das Nachfolgeimperium, das in den 220er Jahren die Leerstelle füllte, veränderten blitzartig die geostrategische Lage. Zwischen der Zeitenwende und 227 hatte nur in 15 Jahren Krieg zwischen den Großreichen geherrscht, in 212 Jahren hatten die Waffen geschwiegen. Ab da überwogen die Feindseligkeiten: In den vier Jahrzehnten zwischen 228 und 267 gab es 23 Kriegs- und nur 17 Friedensjahre.[6]

Zur Existenzfrage wurde der Machtkampf in Osten für Rom deshalb, weil sich auch im Westen das Gleichgewicht der Kräfte verschoben hatte. Roms starres Grenzsicherungssystem, das seit severischer Zeit eine aus von den Legionen abgeordneten Einheiten, den sogenannten Vexillationen, gebildete mobile Eingreifreserve ergänzte, war im Prinzip in der Lage, auch mit größeren Bedrohungsszenarien fertig zuwerden. Über die gute Infrastruktur, die der Armee zur Verfügung stand, konnten solche mobilen Verbände schnell dort zusammengezogen werden, wo Gefahr drohte. Das System stieß in dem Moment an seine Grenzen, als Feinde die Grenzen an mehr als einer Stelle gleichzeitig perforierten. Das war nach 229 fast permanent der Fall, nachdem die Perser zu ihrem ersten Sturm auf Hatra angesetzt hatten, das sich erst kurz zuvor unter römischen Schutz gestellt hatte. Ab 237 war die Provinz Mesopotamia massiven persischen Angriffen ausgesetzt. Der Versuch des jungen Kaisers Gordian III., die Perser von römischem Gebiet zu vertreiben und den Krieg nach Babylonien zu tragen, endete Anfang 244 in der Katastrophe. Gordian wurde getötet, sein Nachfolger Philippus Arabs schloss mit dem Sasanidenkönig Schapur einen Frieden, der unter den gegebenen Umständen noch günstig war. Bereits 252 brachen neue Feindseligkeiten aus. Die Perser fielen bis nach Syrien ein, wo sie Antiocheia und zahlreiche andere Städte einnahmen und plünderten; am mittleren Euphrat fiel nach zähem Kampf 256 die wichtige römische Grenzfestung Dura-Europos. Weite Teile Syriens und Mesopotamiens waren durch die Kämpfe verwüstet, als sich der seit 253 regierende Kaiser Valerian endlich zu einem Gegenschlag aufraffte.

Im Westen, wo ebenfalls seit 253 Valerians Sohn Gallienus als Augustus Verantwortung trug, lagen die Dinge kaum besser. Den Limes an der unteren Donau hatten im Winter 237/38 Stammesgruppen überrollt, die in den römischen Quellen noch als »Skythen« firmierten, bei denen es sich aber tatsächlich überwiegend um Karpen und Goten handelte. Die Germanen waren auf der Suche nach Beute und zogen sich rasch wieder auf die linke Donauseite zurück. Die ethnische Identität der neuen Gruppen war noch ungefestigt. Zusammengeschweißt wurden sie durch das Prinzip der Gefolgschaft: Besaßen sie einen starken, charismatischen Führer, dann konnte dieser oft in kürzester Zeit eine beachtliche Zahl wehrhafter und hochmobiler Krieger an sich binden. Der erste in einer langen Reihe solcher Warlords war Kniva, unter dem die Goten Anfang 250 auf breiter Front in Dakien und Untermoesien einfielen, von wo aus sie den gesamten Balkan bedrohten. Kaiser Decius, der schon unter Philippus Arabs den Oberbefehl an der Donau geführt hatte, stellte die Goten im folgenden Jahr in Untermoesien, siegte auch zunächst, fand aber schließlich mitsamt seinem Heer bei Abrittus (Rasgrad) den Tod. Zum ersten Mal in der langen Geschichte des Prinzipats war ein römischer Kaiser äußeren Feinden in der Schlacht unterlegen und gefallen.[7]

Immer auf der Suche nach noch nicht ausgeplünderten Landstrichen, wurden die Goten und ihre Verbündeten bald auch zu Seefahrern. Sie drangen in die Ägäis vor und machten auch vor dem Schwarzen Meer nicht halt. Griechenland und Kleinasien, zwei Kernländer der antiken Mittelmeerzivilisation, waren vor den Barbaren aus dem Norden nicht mehr sicher.

Auch im mitteleuropäischen Barbaricum entstanden neue ethnische Gruppen, die immer wieder den Limes an Rhein und oberer Donau durchbrachen. Noch unter Severus Alexander, 233, waren Stämme in Gallien eingefallen, die wohl zur sich formierenden Konföderation der Alamannen zählten. Maximinus stabilisierte die Grenze mit seinem Germanienfeldzug noch einmal für knapp 20 Jahre, doch wohl bereits 254 musste der rätische Limes aufgegeben werden. Wohl 259 überrannten verschiedene Gruppen, die in den Quellen als *Alamanni*, *Iuthungi*, *Semnones* und *Franci* firmieren, auch die Grenze in Obergermanien. Vermutlich waren alle diese Stämme neue, mobile Gefolgschaftsgruppen, die sich um Heerkönige herum kristallisiert hatten und primär auf Beute in römischen Landen aus waren. Die gemeinsamen Raubzüge in die Wohlstandszone der Provinzen schweißten die Krieger, die unterschiedlichsten Ethnien entstammen mochten, zusammen und wirkten so als Katalysatoren einer Welle der Ethnogenese, die aus den Gefolgschaftsgruppen allmählich »Völker« werden ließ. Deren Identitäten waren zunächst noch wenig gefestigt. Im Fall militärischer Rückschläge konnten die Gruppen sich durchaus auch rückstandsfrei verflüchtigen. Operierten sie aber glücklich, gelang ihnen gar – wie ab 260 den Alamannen im Dekumatland, dem heutigen Baden-Württemberg, und langfristig auch Goten sowie Franken – die Landnahme auf römischem Reichsboden, dann stifteten solche Erfolge ein dauerhaftes Gefühl der Zusammengehörigkeit.[8]

Der römischen Seite standen mehrere Möglichkeiten zur Verfügung, um auf das gewandelte Bedrohungsszenario zu reagieren: militärisch wie politisch. Das Militär ließ sich qualitativ und quantitativ den gestiegenen Anforderungen anpassen, wobei etliche der qualitativen Neuerungen bereits seit den Markomannenkriegen in die Tat umgesetzt worden waren. Von der Schaffung einer mobilen Einsatzreserve war bereits die Rede. Um die Mitte des 3. Jahrhunderts wurden daraus stehende, nach Provinzgruppen gegliederte Feldheere, die den Grenztruppen an Kampfkraft überlegen waren. Das Offizierskorps hatte sich seit der frühen Kaiserzeit professionalisiert: Die Legionen führten nicht länger militärische Laien aus dem Senatorenstand, sondern Fachleute, denen ein Stab von rund 60 altgedienten Zenturionen zur Seite stand. Großräumige Operationsgebiete unterstanden jeweils ad hoc ernannten Oberkommandierenden, *duces*, deren Befehlsgewalt provinzübergreifend war. Auch Bewaffnung und Ausrüstung wurden angepasst: Schienen- machten Kettenpanzern Platz, der rechteckige Schild einem ovalen, das Kurzschwert verschwand aus den Waffenkammern und wurde durch die lange *spatha* abgelöst. Neue, an der Peripherie angeworbene Einheiten auf ethnischer Basis verstärkten vor allem die Reiterei, die gegenüber der Infanterie an Gewicht gewann.[9]

Das Heer wurde aber nicht nur besser, es wurde vor allem größer – und auch hier setzte der Wandel unmittelbar nach den Markomannenkriegen ein. Wer antike Heeresstärken schätzen will, bewegt sich auf dünnem Eis, und so können Zahlen nicht mehr sein als ungefähre Richtwerte. Vermutlich dienten im römischen Heer zur Zeit des Tiberius um 250 000 Soldaten. Kurz vor Mitte des 2. Jahrhunderts, unter Hadrian, waren es deutlich mehr, womöglich mehr als 350 000. Unter Septimius Severus erreichte die Stärke der Armee mit rund 450 000 Mann einen neuen Rekordstand, auf dem sie sich für längere Zeit einpendelte, der sich auf nach dem Höhepunkt der Krise, in der zweiten Hälfte des 3. Jahrhunderts, aber vermutlich nicht halten ließ. Das Heer verlor durch Krieg und Epidemien vielleicht ein Drittel seiner Stärke, bevor es unter Diokletian abermals auf knapp 400 000 Mann anschwoll. Mit wachsender Größe gewann das Heer nicht nur an Kampfkraft, es wurde auch teurer, und das ganz erheblich. Wenn der Militärhaushalt um 14 geschätzte 123 Millionen Denare verschlang, war für die Legionen unter den Severern nahezu das Doppelte einzuplanen. Angesichts der relativ leistungsschwachen, vormodernen Wirtschaft des römischen Imperiums, in der sich die meisten Menschen fast ausschließlich selbst versorgten, bedeuteten diese Summen eine erhebliche und stetig wachsende Belastung des Fiskus und damit der Steuerzahler, die diese Summen aufzubringen hatten.[10]

3 Fiskalische Überforderung

Materielle Beschränkungen setzten Größe und Kampfkraft der Armee also durchaus enge Grenzen. Doch nicht nur die Zahl der Soldaten war ein Problem. Auch ihre Entlohnung war eine stete Sorge der Kaiser, die nur zu leicht der Versuchung nachgaben, den Sold und irreguläre Zahlungen an die Soldaten zu erhöhen, um sich ihre Loyalität zu kaufen. Verdiente ein Legionär in augusteischer Zeit 900 Sesterze pro Jahr, waren es unter Domitian bereits 1.200. Unter Caracalla erreichte der Sold 2.400 bis 3.000 Sesterze. Unteroffiziere und Soldaten in besonderen Einheiten, vor allem die Prätorianer, verdienten deutlich mehr. Ein Zenturio brachte bereits im 2. Jahrhundert bis zu 25 000 Sesterze nach Hause.[11]

Angesichts des Kostendrucks lag es für die Verantwortlichen nahe, Steuern und Abgaben zu erhöhen oder rigoroser einzutreiben, bisweilen mit fatalen Folgen, wie das Beispiel Thysdrus lehrt. Bereits die Kaiser des 2. Jahrhunderts waren bestrebt gewesen, das chaotische und privaten Steuerpächtern überlassene System der Steuererhebung in geordnetere Bahnen zu lenken. Hadrian hatte die Privaten aus dem einträglichen Geschäft gedrängt und die Eintreibung der kaiserlichen Verwaltung unterstellt. Während alle Kaiser vor Diokletian Italiens Privileg fast vollständiger Steuerfreiheit unangetastet ließen, war man sonst im Erfinden neuer Abgaben durchaus einfallsreich: Bereits Augustus hatte die fünfprozentige Erbschaftssteuer, die *vicesima hereditatium*, eingeführt, aus der die Pensionskasse für die Legionäre gefüllt wurde. Durch Caracallas Bürgerrechtsedikt von 212 wurde der Kreis derjenigen, die Erbschaftssteuer zu zahlen hatten, plötzlich sehr viel größer. Im 3. Jahrhundert war die Bevölkerungszahl wahrscheinlich in einigen Regionen des Reiches am Schrumpfen, so dass auch die Steuereinnahmen insgesamt rückläufig gewesen sein dürften. Für Ägypten sind für die Regierungszeit des Philippus Arabs (244–249) Versuche erkennbar, durch einen Verwaltungsumbau und effizientere Veranlagung zur Steuer die Erträge für die öffentliche Hand zu steigern. Eine gründliche Reform des Steuerwesens, die dem Staat verlässliche Einnahmen garantierte, erfolgte allerdings erst unter der Tetrarchie gegen Ende des Jahrhunderts.[12]

Die den Provinzialen aufgebürdete Last wuchs dennoch. Immer häufiger befanden sich Truppenteile auf dem Marsch, oft über lange Strecken quer durch die Provinzen. Die vor Ort ansässige Bevölkerung musste für ihre Versorgung und Einquartierung aufkommen. Um die Lasten nicht allein den vom Durchzug der Legionen betroffenen Provinzbewohnern aufzubürden, erhob erstmals Septimius Severus die *annona militaris*, die der Unterhaltung der Soldaten diente und meist in Naturalien aufzubringen war. Außerdem schlug im 3. Jahrhundert mit seinen häufigen Kaiserwechseln eine Sonderabgabe zu Buche, die nur zu besonderen Anlässen zu entrichten und ursprünglich freiwillig gewesen war: das sogenannte Kranzgold, *aurum coronarium*, das vor allem fällig wurde, wenn ein neuer Herrscher den Purpur angelegt hatte. Besonders erfinderische Kaiser wie Elagabal forderten das Kranzgold indes zu allen möglichen Gelegenheiten ein.[13]

Das Dilemma des Fiskus bestand darin, dass am Aufwuchs des Militäretats vernünftigerweise nicht zu rütteln war, während die Einnahmen nur in begrenztem Umfang und unter nicht geringen Risiken erhöht werden konnten. Da die Option der Nettokreditaufnahme durch den Staat nicht zur Verfügung stand, bestand die einzige Alternative darin, mehr Silbernominale zu prägen, mit denen die Soldempfänger bezahlt wurden. Genau diesen Weg gingen alle Kaiser seit den Severern. Da auch die Fördermenge an Silber nicht beliebig zu erhöhen war, konnten die Prägestätten den Ausstoß nur erhöhen, wenn zugleich der Silberfeingehalt der Münzen reduziert wurde. Enthielt der Denar, das Silbernominal des Reiches, unter Tiberius noch 3,65 Gramm Silber, waren es unter Septimius Severus weniger als zwei Gramm. Bei Herrschaftsantritt Gordians III. sank der Silberfeingehalt auf weniger als ein Gramm ab, unter Gallienus betrug er kaum mehr ein halbes Gramm. Zugleich verloren die Münzen insgesamt an Gewicht. Hatte der Silberanteil im 1. Jahrhundert noch über 90 Prozent betragen, sank er bis Commodus auf rund drei Viertel – ein Feingehalt, der bis Gallienus stufenweise auf unter fünf Prozent fiel. Zum neuen Hauptsilbernominal wurde unter Caracalla 215 der Antoninian, der offiziell in einer Wertrelation von 2:1 zum Denar stand, tatsächlich aber nur den anderthalbfachen Feingehalt besaß.[14]

3 Fiskalische Überforderung

Dass sich die Qualität der Münzen parallel zur Kostensteigerung beim Militär verschlechterte und dass der Feingehalt besonders auf dem Höhepunkt der militärischen Krise ab etwa 250 besonders rapide sank, lässt sich nicht leugnen. Dass die von den Kaisern ausgegebenen Denare und Antoniniane nur noch dem Namen nach Silbermünzen waren, konnte selbst Laien nicht verborgen bleiben. Unter Gallienus besaßen diese Nominale lediglich noch einen fadenscheinigen Silberüberzug, darunter befand sich nichts als Bronze. Allerdings sollte man sich hüten, voreilige Schlüsse aus dem vermeintlich eindeutigen Befund zu ziehen. Die Silberwährung behauptete anfangs durchaus ihren Wert. Die Bewertung der Denare hing, anders als bei den parallel zirkulierenden Goldmünzen, den Aurei, nicht vom Metall-, sondern vom Nennwert der Stücke ab. Dass die Silberwährung dennoch schließlich ihre Glaubwürdigkeit verlor, lag an der expansiven Geldpolitik, die vor allem ab 260 und besonders in den Westprovinzen die Geldmenge drastisch erhöhte, so dass sie jeden Bezug zur Realwirtschaft verlor. Jetzt bedurfte es nur noch eines Anlasses, und der Wertverfall der Silbermünzen musste katastrophal auf ihre Kaufkraft durchschlagen. Der Moment war gekommen, als Aurelian 274 die angeschlagene Silberwährung zu reformieren versuchte und eine neue Münze, den sogenannten »Reformantoninian« ausgab, welche die alten, schlechten Antoniniane ersetzen und zu einem Zwangskurs von 1:20 umgetauscht werden sollte. Doch statt das Ziel einer Sanierung der Silberwährung zu erreichen, bewirkte die Reform nur den vollständigen Kollaps der Geldillusion, die zuvor die Kaufkraft der Münzen stabil gehalten hatte.[15]

Die durch Aurelian ausgelöste Hyperinflation hielt das Imperium mehrere Jahrzehnte fest im Griff. Die Gegenmaßnahmen der Kaiser blieben wirkungslos, bis Konstantin eine radikale Kehrtwende einleitete und den Solidus als neues Hauptnominal aus Gold an die Stelle des bisherigen Silberstandards setzte. Indes war der Preis hoch, den die römische Welt für Inflation und neue Goldwährung zu zahlen hatte: Die Monetarisierung der imperialen Wirtschaft nahm dramatisch ab; war Geld auf den Märkten des Reiches bis ins 3. Jahrhundert ein allgegenwärtiges Tauschmittel gewesen, so war seine Benutzung jetzt fast ausschließlich den Begüterten vorbehalten. Der Einbruch bei der Monetarisierung leistete seinen Beitrag zur ökonomischen Entflechtung eines Imperiums, dessen Einheit auch politisch nicht mehr selbstverständlich war.[16]

4 Politische Überforderung

Zur Überstrapazierung der militärischen und fiskalischen Ressourcen gesellte sich das Dysfunktionalwerden des politischen Systems, mit dem die römische Welt über Jahrhunderte recht gut gefahren war: des Prinzipats. Die zunächst verkappte Militärdiktatur hatte sich mit der Zeit in eine echte Monarchie mit starker militärischer Komponente gewandelt. Die anfangs irreguläre Spitze war währenddessen zu einem »Amt« mit staatsrechtlich fixierten Kompetenzen geworden. Die kaiserliche Verwaltung hatte sich professionalisiert. Zugleich war die zunächst proklamierte Machtteilung zwischen Princeps und Senat einem System gewichen, in dem der Machtvollkommenheit der Kaiser lediglich der artikulierte Wille des Militärs Grenzen setzte.

Bei allem Wandel änderte sich nichts an einem grundsätzlichen Manko des Prinzipats, das sich in den Usurpationskrisen der beiden Vierkaiserjahre 69 und 193 erwiesen hatte. Während die Legitimität des monarchischen Systems über jeden Zweifel erhaben und eine Rückkehr zur Republik undenkbar geworden war, gab es kaum etwas, was den einzelnen Princeps zu einem legitimen Herrscher machte: keine Investitur, keine gesetzliche Nachfolgeregelung, keine sakrale Weihe, keine eigentlichen Amtsinsignien. Der Imperator-Name, die Bekleidung von tribunizischer und prokonsularischer Gewalt und die Anerkennung durch den Senat waren blasse Surrogate für echte herrscherliche Legitimitätsgründe. Akklamierte nämlich an einer der fernen Grenzen ein Heer irgendeinem Oberkommandierenden, dann besaß das Reich im Prinzip im selben Moment zwei Kaiser, deren Legitimität sich nicht wesentlich unterschied. Deshalb mündeten Usurpationen unweigerlich in militärische Gewalt.

4 Politische Überforderung

So lange sich das Reich politisch in relativ ruhigen Fahrwassern befand, weil äußere Gegner, die ihm hätten gefährlich werden können, nicht zur Hand waren, war das Legitimitätsdefizit der Kaiser kein großes Problem. Sie hielten sich an der Spitze, wenn sie nicht allzu viel falsch machten. Das war unter den Vorzeichen von militärischer und fiskalischer Überbeanspruchung im 3. Jahrhundert völlig anders. Usurpationen waren angesichts der immer volatiler werdenden kaiserlichen Autorität an der Tagesordnung, Bürgerkrieg der Normalzustand. Der rapide Autoritätsverfall der meisten Soldatenkaiser entlarvte den Prinzipat als das, was er im Grunde immer gewesen war: eine Schönwettermonarchie, die den Kaisern in Krisenzeiten im Moment ihrer Amtseinführung eine schwere Hypothek aufbürdete.

Das zeigte sich vor allem an der Nichtigkeit vieler Anlässe: Severus Alexanders Prinzipat endete 235, weil er den Soldaten in Germanien Schanzarbeiten befohlen hatte; Maximinus stürzte drei Jahre später über einen Mordfall in der afrikanischen Provinz; auch Probus wurde ermordet, weil Soldaten unzufrieden waren – womöglich, nachdem er angekündigt hatte, den Sold zu kürzen. In anderen Fällen waren es – mehr oder weniger ephemere – militärische Erfolge, die den Oberkommandierenden eines Heeres dazu veranlassten, seinen Hut gegen den Amtsinhaber in den Ring zu werfen. So setzten sich Decius gegen Philippus Arabs (249), Aemilianus gegen Trebonianus Gallus (253) und Aurelian gegen Quintillus (270) durch, nachdem sie Siege gegen wandernde Stämme an der Donaugrenze errungen hatten. In Einzelfällen stellte der Zufall den Herrschern ein Bein: Decius fand in der Schlacht den Tod (251), Aurelian wurde das Opfer einer Verschwörung (275): Der Schreiber Eros, dem er Strafe für ein Vergehen angedroht hatte, soll gegen den »Wiederhersteller des Erdkreises« (*restitutor orbis*), wie er sich auf seinen Münzen nannte, eine Intrige gesponnen haben.[17]

Die eigentliche Ursache lag tiefer, als es die Anlässe vermuten lassen. Kaum einem Soldatenkaiser war es vergönnt, seine Autorität so weit zu festigen, dass sie militärischen Rückschlägen und Usurpationen widerstehen konnte. Das Dilemma der Kaiser bestand in der Größe des Reiches und in der Vielfalt wie Komplexität der Krisenherde. Gerade angesichts des Fehlens formaler Legitimitätsgründe wohnte dem Prinzipat von Beginn an eine starke charismatische Komponente inne.

VIII Haudegen und Krisenmanager: Die Soldatenkaiser

Die Kaiser waren viel mehr als nur Verwalter und Verteidiger des Reiches; sie waren, gerade in schweren Zeiten, Rettergestalten, auf die sich die Heilserwartungen ihrer Untertanen – Soldaten wie Zivilisten – richteten. Die Menschen, besonders in den gebeutelten Grenzprovinzen, erwarteten von ihrem Kaiser, dass er sie vor Gefahr schützte. Außerdem sollte er ihnen emotional und physisch nahe sein. Der Erwartung von »Kaisernähe« war in einem Reich, dessen Ausdehnung von West nach Ost nahezu 5000 Kilometer betrug und dessen Grenzen im Nordwesten, im Norden und im Osten von Reichsfeinden durchlöchert wurden, kaum adäquat Rechnung zu tragen, auch dann nicht, wenn – wie unter Valerian und Gallienus – Vater und Sohn sich die kaiserlichen Aufgaben teilten. Fast immer gab es Prätendenten, die das Gefühl von Nähe authentischer vermitteln und die Rolle des Heilsbringers wenigstens kurzfristig überzeugender spielen konnten.[18]

5 Stunde Null

Als Kollateralschaden des militärisch-fiskalischen Krisenszenarios war das Imperium bis Mitte des 3. Jahrhunderts de facto unregierbar geworden. Ein Kaiser war mit den vielfältigen Herausforderungen schlicht überfordert. Den Weg, das Reich geographisch in zwei Zuständigkeitsbereiche zu teilen, ging konsequent als erster Kaiser Valerian, der sich im Spätsommer 253 als Oberkommandierender in Raetien gegen Aemilianus erhoben und im Herbst, nach der Ermordung des Aemilianus, seinen *adventus* in der Hauptstadt gefeiert hatte. Der bereits über 60-jährige Publius Licinius Valerianus war ein erfahrener Militär und Politiker: Er hatte vermutlich unter Severus Alexander den Konsulat bekleidet und 238 genug Autorität besessen, um zwischen den Gordianen und dem Senat zu vermitteln. Unter Decius und Trebonianus Gallus hatte Valerian wichtige Kommandostellen an der Donau innegehabt. Der neue Kaiser berief seinen Sohn Publius Licinius Egnatius Gallienus zunächst zum Caesar und schon wenig später zum formal nahezu gleichberechtigten Augustus. Valerian behielt sich lediglich den Titel *senior Augustus* vor und unterstrich so seinen protokollarischen Vorrang vor Gallienus.[19] Die Doppelspitze im Purpur war nicht völlig ohne Vorbild. Die Erhebung designierter Nachfolger zu Caesares war bereits im 1. Jahrhundert üblich geworden, und ab 161 hatten mit Mark Aurel und Lucius Verus zwei formal gleichberechtigte Augusti über die römische Welt geherrscht. Schließlich hatten auch die 238 nur kurz regierenden »Senatskaiser« Balbinus und Pupienus ihre Aufgabenbereiche gegeneinander abgegrenzt. Und bereits Valerians direkte Vorgänger Decius und Trebonianus Gallus hatten ihre Söhne als Augusti an der Herrschaft beteiligt, allerdings nur pro forma. Sieht man genau hin, dann hatte die Augustus-Erhebung des Gallienus eine ganz andere Qualität. Zwar sprach sicher das Alter des *senior Augustus* für die Mitherrschaft seines Sohnes. Doch erwies sich bereits 254, dass Valerian vorhatte, mit der Doppelherrschaft konzeptionell Neuland zu betreten. Beide Licinii, Vater und Sohn, bekleideten in diesem Jahr den ordentlichen Konsulat. Während Valerian sich gen Osten wandte, wo seit dem Vorjahr abermals Krieg tobte, die Sasaniden Mesopotamien und Syrien verheerten und in Emesa der Usurpator Uranius Antoninus von sich reden machte, übernahm Gallienus das Kommando in den ebenfalls bedrohten westlichen Provinzen. Zunächst galt seine Hauptsorge der mittleren Donau, wo er germanische Stämme offenbar erfolgreich zurückschlug, so dass er bereits Ende 254 den Beinamen Germanicus annahm. Bis 256 operierte er auf dem Balkan, bevor er dort das Kommando seinem ältesten, wohl kurz zuvor zum Caesar erhobenen Sohn Valerianus junior übertrug – wenigstens nominell, denn tatsächlich fungierte Ingenuus, ein hoher Offizier und Statthalter Unterpannoniens, als Tutor des jungen Mannes. Ebenfalls 256 besuchte Valerian den Westen und wohnte dort womöglich der Caesar-Erhebung seines Enkels bei. Im folgenden Jahr weilte Gallienus in Rom, wo die Siege an der Donau gebührend gefeiert wurden. Im Westen erschienen Münzen, die mit ihren Legenden die CONCORDIA zwischen den Augusti feierten.[20]

Erkennbar wird am Agieren der Kaiser das Bemühen, wichtige Kommandostellen ausschließlich an Mitglieder der Dynastie zu verge-

Abb. 8.2: AE Antoninianus von Valerian, 253–260 n. Chr. Av.: *IMP(erator) C(aesar) P(ublius) LIC(inius) VALERIANVS AVG(ustus)*. Belorbeerte, drapierte Büste mit Panzer nach rechts. Rv.: *CONCORDIA AVGG(ustorum)*. Handschlag. RIC 131.

ben. Drei Generationen der kaiserlichen Familie sollten den Heeren und der Zivilbevölkerung in den gebeutelten Provinzen das Gefühl von Kaisernähe vermitteln und zugleich verhindern, dass sich andere Befehlshaber auf Kosten des Kaiserhauses profilieren konnten. Münzemissionen im Westen unterstrichen die enge Bindung des Heeres an den regionalen Repräsentanten der Dynastie: *GALLIENVS CVM EXER(citu) SVO* lautet die Legende einer in Köln geprägten Serie. Tatkräftig zimmerten die drei Generationen der Dynastie aus dem römischen Imperium einen Familienbetrieb. Als solcher, so die Hoffnung, sollte ihr Prinzipat die Stürme des Jahrhunderts überdauern und dem Reich wenigstens den inneren Frieden zurückbringen. Teil dieses umfassenden Restaurationsprogramms war wohl auch die Christenverfolgung – die erste wirklich systematische der Reichsgeschichte –, die Valerian und Gallienus 257 und 258 mit zwei Gesetzen ins Werk setzten. Wenn nicht alles täuscht, bestand das Hauptziel der Kaiser darin, der aus den Fugen geratenen römischen Welt Einigkeit und Sicherheit zurückzubringen.[21]

Das Kalkül der Licinii ging auf, jedenfalls zum Teil. Valerian gelang es, die Lage im Osten wieder einigermaßen zu stabilisieren. Dort hatte

5 Stunde Null

Schapur während seines zweiten Romkriegs ab 252 nicht nur bei Barbalissos ein römisches Heer vernichtet, sondern auch – neben zahlreichen anderen Städten – die Metropole Antiocheia eingenommen und geplündert. Valerian bezog 254 sein Hauptquartier in der Orontesmetropole und machte sich sogleich an die Arbeit, in Syrien wieder geordnete Zustände herzustellen. Er reorganisierte den Grenzschutz und beseitigte den emesenischen Usurpator Uranius Antoninus. Nach seiner Reise in den Westen rüstete er ab 257 zu einer großen Gegenoffensive gegen die Sasaniden. Dazu wurden Legionen aus dem Westen ab- und in Syrien zusammengezogen.

Valerian setzte alles auf eine Karte: Er wollte Schapur im Osten entscheidend schlagen, um dann, gemeinsam mit Gallienus, das Germanenproblem an Rhein und Donau ein für alle Mal aus der Welt zu schaffen. Doch die ausgedünnten Grenztruppen an Rhein und oberer Donau hatten den Alamannen wenig entgegenzusetzen, als diese 259 den obergermanisch-raetischen Limes überrannten, ins Dekumatland und die heutige Schweiz vorstießen und bis nach Oberitalien einfielen. Regelrechte Panik brach in Italien aus, als ein weiterer Stamm, die Juthungen, die Alpen überwand, die Poebene heimsuchte und selbst Rom bedrohte. Gallienus schlug die Alamannen wohl im Frühjahr 260 bei Mailand. Die mit schwerer Beute aus Italien heimkehrenden Juthungen wurden ebenfalls geschlagen: am 24. oder 25. April 260 von dem raetischen Statthalter Marcus Simplicius Genialis. Die Inschrift des aus diesem Anlass aufgestellten Augsburger Siegesaltars berichtet davon, dass das aus regulären Legionären und bewaffneten Zivilisten zusammengewürfelte Heer »viele tausend gefangene Italiker« aus der Gefangenschaft befreien konnte.[22]

Valerian selbst war spätestens im Mai 258 wieder in Antiocheia. Im Osten hatte er zunächst Goten abzuwehren, die über das Schwarze Meer ins nördliche Kleinasien eingefallen waren. Im Frühjahr 260 schien endlich der Zeitpunkt für den lange geplanten Feldzug gegen die Perser gekommen. Doch Schapur, dem die Vorgänge im Reich nicht entgangen waren, kam Valerian zuvor und fiel, vom Tigris herkommend, in die Provinz Mesopotamia ein, wo er den Belagerungsring um Karrhai und Edessa schloss. Dort stellte sich ihm Valerian vermutlich im Juli mit dem Heer entgegen, das er zuvor zusammengezogen hatte.

Die Ereignisse, die sich nun vor Edessa zutrugen, schildert der »Tatenbericht« Schapurs, eine Monumentalinschrift am Felsgrab des Sasanidenkönigs in Naqsch-e Rostam, im Südiran:[23]

Abb. 8.3 Kameo mit Gefangennahme Valerians durch Schapur I., nach 260 n. Chr. Sardonyx. Paris, Cabinet des Médailles, Bibliothèque Nationale.

»Im dritten Feldzug, als wir gegen Harran (Karrhai) und Urha (Edessa) vorstießen und Harran und Urha belagerten, da marschierte Kaiser Valerian gegen uns, und es war mit ihm eine Heeresmacht von 70 000 Mann. Und auf der jenseitigen Seite von Harran und Urha hat mit Kaiser Valerian eine große Schlacht für uns stattgefunden, und wir nahmen Kaiser Valerian mit eigenen Händen gefangen und die Übrigen, den Prätorianerpräfekten und Senatoren und Offiziere, alle Führer dieser Heeresmacht: Sie alle ergriffen wir mit den Händen und deportierten sie in die Persis.«

Gewiss ist die Zahl von 70 000 römischen Soldaten maßlos übertrieben, und auch die instrumentelle Rolle, die Schapur sich selbst bei der Gefangennahme Valerians zuschreibt, dürfte wenig mit der Wirklichkeit und viel mit der triumphalen Rhetorik des Textes zu tun haben.

Unbestritten sind die wesentlichen Fakten: Das römische Heer erlitt bei Edessa eine vernichtende Niederlage und der Kaiser ging, präzedenzlose Schmach, in sasanidische Kriegsgefangenschaft. Für das römische Militär war die Schlacht von Edessa, in Kombination mit den anderen verlustreichen Schlachten jener Jahre, ein Aderlass, der sich nicht so einfach kompensieren ließ; für den überlebenden Kaiser Gallienus war sie ein PR-Desaster erster Güte; für das gepeinigte Reich eine Stunde Null. Was hier den Höhepunkt erreichte, war eine Krise im Wortsinn: Im Juli 260 entschied sich, ob der todkranke Patient genesen würde – oder ob der Exitus unvermeidlich war.

6 Palmyra

Das Jahr 260 markiert einen der vielleicht dramatischsten Wendepunkte der römischen Geschichte. Wenn das Imperium nach der Schlacht von Edessa nicht unterging, dann verdankte es diesen Umstand einem Paradox: den starken Bindekräften, die es nach wie vor zusammenhielten, einer- und der Fähigkeit seiner Großregionen, für sich selbst zu sorgen, andererseits. Hätten die Untertanen im Fortbestand des ja keineswegs kostengünstigen Reiches keinen Sinn mehr gesehen, dann wäre sein Kollaps nicht aufzuhalten gewesen. Die Untertanen hielten in ihrer großen Mehrheit vor allem deswegen loyal zu Rom, weil Rom längst mehr war als eine große Stadt am Tiber. Rom war zur Idee geworden, zur Projektionsfläche von Hoffnung: auf Wohlstand, sozialen Aufstieg, Zivilisation, ein gutes Leben. Mochten einzelne Kaiser bei der Verwirklichung der Träume versagt haben, Roms zivilisatorischer Appeal war ungebrochen.[24]

Scheinbar im Widerspruch dazu steht die Fähigkeit des Imperiums, sich den neuen Realitäten durch Dezentralisierung und Regionalisierung anzupassen. Ein zentralistischer Prinzipat, bei dem alle Fäden in der Person eines einzelnen Herrschers zusammenliefen, war mit den Herausforderungen überfordert. Die Herrschaftsteilung zwischen Valerian und Gallienus war deshalb ein bewusster Schritt zur politischen Entflechtung von oben: Die Einheit des Reiches bestand fort, aber die militärische und auch die politische Verantwortung wurden geteilt. Die Entflechtung von oben war mit der Gefangennahme Valerians im Juni 260 hinfällig. Gallienus' ältester Sohn Valerianus junior war bereits zur Jahreswende 257/58 gestorben, sein jüngerer Sohn Saloninus kam in den Usurpationswirren ums Leben, die das Reich erschütterten, sobald die Katastrophe von Edessa bekannt geworden war.

»Hätte nicht Odaenathus, der *princeps* der Palmyrener, nach der Gefangennahme Valerians, als die Kräfte des römischen Staates erschöpft waren, den Oberbefehl an sich gezogen, wäre im Orient alles verloren gewesen.« So schrieb, aus dem zeitlichen Abstand von mindestens einem Jahrhundert, der anonyme Verfasser der Historia Augusta. Odaenathus – oder, in der Sprache seiner Heimatstadt: Odainat – betrat scheinbar urplötzlich die Bühne der großen Politik. Im epigraphischen Gedächtnis Palmyras taucht er zum ersten Mal 252 auf. Bereits im Jahr zuvor ist sein Sohn Hairan als Angehöriger des *ordo senatorius* ausgewiesen. Die Familie hatte erst wenige Jahrzehnte zuvor, unter Septimius Severus, das römische Bürgerrecht erlangt. Vermutlich erklärt sich Odainats Blitzkarriere, die ihn erst zum römischen Senator und zum *exarchos* (»Oberhaupt«) Palmyras (spätestens 251), dann vermutlich zum konsularischen Statthalter der Provinz Syria (257/58) und schließlich zum Retter des gesamten römischen Orients machte, aus der akuten Notsituation der 250er Jahre.[25]

Nach dem Debakel von Edessa errang Odainat einen wichtigen Sieg über die Perser, die versuchten, sich über den Euphrat zurückzuziehen. Als nächstes räumte er Macrianus aus dem Weg, einen römischen Offizier und *a rationibus*, der auf dem Höhepunkt der Krise in Kilikien ein Heer Schapurs besiegt und prompt seine beiden Söhne Macrianus junior und Quietus zu Kaisern ausgerufen hatte. Unter Odainats Führung eroberte ein römisches Heer die noch von den Persern kontrollierten Teile der Provinz Mesopotamia zurück, dann schaltete der Palmyrener von Defensive auf Offensive um und trug den Krieg ins Kernland des Gegners, nach Mesopotamien. 262 belagerten seine Truppen Ktesiphon, die Hauptstadt der Sasaniden, ohne sie jedoch einzunehmen.

Die von Odainat eingeleitete Wende im Osten ist so eindrucksvoll wie erklärungsbedürftig. Wie war es möglich, dass die Offensive der Perser, die zuvor den Kriegsschauplatz beherrscht hatten, so plötzlich in sich zusammenfiel? Woher nahm Odainat die Kräfte, mit denen er den Feind in die Defensive drängen konnte? Und was waren die Motive des palmyrenischen Herrschers? Anders als Macrianus und seine Söhne war der Palmyrener kein Usurpator. Er forderte Gallienus zu keinem Zeitpunkt heraus, sondern war im Gegenteil stets loyal und bezog seine Legitimität aus den ihm durch den Kaiser verliehenen Ämtern und Titulaturen: Gallienus ernannte Odainat nach seinem Sieg am Euphrat zum *dux* (260) und wenig später zum *corrector totius Orientis* (261). Er war damit Inhaber eines herausgehobenen Kommandos (*imperium maius*) und der höchsten zivilen Gewalt in den östlichen Provinzen. In der Zivilbevölkerung schlug Odainat große Sympathie entgegen. Das 13. Sibyllinische Orakel, ein pseudoprophetischer Text, der in den 260er Jahren im römischen Orient, vermutlich in Ägypten und möglicherweise in einem jüdischen Milieu, niedergeschrieben wurde, feiert den *corrector* als »sonnengesandten Löwen«, mit geradezu messianischen Qualitäten. Er werde die »gewaltigste der giftsprühenden Bestien« – Schapur – vernichten und über die Römer herrschen.[26]

Odainat konnte deshalb zur beherrschenden Figur zwischen Mittelmeer und Tigris werden, weil er sich auf die Ressourcen seiner Heimatstadt stützen konnte: ökonomisch und militärisch. Palmyra war eine der großen Wirtschaftsmetropolen des Imperiums und bezog seinen gesamten Reichtum aus dem Fernhandel mit Luxusgütern zwischen dem Mittelmeerraum und Indien. Die Monsunpassage über den Indischen Ozean und der Transit durch den Persischen Golf und das Parther- bzw. Sasanidenreich bargen gewaltige Profite, und allein die Palmyrener, deren Stadt gleichsam als Tor zwischen den verfeindeten Großreichen fungierte, waren in der Lage, die Route zu bedienen. Der Schlüssel lag in der Struktur der palmyrenischen Eliten: Sie waren hochmobil und bestens vernetzt; viele der Magnaten aus der Oase waren längst nicht mehr in Palmyra ansässig, sondern über eine Diaspora verstreut, die von Rom über das östliche Mittelmeer, Ägypten und das Partherreich bis in den Persischen Golf, womöglich sogar bis an die Westküste Indiens reichte. Anders als in den griechischen Poleis und römischen Civitates des Mittelmeers stützte sich ihr Reichtum nicht auf Latifundien, sondern auf den Fernhandel ihrer Stadt, in den ihr Kapital investiert war. Und schließlich waren diese Männer keine Leisure-class von Grundrentnern, sondern eine höchst tätige, auch militärisch versierte Elite, deren nomadisches Erbe auf vielfältige Weise noch im urbanen Leben Palmyras lebendig war. Die palmyrenischen Stämme waren das Bindeglied, das die Stadt identitär mit den auf Wanderschaft befindlichen Steppenbewohnern verband.[27]

Palmyra war anders als alle die Hunderte Städte des römischen Imperiums, und dieses Anderssein prädestinierte es für seine Rolle in der Krise des Jahres 260. Odainat mobilisierte die Ressourcen von Stadt und Steppe, um die Perser aus den römischen Provinzen zu vertreiben. Dieses Ziel teilte er mit Gallienus, der ihn zum Dank mit Titeln und Ehren überhäufte. Seine Pläne gingen aber noch weiter. Auf die Defensive folgte die Offensive, und sie zielte ganz offensichtlich auf die Eroberung des südlichen Mesopotamien. Nachdem 262 die Belagerung Ktesiphons abgebrochen werden musste, fiel Odainat vermutlich 267 abermals in den sasanidischen Teil Mesopotamiens ein. Wieder belagerte er Ktesiphon, wieder blieb es beim Versuch. Diesmal durchkreuzte eine Invasion der Heruler im nördlichen Kleinasien die Pläne des Palmyreners. Odainat kehrte Mesopotamien den Rücken, um nie zurückzukehren. In Kleinasien fand er den Tod. Die Ursache lässt sich heute nicht mehr ermitteln, aber der *corrector totius Orientis* bewies mit seiner Expedition zur Abwehr der Heruler, dass er seine Fürsorgepflicht gegenüber den Bewohnern der östlichen Provinzen ernstnahm.

In wieweit Odainats Feldzüge in Mesopotamien mit Gallienus abgestimmt waren, wissen wir nicht. Der Verdacht ist aber begründet, dass der »sonnengesandte Löwe« mit den Unternehmungen Ziele verfolgte, die weit jenseits seiner Befugnisse lagen – auch wenn die Münzen, die in seinem Machtbereich geprägt wurden, sämtliche Siege im Namen des Gallienus verkündeten. Spätestens 264 nahm Odaiant den Königstitel an, und zwar in seiner bereits auf die Achaimeniden zurückgehenden persischen Variante: *basileus basileiōn*, »König der Könige«. Im Osten weitgespannte Ziele zu verfolgen, ergab aus palmyrenischer Sicht durchaus Sinn: Die Aussicht, die Handelsroute nach Indien der Kontrolle der Sasaniden zu entreißen, muss für Odainat allzu verlockend gewesen sein. Schwebte dem selbsternannten König also vor, mit Palmyra ein drittes Machtzentrum zwischen Rom und Iran zu etablieren, das ganz Vorderasien vom Mittelmeer bis zum Persischen Golf kontrolliert hätte? Zuzutrauen ist eine solch ehrgeizige Vision dem Aufsteiger aus der Oase durchaus.[28]

Zur Jahreswende 267/68 indes war Odainat tot. Damit stand das Problem auf der Tagesordnung, wie das plötzlich im Orient klaffende Machtvakuum zu füllen sei. Aus Sicht des römischen Kaisers, der ab Herbst 268 Claudius Gothicus und ab September 270 Aurelian hieß, lagen die Fakten klar zutage: Odainat hatte sein *imperium* und sämtliche Titel allein Gallienus zu verdanken; an den römischen Kaiser fielen deshalb auch alle Sondervollmachten nach dem Tod des *corrector totius Orientis* zurück. Diese Lesart wurde, kaum überraschend, in Palmyra nicht geteilt. Das dort tief verwurzelte dynastische Denken und das übergroße, zu Lebzeiten erworbene Charisma Odainats erzwangen es geradezu, dass sein ihn überlebender Sohn Waballat die Nachfolge antrat. Da Waballat noch minderjährig war, musste seine Mutter Zenobia, Odainats Witwe, als Regentin einspringen.

Die ehrgeizige Palmyrenerin tat das nur allzu gerne. Sie dachte überhaupt nicht daran, auf die Machtfülle zu verzichten, die ihr Gatte in Händen gehalten hatte und griff für ihren Sohn sogleich nach dem Königstitel. Was aus römischer Sicht die Qualität einer Meuterei hatte, ließ sich gefahrlos bewerkstelligen, weil Gallienus und seinen Nachfolgern die Hände im Westen gebunden waren. Über die Donau drängende germanische Stämme bedrohten sogar Italien und ließen selbst Rom das Schlimmste befürchten. Die Lage änderte sich, als Aurelian 269 bei Naissus (Niš) einen entscheidenden Sieg über die Goten errang und wenig später – auch durch Räumung der exponierten Provinz Dacia – die Donaugrenze befriedete. Aurelian ließ von vornherein keinen Zweifel daran, dass er die palmyrenische Insubordination nicht hinzunehmen gewillt war. Ab Winter 272/72 bereitete die Invasion der von Zenobia beherrschten Ostprovinzen vor.

Zenobias Reaktion bestand zunächst darin, die Chance einer Verständigung offenzuhalten. Die Münzstätten im von ihr kontrollierten Gebiet prägten ab Herbst 270 Nominale mit dem Kopf Aurelians auf der Vorder- und dem Porträt des Waballat auf der Rückseite. Bereits im Frühjahr hatten allerdings palmyrenische Truppen mit Gewalt die Provinzen Arabia, Aegyptus und große Teile Kleinasiens ihren gegenüber Rom loyalen Statthaltern entrissen. Und 272, als Aurelians Heer bereits im Anmarsch durch Kleinasien war, prägte die Münze von Antiocheia Antoniniane mit Zenobias Kopf und der Legende S(*eptimia*) ZENOBIA AVG(*usta*). Aurelians Porträt fehlte ganz: Die Usurpation war unwiderruflich vollzogen, eine friedliche Einigung mit Aurelian lag weit jenseits des Möglichen.

Abb. 8.4: AE Antoninianus von Zenobia, Frühjahr/Frühsommer 272 n. Chr. Av.: S(*eptimia*) ZENOBIA AVG(*usta*). Drapierte Büste mit Diadem nach rechts auf Halbmond. Rv.: *IVNO REGINA*. Juno stehend nach links, mit Patera und Szepter, Pfau zu ihren Füßen, Stern im linken Feld. RIC 349 var.

Zenobia war keine exotische Königin des Morgenlands, die sich gegen das mächtige Rom zur Wehr setzte, wie es der nationale Mythos noch heute in Syrien darstellt. Sie war eine lokale Dynastin, die sich im Koordinatensystem des Imperiums bewegte, sich bei ihrem Griff nach der Macht allerdings auf die Ressourcen und die gesellschaftlichen Besonderheiten ihrer Heimatstadt stützen konnte. Ihre Revolte gegen Aurelian ist eine Usurpation im römischen Sinne, bildet aber innerhalb dieses Typus zugleich eine Anomalie. Verständlich wird sie vor dem Hintergrund der Herrschaftskrise und des Trends zur Dezentralisierung. Das palmyrenische Experiment blieb Episode, weil sich die Verhältnisse im Westen vergleichsweise schnell normalisiert hatten. Gegen die militärische Übermacht, die Aurelian zu Gebote stand, hatte Zenobia keine Chance: Im Frühjahr 272 schlug Aurelian die Palmyrener bei Antiocheia, wenig später bei Emesa; vermutlich im Hochsommer stand seine Armee vor Palmyra, das fiel, ohne effektiv Widerstand leisten zu können. Zenobia trat den Marsch in die Gefangenschaft an, mit ungewissem Schicksal. Palmyra blieb als Stadt bestehen, ohne aber je wieder politisch oder auch nur als Handelszentrum eine Rolle zu spielen.

7 Restitutor orbis

Aurelian war, als er Zenobia gefangen nahm, keineswegs am Ziel. Die Einheit des Reiches war nicht nur im Osten bedroht. Auf die Nachricht von der Gefangennahme Valerians durch die Perser war 260 eine Welle der Usurpationen über das Reich gerollt. Gallienus hatte die meisten, auch mit Odainats Hilfe, im Keim ersticken können. Das gelang nicht mit der Revolte des Statthalters von Niedergermanien, Postumus, der im Hochsommer 260 in Köln nach dem Purpur gegriffen und dort Gallienus' Sohn Saloninus beseitigt hatte.[29]

Wie Zenobias Revolte, so war auch des Postumus Griff nach der Macht eine Anomalie innerhalb des Typus Usurpation. Unter normalen Umständen hätte der Akklamation in Köln ein Bürgerkrieg folgen müssen, aus dem der Sieger als Kaiser hervorgegangen wäre. Aber nichts dergleichen geschah: Postumus widmete sich am Rhein der Bekämpfung der Germanen, Gallienus übernahm die Verantwortung für die Donaugrenze. Nach und nach unterstellten sich die westlichen Provinzen – in Britannien, Gallien und Spanien – dem in Köln residierenden Kaiser. Faktisch lief die Usurpation des Postumus auf eine ähnliche Dezentralisierung militärischer Verantwortung hinaus wie Odainats *imperium* im Osten, nur dass hier Gallienus nichts mehr mitzubestimmen hatte. Aus der akuten Bedrohung an der Rhein- wie Donaugrenze erklärt sich, dass die beiden Kaiser lange Zeit nichts gegeneinander unternahmen. Sie waren, jeder für sich, mit Abwehrmaßnahmen gegen die germanischen Stämme hinreichend gefordert. Im Frühjahr 269 fiel Postumus in Mainz einer Meuterei in seinem Heer zum Opfer. Keiner seiner jeweils nur kurz regierenden Nachfolger besaß genügend Autorität, um sich überall in den gallischen, britannischen und spanischen Provinzen durchzusetzen, doch kollabierte das gallische Imperium erst in dem Moment, als Aurelian Zenobia im Osten beseitigt und die Hände frei hatte, um auch im Westen die Entscheidung zu suchen. Der letzte gallische Kaiser, Tetricus, lief im Sommer 274 auf dem Schlachtfeld zu Aurelian über, so seine Soldaten im Stich lassend, die noch für eine längst verlorene Sache kämpften. Mit Fug und Recht konnte sich Aurelian als der Kaiser feiern lassen, der dem Imperium die Einheit zurückgebracht hatte: Inschriften nennen den Herrscher, der sich unter den persönlichen Schutz des Sonnengottes Sol Invictus gestellt hatte, *pacator et restitutor orbis*, »Befrieder und Wiederhersteller des Erdkreises«, und sowohl für Sol wie für Aurelian wurden bereits 273, im Vorgriff auf den Sieg über Tetricus, Münzen mit der Beischrift RESTITVTOR ORBIS geprägt.[30]

Das gallische Modell zentrifugaler Regionalisierung per Usurpation von unten war damit ebenso Geschichte wie das palmyrenische, zunächst nicht zentrifugale per freiwilliger Herrschaftsübertragung von oben an lokale Akteure. In beiden Fällen waren allerdings regionale Strukturen entstanden, die über die Wiederherstellung der Reichseinheit durch Aurelian hinauswiesen. Im von Palmyra beherrschten Osten konnten sich die Herrscher auf aristokratische Netzwerke stützen, die weit über Syrien hinausreichten. Zumindest an der Annexion Ägyptens war offenbar eine fünfte Kolonne ethnischer Palmyrener beteiligt, die der Eroberung durch Zenobia-treue Truppen im Vorfeld entgegenarbeitete. Solche regionalen Netzwerke gewannen in der Spätantike massiv an Bedeutung. Im gallischen Reich bezogen die Kaiser eine Residenz in der Peripherie – Köln – und privilegierten sie ähnlich Rom, indem sie an die Bevölkerung Getreide verteilen ließen. Außerdem wurden in den gallischen Provinzen eigene Konsuln gewählt, und lokale Honoratioren trafen sich in einer senatsähnlichen Versammlung.

Abb. 8.5: AE Antoninianus von Aurelian, 270–275 n. Chr. Av.: *IMP(erator) C(aesar) AVRELIANVS AVG(ustus)*. Büste mit Panzer und Strahlenkrone nach rechts. Rv.: *RESTITVTOR ORBIS*. Weibliche Figur stehend nach rechts mit Szepter, dem Kaiser, stehend nach links, einen Kranz reichend. Dazwischen, zu ihren Füßen, bittflehende Gefangene. Stern und Münzmarke im unteren Feld. RIC 349 var.

So zeigten sich erste Umrisse eines neuen Imperiums, das sich vom alten durch einen geringeren Grad an überregionaler Verflechtung unterschied. Große Räume schälten sich heraus, die weitgehend unabhängig voneinander zu beherrschen und zu verteidigen waren. Die ökonomischen und sozialen Bindungen zwischen den Räumen lockerten sich, während neue Formen der Zusammengehörigkeit entstanden. Neben die traditionelle Teilung des Reiches in einen lateinischen Westen und einen griechischen Osten traten neue Gräben, die Herrschafts-, Wirtschafts- und Identitätsräume voneinander zu trennen anfingen. Vielfach verliefen die neuen Bruchlinien entlang älterer Strukturgrenzen etwa zwischen dem nordalpinen und dem übrigen Westeuropa oder zwischen dem Balkan und dem Nahen Osten. Eine Rolle dürften auch sprachlich-ethnische Barrieren gespielt haben, die das Imperium bis dahin übertüncht, aber nicht vollständig überwunden hatte. Das Herrschaftsgebiet Palmyras vereinte in sich die aramäischsprachigen Gebiete Vorderasiens so wie zur selben Zeit das gallische Imperium das keltische Westeuropa in sich einschloss und etwas später das kurzlebige Sonderreich des Usurpators Carausius (287–96) mit Britannien und der gegenüberliegenden Küste Galliens ebenfalls einen vergleichsweise kompakten Raum kontrollierte. Das römische Imperium driftete ungefähr entlang derselben Grenzen auseinander, die überschreitend es ab dem 3. Jahrhundert v. Chr. die Einheit des Mittelmeerbeckens und seiner Randgebiete erzwungen hatte.

Vorerst jedoch stand die Politik im Zeichen der wiedergewonnenen Reichseinheit. Aurelian, der *restitutor orbis*, konnte sich nicht lange an ihr erfreuen. Im Herbst 275 wurde er ermordet. Sein Nachfolger, der bereits über 70-jährige Konsular und *princeps senatus* Tacitus, starb bereits wenige Monate später. Nach Tacitus' Tod erhob sich gegen den Nachfolger Florianus sogleich ein weiterer Usurpator: Probus war offenbar Statthalter einer der orientalischen Provinzen oder sogar *dux Orientis*, als er im Sommer 276 zum Kaiser erhoben wurde. Im kurzen, darauf folgenden Bürgerkrieg setzte er sich gegen Florianus durch und wurde, vermutlich als letzter Kaiser überhaupt, formell durch den römischen Senat anerkannt. Sogleich musste Probus nach Gallien eilen, das von eingefallenen Alamannen und Franken heimgesucht wurde. Kämpfe mit Barbarenstämmen wurden auch von der Donau und aus Afrika gemeldet. Probus führte persönlich das Kommando im Illyricum (278) und in Kleinasien gegen die Isaurier (279). Ab demselben Jahr firmierte Probus in Urkunden als *Persicus* bzw. *Parthicus maximus*. Er scheint also auch erfolgreich gegen die Perser Krieg geführt zu haben, deren Reich sich bereits in den späten Jahren Schapurs und vor allem nach dessen Tod Anfang der 270er Jahre in einer schweren Krise befand.[31]

Diese Krise suchte Probus' Nachfolger für sich zu nutzen, der Prätorianerpräfekt Carus, der sich im Sommer 282 durchgesetzt hatte, nachdem ein zur Unterdrückung seiner Usurpation ausgesandtes Heer zu ihm übergelaufen war. Carus errang Anfang 283 einen Sieg über die Jazygen an der Donau und brach dann mit seinem jüngeren Sohn Numerianus in den Osten auf, wo beide im Frühjahr in Antiocheia Quartier bezogen und dann, dem Euphrat folgend, auf Ktesiphon vorrückten. Sie eroberten die Stadt im Windschatten des Bürgerkrieges, den der persische König Bahram II. im Osten gegen seinen Bruder Hormizd zu führen gezwungen war. Beim Versuch, auch noch das übrige Babylonien zu unterwerfen, kam Carus Ende Juli 283 am Tigris ums Leben. Im Westen war bereits im Frühjahr Carus' älterer Sohn Carinus zum Augustus ernannt worden; im Osten übernahm den Oberbefehl Numerian, den das noch in Mesopotamien stehende Heer unverzüglich dazu zwang, den Rückzug auf römisches Gebiet einzuleiten. Am 18. März 284 erreichte die Armee unter Numerians Führung Emesa. Nach Aufenthalten in Apameia und Antiocheia zog man durch Kleinasien, wo Numerian am 20. November tot in seiner Sänfte aufgefunden wurde.[32]

IX Die Tetrarchie

In Nikomedeia beriet nach Numerians Tod die Heeresführung, was zu tun sei. Man beschloss, Carinus, dem im Westen amtierenden Bruder des verblichenen Kaisers, die Gefolgschaft aufzukündigen und einen neuen Kaiser zu bestimmen. Die Wahl fiel auf Gaius Valerius Diocles, den 244 in Illyrien geborenen Befehlshaber der *protectores domestici*, jener Eliteformation also, die seit Gallienus als Kern der kaiserlichen Leibgarde diente. Diocles, der als Kaiser den Namen Marcus Aurelius Diocletianus annahm, stammte aus kleinen Verhältnissen und hatte im rapide sich wandelnden Heer Karriere gemacht. Kaum zum Kaiser ausgerufen, bezichtigte er den Prätorianerpräfekten Aper, der zugleich der Schwiegervater des toten Kaisers gewesen war, des Mordes an Numerian. Aper, ein potentieller Rivale um die Macht, wurde unverzüglich getötet. Dann wandte sich Diokletian gegen Carinus, der ihn im Juli 285 am Fluss Margus (Morava) in Moesien mit überlegenen Kräften stellte und in der Schlacht siegte, aber anschließend von seinen eigenen Soldaten ermordet wurde.

1 Eine neue Ordnung

Was aussah, als sei es lediglich eine weitere Usurpation in einer langen Reihe blutiger Umstürze, markiert tatsächlich den endgültigen Abschied vom Prinzipat augusteischer Prägung. Zwar gilt Diokletian heute nicht mehr als der Herrscher, der im Alleingang mit einer furiosen

1 Eine neue Ordnung

Reformagenda alles Alte umstürzte und Neues an seine Stelle setzte. Dennoch beschritt der Mann, der Rom und seinem Imperium über zwanzig Jahre lang den Stempel aufdrückte, in vielem neue Wege. Er stieß selbst Reformen an, die seine Nachfolger fortsetzten, und setzte Reformen fort, die seine Vorgänger angestoßen hatten. Für Mommsen begründete Diokletians Herrschaft ein neues politisches System, das er in Abgrenzung zum Konsensmodell des Prinzipats als »Dominat« bezeichnete. Der Historiker Hermann Aubin prägte den Begriff des spätantiken »Zwangsstaates«, den später Alfred Heuß popularisierte.[1]

In den Jahrzehnten ab 284 wandelten sich das Militär und die Erhebung von Steuern; die Verwaltungsgliederung des Reiches nahm völlig neue Konturen an und die Führungsspitze des Imperiums tat einen weiteren Schritt in Richtung Professionalisierung; die Währung wurde vom Silber- auf den Goldstandard umgestellt; die Art und Weise, wie die Herrscher ihren Untertanen begegneten, änderte sich von Grund auf; neue Residenzen wurden aus dem Boden gestampft, während Rom und Italien ihre angestammte Sonderrolle samt Privilegien einbüßten; die kaiserliche Gesetzgebung erkannte überall Regelungsbedarf und griff immer tiefer in den Alltag der Reichsbewohner ein; die Religion erhielt einen neuen Stellenwert und wurde, mehr als je zuvor, zu einer Angelegenheit, um die sich die Kaiser kümmerten. Vor allem wurde die Mehrkaiserherrschaft erstmals institutionalisiert. Das von Diokletian in mehreren Anläufen etablierte Vierkaiserkollegium – die Tetrarchie – konzipierte den Prinzipat von Grund auf neu und hätte, wäre es von Dauer gewesen, jegliche Restbestände eines dynastischen Herrschaftsverständnisses beseitigt.[2]

Am 20. November 284 war Diokletian in Nikomedeia zum Kaiser ausgerufen worden. Rund ein Jahr später erhob er seinen wenige Jahre jüngeren Offizierskameraden Valerius Maximianus zum Caesar, nur ein paar Monate darauf, wohl im Frühjahr 286, zum formal gleichberechtigten Augustus. Maximian stammte wie Diokletian vom Balkan und hatte sich aus kleinen Verhältnissen im Militär emporgedient. Beide hatten gemeinsam etliche Stationen ihrer Karriere absolviert. So war Maximian vermutlich auch Teilnehmer an Carus' Perserfeldzug und an der Ausrufung Diokletians beteiligt gewesen. Die Ernennung Maximians erst zum Caesar, dann zum Augustus war ein geschickter

179

Schachzug: Erstens holte sich Diokletian nach der Beseitigung des Carinus kompetente Verstärkung; Maximians militärische Expertise war über jeden Zweifel erhaben, und militärischen Sachverstand benötigte das Reich nach wie vor dringender als alles andere, auch wenn die Bedrohung in West wie Ost an Intensität nachgelassen hatte. Zweitens nahm der ab 286 als *senior Augustus* firmierende Diokletian, der keinen Sohn hatte, so einen potentiell gefährlichen Rivalen aus dem Rennen um die Kaiserwürde. Maximian war ihm als loyaler Mitkaiser allemal nützlicher denn als Usurpator, der er leicht hätte werden können.

Maximian trug bereits als Caesar von Mailand aus die Verantwortung für den Westen, Diokletian bezog seine Residenz in Nikomedeia und war Augustus des Ostens. Im Frühjahr 293 wurde die Doppelspitze zur Tetrarchie ausgebaut, indem jeder der beiden Augusti in seinem Reichsteil einen Caesar ernannte, der zugleich nachgeordneter Kollege und designierter Nachfolger war: Maximian erhob, vermutlich in Mailand, Constantius, Diokletian, wahrscheinlich in Sirmium, Galerius zum Caesar. Wie die Augusti stammten auch diese beiden um 250 geborenen Männer aus den Balkanprovinzen, und auch sie verdankten ihren sozialen Aufstieg vermutlich dem Militär. Constantius, der vor Galerius berufen worden war und den Vorrang vor diesem genoss, widmete sich der Bekämpfung des Carausius, der noch immer Britannien kontrollierte. Galerius wurde erst mit der Aufgabe betraut, Rebellionen in Ägypten zu ersticken; dann führte er das Kommando gegen den Perserkönig Narseh, der Rom 295 oder 296 den Krieg erklärt hatte.

Jeder der vier Kaiser führte einen eigenen Hof und hatte einen geographisch klar umrissenen Zuständigkeitsbereich. Außerdem verknüpfte jeder der beiden Augusti sein persönliches Schicksal mit einem göttlichen Wesen: Diokletian mit dem Göttervater Iuppiter, Maximian mit dem Helden Hercules; sie nannten sich folglich Iovius bzw. Herculius. Die Kaiser waren derart auf den Kriegsschauplätzen am Rand der römischen Welt – Diokletian und Galerius im Osten, Maximian an der Donau und in Afrika, Constantius in Britannien und am Rhein – gefordert, dass sie sich kaum je in ihren Residenzen aufhielten und auch nur äußerst selten einander begegneten: Diokletian und Maximian trafen sich im Winter 290/91 in Mailand zusammen, wo beide Kaiser den *ad-*

ventus abhielten: ihren feierlichen Einzug in eine Stadt des Imperiums. Das Spektakel beschreibt in eindringlichen Worten der Verfasser eines aus Anlass seines Geburtstages 291 an Maximian gerichteten Panegyrikus:[3]

»Was war nun das, ihr guten Götter! Was für ein Schauspiel bot da eure brüderliche Liebe, als ihr im Palast von Mailand den Menschen, denen es gestattet war und die vor eurem heiligen Antlitz die *adoratio* vollziehen wollten, beide erschienen seid und den Brauch, einem einzigen Wesen seine Verehrung zu bezeugen, unerwartet durcheinander brachtet durch die Doppelgegenwart eurer göttlichen Hoheit! Niemand befolgte den Ablauf des Zeremoniells nach gewohntem Protokoll, wie es dem Rang eurer göttlichen Hoheiten entspricht; alle hielten in der Dauer ihrer Anbetung inne und verharrten lange, da die Pflicht dankbarer Liebe nun verdoppelt war. Und dabei hatte dieser Akt der Verehrung, der gleichsam im Innern eines Heiligtums verborgen stattfand, doch nur die Herzen derer in Staunen erstarren lassen, denen der Rang ihrer Würdenstellung Zugang zu euch gewährte. Als ihr aber die Schwelle überschritten und eure Fahrt durch das Zentrum der Stadt gemeinsam durchgeführt habt, da haben sich beinahe die Häuser selbst, wie ich höre, in Bewegung gesetzt, und alle Männer, Frauen, kleinen Kinder und Greise liefen durch die Türen ins Feie oder beugten sich oben aus den Fenstern der Gebäude herab.«

Der Text macht uns zu Zeugen eines Rituals, an dem sich die fortgeschrittene Sakralisierung des Kaisertums ablesen lässt. Die Personen der Kaiser befinden sich, wenn sie schon keine Götter sind, doch in einer Sphäre der Göttlichkeit; sie sind Objekte der Anbetung, ihre Residenzen haben die Qualität von »Heiligtümern«, der Zugang zu ihnen ist streng und nach gesellschaftlichem Rang reglementiert. Das Hofzeremoniell folgt strenger Choreographie, nichts ist dem Zufall überlassen. Der Unterschied zur Inszenierung des frühen Prinzipats unter Augustus könnte augenfälliger nicht sein: Der erste Kaiser hatte sich stets leutselig gegeben und die Angehörigen der senatorischen Elite als prinzipiell Gleichrangige behandelt. Es gab nun auch der Idee nach, nicht mehr bloß faktisch, nur noch Untertanen, die sich vor den Herrschern in den Staub zu werfen hatten, in einem Akt, der Proskynese hieß und mit dem sich einst die persischen Großkönige huldigen ließen. Im späten Rom hieß das Ritual *adoratio*; es wird hier, dem Panegyrikus zufolge, von den geladenen Gästen im Palast von Mailand vollführt. Der Kaiser trug eine golddurchwirkte, purpurne Chlamys und edelsteinbesetzte Schuhe aus purpurnem Leder. Er nahm erhöht unter einem Baldachin Platz, durch Vorhänge den Normalsterblichen verborgen.[4]

Die Entrückung der Tetrarchen fand ihre steinerne Monumentalisierung in den Residenzen, die überall im Reich in die Höhe wuchsen: in Mailand und Trier, in Nikomedeia, Sirmium und Felix Romuliana (Gamzigrad). Der Palast des Galerius in dem nach der Kaisermutter benannten Romuliana ist, von Diokletians Altersresidenz in Spalatum (Split) einmal abgesehen, die am besten erhaltene dieser Anlagen. Sie ist von zwei massiven Befestigungsmauern eingefasst, deren innere allein 180 x 213 Meter misst. Die Palastanlage selbst bestand aus zwei um mehrere Peristyle herum gruppierten Baukörpern, von denen einer als privater, der andere als öffentlicher Bereich angesehen wird. Beide Gebäude waren reich mit Bodenmosaiken geschmückt. Kern des repräsentativen Nordtrakts war eine Aula mit Apsis, wo der Kaiser Audienz hielt. Dieser Raum mit einer Dionysos-Darstellung im Bodenmosaik ähnelt der viel größeren Trierer Palastaula, die Konstantin der Große dort ab 305 errichten ließ. Im Süden der Residenz befand sich ein größerer Podiumtempel. Hier gefundene Statuenfragmente lassen den Schluss zu, dass der Tempel Iuppiter und Hercules geweiht war, den Schutzgöttern der Tetrarchie. Schließlich barg der Komplex noch ein Mausoleum, in dem die Kaisermutter Romula und Galerius selbst bestattet waren.[5]

Die Residenzen waren Symbole herrscherlicher Souveränität. Hier hielten die Kaiser Hof, wenn sie nicht an der Spitze ihrer Heere Krieg führten. Wer einen dieser weitläufigen Paläste betrat, konnte leicht vergessen, dass das Imperium trotz allem nach wie vor nur als Einheit funktionierte. Sämtliche Gesetze galten nicht nur in einem Teil des Imperiums, sondern reichsweit. Nach wie vor gab es ein Recht, eine Währung – und einen Kaiser, der die anderen an Autorität überragte. Galerius mochte seinem Gefolge wie ein Gott erscheinen. Dass er ihm an Rang nicht ebenbürtig war, zeigte Diokletian seinem Caesar, nachdem der im Krieg gegen Narseh 297 eine demütigende Niederlage in Mesopotamien erlitten hatte. Eine ganze Meile ließ der Augustus seinen Stellvertreter zu Fuß im vollen Purpurornat vor seinem Wagen hermarschieren, bevor er ihn von der Schmach erlöste.[6]

Diokletian gebührte als *senior Augustus* unbestritten der erste Platz unter den Tetrarchen, auch wenn ihm wenigstens Maximian an formeller Entscheidungsbefugnis gleichgestellt war. Stets führte Diokletian einen Konsulat mehr als sein Kollege, immer blieb in offiziellen Verlautbarungen die Rangfolge gewahrt: Diokletian, Maximian, Constantius, Galerius. Meist hingegen demonstrierten alle vier Kaiser eine durch nichts zu erschütternde Eintracht, in der es kein Ranggefälle gab. Sinnfälligen Ausdruck verleiht der tetrarchischen Harmonie die Porphyrgruppe vom Markusdom in Venedig: In inniger Umarmung umschlungen, verkündet sie die Botschaft, dass die Geißeln des Zeitalters, politischer Hader und Bürgerkrieg, gebannt sind.[7]

Abb. 9.1: Tetrarchengruppe, 293–305 n. Chr. Porphyr. Venedig, San Marco.

Auch andere Übel aus der Welt zu schaffen, waren die Tetrarchen entschlossen. Eines ihrer ehrgeizigen Projekte war die Bekämpfung des Preisauftriebs, den der Glaubwürdigkeitsverlust der Silberwährung ab Aurelian nach sich gezogen hatte. 301 erließen die Kaiser ein Edikt, das Höchstpreise für rund 1 000 Waren und Dienstleistungen festsetzte, deren Überschreitung unter drakonische Strafen gestellt wurde.

Nicht Inflation und Geldentwertung machen sie darin als Ursachen der Missstände aus, sondern die Gier derjenigen, die etwas zu verkaufen haben: »Es wütet und brennt die Gier, die kein Ende kennt«, heißt es in der Präambel. Dringend müsse deshalb der Gesetzgeber handeln: »So soll durch unsere heilsame Weitsicht die Gerechtigkeit, auf welche die Menschheit lange gehofft hat, die sie sich aber selbst nicht verschaffen konnte, ein Gleichgewicht herstellen, von dem alle profitieren.«[8]

Selbstverständlich verschärfte der staatliche Regulierungswahn das Problem nur, statt es zu lösen. Wer Waren anzubieten hatte, tat das jetzt unter dem Ladentisch. Das Angebot verknappte sich, während ein blühender Schwarzmarkt zahlungskräftige Kunden mit allem versorgte, was das Herz begehrte. Ein Glücksfall ist das Edikt von 301 allein für die Forschung, die ihm entnehmen kann, in welcher Relation die Preise einer großen Palette von Waren und Dienstleistungen zueinander standen. Für die Zeitgenossen fällt der christliche Apologet Laktanz ein vernichtendes Urteil: »Aus Furcht brachte man nichts Verkäufliches mehr auf den Markt, und die Teuerung nahm in weit schlimmerem Grade zu, bis die Notwendigkeit selbst das Gesetz nach dem Untergange Vieler außer Gebrauch setzte.«[9]

Ohnehin findet Laktanz für die Tetrarchen Galerius und vor allem Diokletian kaum schmeichelhafte Worte, weil sie 303 die bis dahin schwerste Christenverfolgung im römischen Imperium ins Werk setzten. Verfolgungen waren die Anhänger der wachsenden, aber stets in einer rechtlichen Grauzone operierenden Religionsgemeinschaften schon vorher ausgesetzt gewesen: vor allem unter Decius und Valerian. Decius hatte Anfang 250 ein allgemeines Opferedikt erlassen, dem viele Christen zu folgen sich weigerten, weshalb sie das Martyrium erlitten. Valerian hatte mit seinem Verfolgungserlass von 257 vor allem auf Organisationsstruktur, Besitz und Führungspersonal der Kirche gezielt. Die Tetrarchen, die das Christentum wohl als Gefahr für ihre politische Theologie ansahen, gingen 303 noch systematischer vor: Sie verboten Gottesdienste, ließen christliche Literatur verbrennen, entfernten Christen aus dem Staatsdienst, ließen Bischöfe und Gemeindevorsteher verhaften und befahlen ein allgemeines Opfer für die Kaiser, auf dessen Verweigerung die Todesstrafe stand. Während freilich

Diokletian und Galerius im Osten das Edikt rigide in die Tat umsetzten, widmeten sich die Westkaiser nur halbherzig der Verfolgung.[10]

Vermutlich fiel der Beschluss zur Christenverfolgung auf der Zusammenkunft der Augusti im November 303 in Rom. Die Feierlichkeiten markierten den Beginn der Vizennalienfeiern Diokletians und Maximians, die auch gemeinsam den Konsulat bekleideten und einen Triumphzug abhielten. Vermutlich war in Diokletian zu diesem Zeitpunkt längst der Entschluss gereift, das Kaisertum gemeinsam mit Maximian niederzulegen, um Platz für die beiden Caesares zu machen, die füglich zu Augusti aufrücken und ihrerseits zwei neue Caesares erennten sollten. Als Datum für den Rücktritt war der 1. Mai 305 festgelegt worden. An diesem Tag geschah etwas noch nie Dagewesenes: Zwei Kaiser entsagten aus freien Stücken dem herrscherlichen Purpur und zogen sich in luxuriöse Alterssitze zurück, Diokletian in die prachtvolle Residenz im dalmatischen Spalatum, die noch heute die Altstadt des modernen Split in ihren Mauern birgt. Constantius und Galerius nahmen ihren Platz ein und Severus und Maximinus Daia rückten als frisch ernannte Caesares in das Tetrarchengremium auf.

2 Das Scheitern der Tetrarchie

Das Stück, das die sechs Kaiser am 1. Mai 305 aufführten, wirkt wie die Vollendung des stoischen Traums von der Philosophenherrschaft. Zwei Männer dankten ab, weil sie die Bürde lange genug getragen hatten, und vier Männer stiegen auf. Nicht weil sie mit ihren Vorgängern verwandt waren oder sie blutig gestürzt hatten, sondern allein aufgrund ihrer Eignung für das hohe Amt. Das in Rom ohnehin nur schwach verwurzelte dynastische Prinzip wurde durch eine Mechanik ersetzt, die purer politischer Ratio verpflichtet war. Diese Mechanik trug mit ihrer Kollegialität den Erfordernissen eines großen Reiches in stürmischer See Rechnung; sie war in ihrer Konzeption zugleich urrömisch, mit der ihr innewohnenden zeitlichen, räumlichen und sachlichen Begrenzung individueller Machtfülle. Vor allem ergänzte sie das politische System der Kaiserzeit um eine Komponente, die ihr bis dahin stets gefehlt hatte: eine verbindliche, die Herrscher – und nur sie – legitimierende Nachfolgeregelung. Im Jahr 315, soviel war klar, würden Severus und Maximinus Daia den Augusti Constantius und Galerius nachfolgen; sie würden dann ihrerseits neue Caesares ernennen.[11]

Daran, dass eine solche Ordnung Diokletian als Ziel vorschwebte, kann kaum ein Zweifel bestehen. Die Frage ist, ob sich ihre Umrisse erst allmählich ergaben oder ob er sie als Blaupause bereits in einem frühen Stadium seiner Herrschaft entwickelt hatte. In jedem Fall war ihr Erfolg von einer Reihe von Voraussetzungen abhängig. Die erste und wichtigste Voraussetzung bestand darin, dass jemand mit hinreichend Autorität bereitstand, um sie gegen ihre Gegner durchzusetzen. Potentielle Gegner waren alle, die bei der Nachfolge übergangen wurden, obwohl sie sich selbst dazu ausersehen fühlten. Die zweite Bedingung für das reibungslose Funktionieren des tetrarchischen Systems war, dass seine Vertreter lange genug lebten, um die Nachfolge einleiten zu können.

Beide Voraussetzungen waren schon nach kurzer Zeit nicht mehr gegeben. Von den neuen Herrschern der sogenannten zweiten Tetrarchie besaß keiner die überragende Autorität eines Diokletian. Der überlebensgroße ex-Kaiser warf von seiner Residenz in Spalatum einen langen Schatten auf die Nachfolger, von denen keiner seine Statur besaß. Wäre das der Fall gewesen, dann hätte sich vermutlich der Zerfall der Tetrarchie aufhalten lassen. Nach nur gut einem Jahr im Amt starb Constantius I. im britannischen Eboracum (York), wo er Krieg gegen die Pikten und Skoten im heutigen Schottland geführt hatte. Constantius hatte einen ungefähr 30-jährigen Sohn, Constantinus, der ihn auf dem Feldzug begleitet hatte. Kaum war die Nachricht vom Tod des Augustus im Lager bekannt geworden, rief das Heer Konstantin zum Augustus aus. Nach den Regeln des tetrarchischen Systems hätte es an dem jetzt automatisch zum Augustus des Westens avancierten Severus gelegen, einen neuen Caesar zu ernennen. In der Usurpation artikulierten sich das vor allem im Heer noch stark verwurzelte Bedürfnis nach dynastischer Kontinuität, die Weigerung Konstantins, die tetrarchischen Spielregeln anzuerkennen und die Unfähigkeit des nunmehrigen *senior Augustus* Galerius, sie durchzusetzen, wenn nötig, mit Gewalt. Anstatt Konstantin zum Reichsfeind zu erklären, erkannte er ihn als Kaiser an, wenngleich nicht im Rang eines Augustus, sondern lediglich eines Severus unterstellten Caesar. Mit der fragilen Konstruktion einer dritten Tetrarchie untergrub Galerius nicht nur seine eigene Autorität, sondern auch die des Severus. Prompt erschütterte eine weitere Usurpation den Westen: Im Oktober 306 riefen Soldaten in Rom den Sohn Maximians, Maxentius, zum Kaiser aus. Hintergrund dieser Aktion war der in der alten Hauptstadt grassierende Unmut über die Politik der Tetrarchen: Die nämlich hatten vor, die verbliebenen Steuerprivilegien Roms zu beseitigen und das letzte Häuflein der Prätorianer vom Tiber abzuziehen. Deshalb konnte Maxentius auf die Unterstützung nicht nur der Prätorianer, sondern auch der Senatoren und breiter Bevölkerungskreise zählen.[12]

Indes: Was Galerius Konstantin im Sommer gewährt hatte, verweigerte er jetzt Maxentius. Der Usurpator fand Anerkennung auf dem italienischen Stiefel, auf Sizilien, Sardinien und Korsika sowie in Nordafrika. In Mailand hielt sich Severus und bereitete die Invasion der Apenninhalbinsel vor. Um das Chaos perfekt zu machen, reklamierte jetzt auch Maximian abermals seinen alten Augustus-Rang und stellte sich hinter seinen Sohn. Die Truppen des Severus liefen in Scharen zu ihrem alten Oberbefehlshaber über, und Severus war gezwungen, in Ravenna vor der Übermacht zu kapitulieren. Der Augustus des Westens ging in Gefangenschaft und wurde 307 ermordet, nachdem Galerius mit einem Heer in Italien gelandet war. Auch dieser Versuch, Maxentius zu stürzen, misslang: Abermals bewog Maxentius die Soldaten der Invasionsarmee, von ihrem Heerführer abzufallen.

Maximian und Maxentius hatten sich als feste Größen im Spiel um die Macht etabliert. Maximian reiste 307 nach Gallien, um eine Einigung mit Konstantin herbeizuführen, der die Ehe mit Fausta schloss, Maximians Tochter und Maxentius' Schwester. Vollends verworren wurde die Lage, als zwischen Maxentius und dem nach Italien zurückgekehrten Maximian ein Streit ausbrach; Maximian, der zuvor von seinem Sohn den Rücktritt verlangt hatte, flüchtete zu Konstantin. Um das Reich wieder ins Lot zu bringen, kehrte Diokletian auf die politische Bühne zurück: Der *Augustus emeritus* übernahm den Konsulat

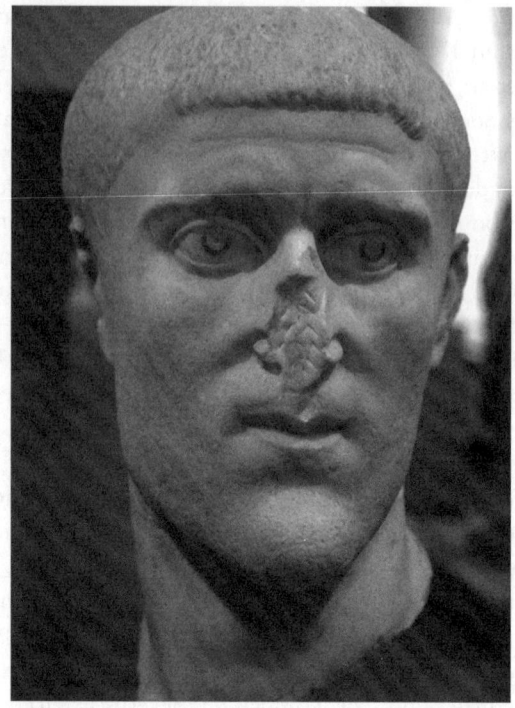

Abb. 9.2: Porträtkopf des Constantius I., ca. 300 n. Chr. Marmor. Berlin, Antikensammlung.

des Jahres 308 und berief für den 11. November eine Konferenz ins pannonische Carnuntum ein, an der außer Diokletian auch Maximian und Galerius teilnahmen. Als Kompromiss hob die Zusammenkunft die vierte Tetrarchie aus der Taufe: Galerius blieb Augustus des Ostens, Maximinus Daia sein Caesar; als neuer Augustus des Westens trat Licinius die Nachfolge des getöteten Severus an; und Konstantin blieb der Caesar des Westens.

Maximian und Maxentius wurden im Arrangement von Carnuntum übergangen. Maximian, der sich nicht fügen mochte, ließ sich 310 in Arelate abermals zum Augustus ausrufen. Konstantin belagerte den alten Kampfgenossen Diokletians daraufhin in Massilia (Marseille). Dort wurde er in aussichtsloser Lage ein Opfer seiner eigenen Soldaten. Konstantin konnte jetzt seine Basis in den gallischen Provinzen konsolidieren und es zugleich riskieren, den ideellen Boden der Tetrarchie zu verlassen: Er kündigte seine Zugehörigkeit zum herkulischen Zweig der von Diokletian begründeten Ordnung und behauptete, er stamme von Claudius Gothicus ab. Zugleich propagierte er in seinem Reichsteil den Kult des Sonnengottes Sol Invictus.

Nach seinem Sieg über Maxentius kehrte er in seine Residenz Trier zurück, um den Kampf gegen den letzten im Westen verbliebenen Rivalen, Maxentius, vorzubereiten. Unterwegs machte er mitten in den Vogesen im Heiligtum des lokalen Gottes Grannus Station, den die Römer mit ihrem Apollo identifizierten und der wie Sol Invictus solare Aspekte besaß. Dort soll ihm eine Vision erschienen sein, die von den Zeitgenossen als den Sieg verkündende Erscheinung des Sonnengottes gedeutet wurde. Vermutlich in Trier wandte sich Konstantin dann aber einer anderen Religion zu: dem Christentum. Wie intensiv und vor allem exklusiv seine Bindung an die neue Religion war, ist in der Forschung bis heute umstritten. Den entscheidenden Schritt zur Legalisierung des Christentums ging ohnehin nicht Konstantin, sondern der Augustus des Ostens, Galerius, der 311, von einer schweren Krebserkrankung gezeichnet, den Christen die Ausübung ihres Kultes und die Wiederherstellung ihrer Kirchen erlaubte. Das Edikt fand im gesamten Reich Anwendung und wurde 313 durch die Mailänder Vereinbarung zwischen Konstantin, der inzwischen Kaiser des Westens war, und seinem für den Osten zuständigen Kollegen Licinius bestätigt.[13]

Zu diesem Zeitpunkt hatte das Christentum bereits die Deutungshoheit über die entscheidende Auseinandersetzung gewonnen, die am 28. Oktober 312 Konstantins einzigen verbliebenen Rivalen im Westen, Maxentius, aus dem Spiel nahm. An der Milvischen Brücke nördlich von Rom hatten Konstantins Legionäre den entscheidenden Sieg über die Truppen des Maxentius errungen. Angeblich, so will es die christliche Überlieferung, waren Konstantins Soldaten unter dem Zeichen des Kreuzes in die Schlacht gezogen. So wurde der Showdown zwischen zwei Usurpatoren zu einer Episode der Heilsgeschichte, in deren weiterem Verlauf das Imperium, das Aeneas, Romulus und Augustus begründet hatte, zu einem christlichen Reich werden sollte.

X   Epilog

Wenige Jahre, nachdem mit dem Halbwüchsigen Romulus, genannt Augustulus, 476 der letzte Kaiser des Weströmischen Reiches in den unfreiwilligen Vorruhestand verabschiedet worden war, diktierte im südgallischen Clermont ein Mann die folgenden Zeilen an seinen Freund, den Lehrer Iohannes:[1]

»Sidonius sendet dem Iohannes seinen Gruß. Ich sollte mich so etwas wie eines Verbrechens gegen die Gelehrsamkeit schuldig sprechen, Kundigster, zögerte ich nur einen Moment, Dir zu gratulieren, weil Du die Literatur vor ihrem Ende bewahrt hast. Fast möchte man von ihr als schon begraben sprechen. Du aber sollst gepriesen sein als ihr Wiedererwecker, Beschützer und Befreier, und inmitten dieses Kriegssturmes bist Du, während die Waffen Schiffbruch erlitten haben, der einzige Lehrmeister in Gallien, der die lateinische Sprache sicher in den Hafen gesteuert hat.

Unsere Zeitgenossen und ihre Nachfahren schulden Dir alle, mit Feuereifer zu beten, und Dir, als einem neuen Demosthenes oder Tullius, Bilder und Statuen aufzustellen. Weil sie durch Dein Beispiel erzogen und gebildet wurden, werden sie diese Standarten eines uralten Erbes inmitten eines unbesiegbaren, jedoch fremden Volkes hochhalten. Da die alten Rangabzeichen, durch die einstmals der Höchste vom Letzten unterschieden wurde, abgeschafft wurden, muss in Zukunft die Gelehrsamkeit das Zeichen des Adels sein.

Niemand steht tiefer in der Schuld Deiner Bildung als ich; denn wie alle bekunden, die für die Nachwelt schreiben, verdanke ich Deiner Schule und Deinen Lehren die Gewissheit einer verständigen Leserschar. Leb wohl.«

Sidonius, der Bischof von Clermont und ehemalige Stadtpräfekt Roms, schreibt dies, während Kriege seine gallische Heimat verheeren, die längst zur Beute der Goten geworden ist. Das Imperium, zu dessen senatorischer Elite er gehört hat, ist erloschen, der Rang, der früher Status und ein Leben in Überfluss garantiert hat, nichts mehr wert. Sidonius steckt vor der Lage nicht den Kopf in den Sand. Er nimmt die neuen Realitäten hin: Die Goten sind »unbesiegbar«, aber sie bleiben »fremd«; die römischen Waffen haben »Schiffbruch erlitten«. Militärisch ist Rom am Ende.

Die Welt der römischen Kaiserzeit ist untergegangen. Einst ist das Imperium eine Wohlstandssphäre gewesen, die vom Atlantik bis zum Tigris gereicht hat. Einst haben Hunderttausende unter den Feldzeichen des Princeps gekämpft. Einst haben Schiffe den Indischen Ozean durchpflügt, beladen mit Luxuswaren aus Indien und China. Einst hat es ein Recht gegeben, das in Britannien wie in Syrien galt, und eine Reichspost, die Depeschen über Straßen transportiert hat, die das Werk römischer Ingenieure, Bauleute und Soldaten waren.

Sidonius ist all das bewusst. Er macht sich keine Illusionen darüber, dass diese Zeiten nie wiederkehren werden. Die Frucht von Jahrhunderten der materiellen und rechtlichen Romanisierung ist verloren. Die Welt ist nicht mehr »allen gemein«, wie Aelius Aristides einst gegenüber den Römern lobend bemerkt hatte, und die Zeiten, da die Oikumene wie »ein einziger Haushalt« gewesen war, sind längst vorbei. Die Welt, die Aristides gekannt hatte, ist entflochten, sie hat sich aufgelöst in neue ethnische Königreiche, ein Rest-Rom im Osten, in für den Eigenbedarf produzierende landwirtschaftliche Betriebe und einige schrumpfende Städte, deren Infrastruktur zerfällt.

Aber Sidonius beweint den Verlust nicht. Er richtet sich auf an dem, was gerettet werden konnte. Denn das symbolische Rom ist noch da, auch in Gallien, der Gotenherrschaft zum Trotz. Jeder Buchstabe, jedes Gedicht, jede Rede, jedes lateinische Wort ist ein Baustein dieses symbolischen Rom, das die Goten nicht zerstören konnten. Dem Bischof sind Bildung und Erziehung Standarten, die einem Heer vorangetragen werden, das nicht Schiffbruch erlitten hat. Und Männer wie Iohannes, der *magister* der lateinischen Literatur, sind die Hoffnung seiner Generation: ein neuer Demosthenes, ein neuer Cicero, dem es zu danken ist, wenn es auch künftig, inmitten von Niedergang und Verfall, noch ein Publikum für klassische Bildung gibt. Das Ende der Literatur, und damit das Ende Roms, war bedrohlich nah. Aber durch den Einsatz des Iohannes konnte es abgewendet werden.

XI Anhang

XI Anhang

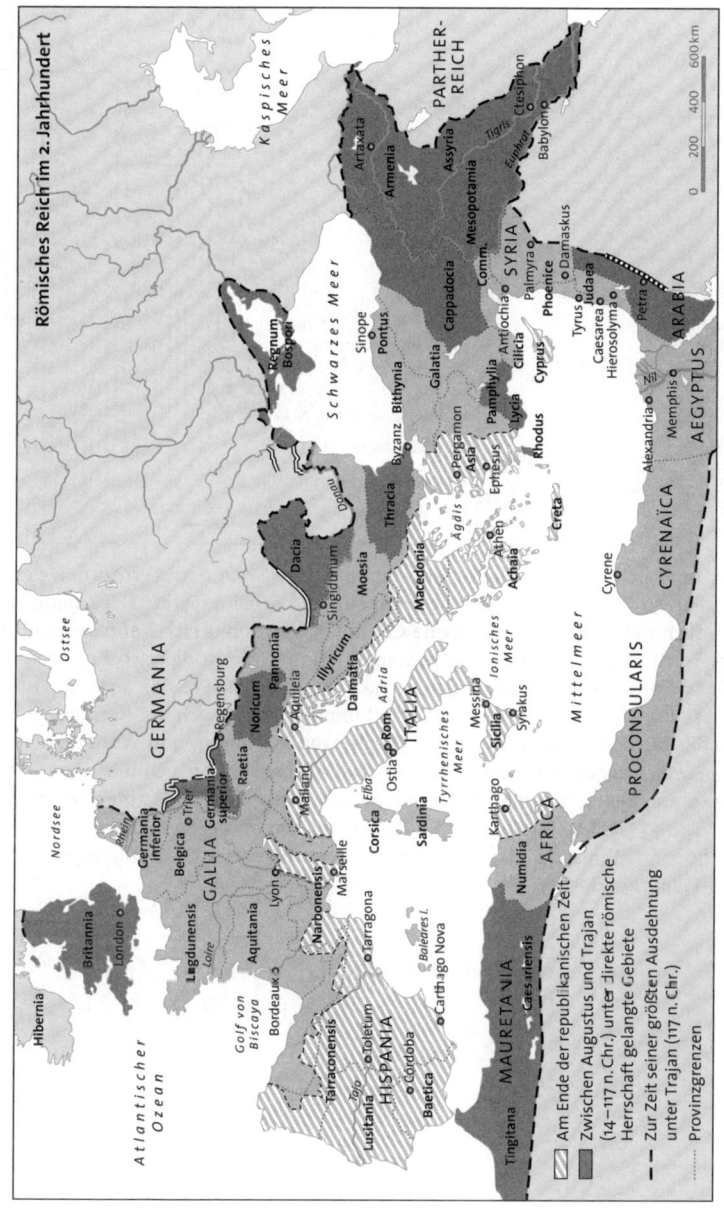

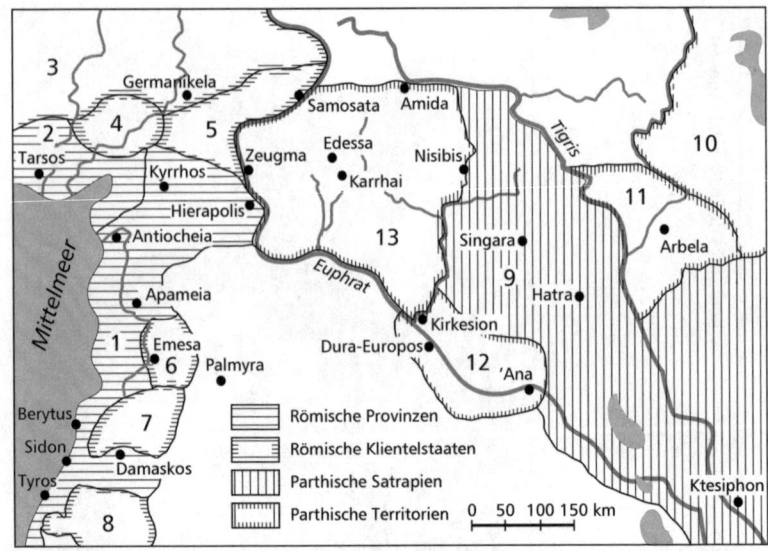

Der parthisch-römische Nahe Osten um 64 v. Chr.: Auf dem Territorium des liquidierten Seleukidenreichs hat Pompeius die Provinz Syria (1) eingerichtet. Nördlich davon liegen die Provinz Cilicia (2), das Königreich Kappadokien (3), das Territorium von Hierapolis Kastabala (4) und das Königreich Kommagene (5). Wie ein Kranz umgeben autonome Territorien die Provinz auch im Osten: Emesa (6), die Tetrarchie der Ituräer (7) und das Königreich der Hasmonäer (8). An die Satrapien des Partherreichs (9) grenzen im Norden und Westen autonome Fürstentümer und regna, deren genaue Ausdehnung sich nur näherungsweise abbilden lässt: Media Atropatene (10), Adiabene am Ostufer des mittleren Tigris (11), Mesopotamien- Parapotamien am mittleren Euphrat (12) sowie Osrhoene (13) mit der Hauptstadt Edessa. Hatra liegt als Siedlung gegen Mitte des 1. Jahrhunderts v. Chr. noch in seinen Anfängen.

Anmerkungen

II Caesar Augustus: Die Wiedergeburt der Republik

1 Plut. Caes. 63,5.
2 Gotter 1996, 21–29; Zecchini 2005.
3 Zu Augustus ist die Literatur nahezu unübersehbar. Aus der Fülle seien herausgegriffen: Bleicken ²1998; Bringmann 2007; Dahlheim 2010; Eck 1998; Kienast 1982; Levi ²1994; Pabst 2014; Schlange-Schöningen 2005; Zanker ²1990.
4 Mon. Anc. 34. Den Begriff führte Theodor Mommsen ein, um das politische System ab Augustus einerseits von der Republik abzusetzen, sie jedoch andererseits in eine republikanische Kontinuität zu stellen. Vgl. Mommsen 1871–1888, Bd. 2, 726–740 (über die »Idee des Principats«).
5 Verg. Aen. 1, 279. Vgl. Mehl 1990; Sommer 2014.
6 Hor. od. 4, 15; Mon. Anc. 29. Für eine Übersicht: Lerouge 2007, 105–110. Die bildlichen Darstellungen einschließlich der Münzprägungen behandelt Landskron 2005, 102–113.
7 Hor. carm. saec. 57. Zu den Tempeltüren: Mon. Ancyr. 13.
8 Syme 2002, 516: »Augustus claimed to have restored Libertas and the Republic, a necessary and salutary fraud: his successors paid for it.« Die heilsgeschichtlichen Erwartungen, die sich an Augustus knüpfen hat vor allem Werner Dahlheim herausgearbeitet: Dahlheim 2010, 190–193; Dahlheim 2013, 229–237.
9 Weber 2002, 717–733.
10 Zur Nachfolgeproblematik insgesamt jetzt Kunst 2014; vgl. Bleicken ²1998, 619–646; Kienast 1982, 114–125.
11 Zu den Motiven hinter der Gesetzgebung Bleicken ²1998, 484–494; Sonnabend 2014, 84–88. Zu sehr auf den angeblich herrschaftsstabilisierenden Effekt der Gesetzte hebt Mette-Dittmann 1991, ab.

III Orbis Romanus: Morphologie eines Weltreichs

1 Tac. ann. 1,2.
2 Mommsen 1871–1888, Bd. 2, 710–715.
3 Béranger 1953; Timpe 1962; Wallace-Hadrill 1982; Wickert 1954. Contra Kontinuität vor allem die angelsächsische Forschung in der Kontinuität von Syme 2002, 325: »It is an entertaining pursuit to speculate upon the subleties of legal theory, or to trace from age to age the transmission of perennial maxims of political wisdom; it is more instructive to discover, in any time and under any system of government, the identity oft he agents and ministers of power.« Vgl. Garnsey/Saller 2014, 7–12. Abwägend über die Aporien des juristischen wie des pragmatischen Ansatzes Winterling 2001.
4 Zum *mos maiorum*: Hölkeskamp 1996; Rosenstein 2007; Walter 2004, 56f.
5 Die Rolle der Ehre beim Streben nach Positionen erörtert Lendon 1997, 176–236.
6 Christ 1995, 88f.; Dahlheim 1989, 179; De Martino 1951–1991, 129–148. Zur Investitur durch Heer, Senat und Komitien Jaques/Scheid 2008, 25–30. Zur *lex de imperio*, dem sogenannten »Bestallungsgesetz« Vespasians: Brunt 1977; Capogrossi Colognesi/Tassi Scandone 2009; Pabst 1989.
7 Weber 2002, 717–733.
8 Sommer 2011.
9 Zum Kaiserkult: Gradel 2002.
10 Bleicken 1981, Bd. 1, 188–193; Jaques/Scheid 2008, 96–101.
11 Millar 1977, 240–252; Millar 2004a.
12 Zum Folgenden vor allem: Bleicken 1981, Bd. 1, 158–176; Millar 1977, 69–110; Winterling 1997; Winterling 1999, 83–116.
13 Zum Aufstieg ritterständischer Präfekten in den Senatorenstand: Salway 2006. Zu sozialer Mobilität allgemein: Garnsey/Saller 2014, 145f. Zu Pertinax siehe unten, S. 129–131.
14 Zu den *curae*: Bruun 2006.
15 Pflichten eines *praefectus annonae*: Sen. dial. 10,19. Grabinschriften: CIL VI 8475; 8476. Vgl. Rohde/Sommer 2016, 92–94.
16 Zu den Prätorianern und ihren Präfekten: Bédoyère 2017; Daele 2009; Keppie 1996; Lelli 1999; Syme 1939.
17 Ando 2006; Bechert 1999; Eck 2001; Jaques/Scheid 2008, 180–214. Zu den einzelnen Provinzen: Lepelley 2001.
18 Erst ab dem 3. Jahrhundert griffen die Kaiser zur Verwaltung der Provinzen verstärkt auf Angehörige des *ordo equester* zurück. Die Amtsbezeichnung der jetzt nur noch für zivile Angelegenheiten zuständigen Statthalter lautete

jetzt *praeses*, ein Begriff, der sich umgangssprachlich schon ab dem 1. Jahrhundert eingebürgert hatte.
19 Zur Rechtsprechung der Statthalter: Meyer 2006. Zur Rolle der Armee: Palme 2006.
20 Plin. epist. 98,3. Wer römischer Bürger war, wurde nach Rom überstellt (ebd., 4). Urlaub: 10,8f.
21 Grundlegend noch immer: Kolb 1984 und die vorzügliche, sehr suggestive Überblicksdarstellung bei Rostovtzeff 1929, Bd. 1, 112–126. Die Städte im griechischen Osten untersucht Jones 1940.
22 Rostovtzeff 1929, Bd. 1, 116f.
23 Zum Euergetismus: Lomas/Cornell 2003; Veyne 1976. Zum Wirken der Honoratioren: Quass 1982; Quass 1993; Stephan 2002. Zu den diversen Kapitalformen: Bourdieu 2001.
24 Hierzu und zum Folgenden: Vittinghoff 1994, 25–56.
25 AE 1916, 42: *qua ab divo | Claudio civitatem Ro|manam et conubium cum pere|grinis mulieribus.*
26 AE 1962, 142. Vgl. Evrard 1988; Millar 2004b, 210f.; Oliver 1972; Seston/Euzennat 1971
27 Zur Logik imperialer Grenzen: Gehrke 1999; Geiss 1994; Geiss 2007; Münkler 2005.
28 Inwieweit die Klientel das Modell abgab für die Unterordnung der *reges amici*, war lange umstritten. Pro jetzt mit guten Argumenten Wendt 2015. Zum Problem der Klientelherrschaft allgemein: Braund 1984; Burton 2011; Cimma 1976; Coşkun 2005; Schörner 2011.
29 Sommer 2005; Sommer 2010.
30 Zum römischen Militär: Alföldy 1987; Burckhardt 2008; Fischer 2012; James 2013; Le Bohec 1993; Pollard 2006; Speidel 2009; Watson 1981.
31 Jaques/Scheid 2008, 151.
32 Die ägyptischen Legionen wurden von *praefecti legionis* aus dem Ritterstand befehligt, weil Senatoren das Betreten der Provinz untersagt war.
33 Ael. Aristid. or. 26,101f.
34 Als meisterhafte Gesamtdarstellung antiker Entdeckungsfahrten: Schulz 2016.
35 Zum Hellenismus unübertroffen: Droysen 1877–78.
36 Zur römischen Wirtschaft: Drexhage et al. 2002; Garnsey/Saller 2014, 71–127; Kloft 2006; Mattingly 2006; Ruffing 2012, 100–124; Scheidel 2012.
37 Petron. Satry. 76. Vgl. Kloft 1994.
38 Bourdieu 1991.
39 Rohde/Sommer 2016, 85–88. Kran auf dem Kapitol: Suet. Vesp. 18.
40 Hierzu und zum Folgenden: Beard et al. 1998; Cancik 2009; Rüpke 2001; Rüpke 2011a; Rüpke 2011b; Rüpke 2015; Rüpke 2016.
41 Rüpke 2016, 120. Zu Wander- und Heimkehrmythen: Malkin 1998 und die Beiträge in Renger/Toral-Niehoff 2014.
42 Löhr 2015.

43 Haverfield 1923, 22; Mommsen 1902–04, Bd. 5, 62.
44 Millett 1990a. Vgl. auch Millett 1990b.
45 Vgl. Hingley 2005; Hingley 2015; Sommer 2016; Webster 2001.
46 Hor. epist. 2,1,156f.
47 Anderson 1996.

IV   Glanz und Elend: Die julisch-claudische Dynastie

1 Tac. ann. 1,11: *plus in oratione tali dignitatis quam fidei erat*.
2 Zu Tiberius: Levick 1999; Seager 1972; Yavetz 1999.
3 Tac. ann. 1,74.
4 Ebd., 1,6 (Hervorhebung M. S.).
5 Zu Sejan Boddington 1963; Hennig 1975.
6 Dazu die lückenhaft erhaltene Schilderung bei Tac. ann. 5,6–9.
7 Zu den Feldzügen Bleckmann 2009, 126–136; Wolters 2008, 81–85.
8 Tac. ann. 1,3.
9 Suet. Tib. 52,2.
10 Numidien: Tac. ann. 2,52. Angeführt wurden die Rebellionen in Gallien laut Tac. ann. 3,40–46 von dem Haeduer Iulius Sacrovir und dem Treverer Iulius Florus; beide waren, wie ihren Namen zu entnehmen ist, römische Bürger. Vgl. Urban 1999, 39–45. Zum Osten: Millar 1993, 43–56; Sartre 2005, 70–73.
11 Quidde 1894. Zu dem Text Holl et al. 2001. Zu Caligula die Maßstäbe setzende Biographie von Winterling 2003.
12 Suet. Gaius 30, 1.
13 Winterling 2003, 127–135.
14 So angeblich der Prätorianerpräfekt Catonius Iustus, der angesehene Konsular Marcus Vinicius und der immens reiche Decimus Valerius Asiaticus, auch er ein gewesener Konsul. Zu Silanus Suet. Claud. 37,2. Cass. Dio 60,14,1 bemerkt, dass Messalina und Freigelassene wie Narcissus, »sobald sie den Tod eines Mannes erwirken wollten, Claudius in Angst und Schrecken versetzten und folglich tun und lassen konnten, was sie wollten«. Zu Claudius die schon älteren Biographien von Levick 1990; Momigliano 1961 und jetzt Osgood 2011.
15 Tac. ann. 11,38.
16 Ebd., 12,66; Suet. Claud. 44. Vgl. hierzu Eck 2002, 128–133.
17 Die Zulassung von begüterten Provinzialen findet ihren Reflex in der großen Lyoner Inschrift CIL XIII 1668, die eine Senatsrede des Claudius – mit

Zwischenrufen – festhält, in der er emphatisch für die Aufnahme der in Generationen romanisierten lokalen Eliten wirbt. Von derselben Senatsrede berichtet Tac. ann. 11,23f. Ironisch gebrochen ist die liberale Verleihungspraxis beim römischen Bürgerrecht in Sen. apocol. 3.
18 Zu Nero: Champlin 2003; Malitz 1999; Waldherr 2005.
19 Tac. ann. 14,1–8; Suet. Nero 34; Cass. Dio 63,11–14. Zitat: Suet. Nero 37,3. Vgl. Eck 2002, 154f.
20 Tac. ann. 15,44.
21 Tac. hist. 1,4.
22 Suet. Galb. 16.
23 Die Mechanik der römischen Usurpation behandelt am Beispiel des Vierkaiserjahrs und der Krise von 68/69 in einer Maßstäbe setzenden Studie Flaig 1992, der den Prinzipat als auf der »Akzeptanz« dreier relevanter gesellschaftlicher Gruppen – des Militärs, der Senatoren und der stadtrömischen *plebs* – beruhendes System beschreibt. Zur Usurpation auch grundsätzlich Flaig 1997; Szidat 1989.

V Den Prinzipat neu denken: Die Flavier

1 Zum Jüdischen Krieg Bringmann 2005, 238–289; Goodman 2002; Gruen 2002; Maier 1989, 85–94; Millar 1993, 70–79.
2 Zur flavischen Zeit Bengtson 1979; Pfeiffer 2009 und die Beiträge in Boyle/Dominik 2003.
3 Das Templum und die dort ausgestellten Artefakte beschreiben Plin. nat. 34,84 und Ios. Iud. 7,5,7.
4 Vgl. Bravi 2006; Bravi 2010; Bravi 2014, 207–226.
5 Mart. Spect. 2,5f. Zum »ludischen Ritual« Flaig 2000; Flaig 2003, 232–260. Vgl. Wiedemann 2001.
6 Zanker 1990, 104.
7 Vgl. Lahusen 2010, 19; Schollmeyer 2005, 49–53.
8 Eutrop. 7,21.
9 Vgl. Günther 2009, 95.
10 Tac. Agr. 39,1.
11 Zum Limes: Breeze 2011; Elton 1996; Klee 2006, 149–153.
12 Tac. Agr. 38,2.
13 Brodersen 1998, 132–153; Salway 1997, 91–126. Zu Aspekten der Romanisierung in Britannien: Millett 1990a.
14 Suet. Domit. 22.
15 Ebd., 13.

16 Vgl. Zanker 2004, 92–96.
17 Günther 2009, 113; Sommer 2014, 183–188.
18 Cass. Dio 67,15; Suet. Domit. 17.

VI Möge der Beste herrschen: Die Adoptivkaiser

1 Als gründlichste Studie zu Nervas kurzem Prinzipat Grainger 2003. Vgl. Schipp 2011, 19–22.
2 Plin. paneg. 88,5 und 7,6.
3 Plin. paneg. 22. Vgl. Ronning 2007, 69–89; Seelentag 2004, 198–210. Allgemein zu Trajan Bennett 1997; Fell 1992; Nünnerich-Asmus 2002; Seelentag 2004; Strobel 2010.
4 CIL XI 1602. Zu den Alimentarstiftungen: Bourne 1960; Lo Cascio 2000; Rohde/Sommer 2016, 140–143; Woolf 1990.
5 Trajanssäule: Coarelli 2000; Gallinier 1996; Koeppel 2002; Rossi 1971.
6 Arabia: Strobel 2010, 271. Zum Partherkrieg Angeli Bertinelli 1976; Lepper 1948.
7 Zum jüdischen Diasporaaufstand 115–117: Barnes 1989; Pucci 1981. Zu Trajans Belagerung von Hatra: Sommer 2003, 16.
8 H.A. Hadr. 4,10. Zu Hadrian grundlegend: Birley 2003. Vgl. auch Mortensen 2004; Opper 2008.
9 Siehe dazu oben, S. 60–64.
10 CIL VIII 18042.
11 Zitat: Ebd. Vgl. Le Bohec/Berthet 2003; Le Glay 1977; Sartori 2002.
12 Eck 1999; Eck 2007; Eck 2012b; Schäfer 1981.
13 Zum Fernhandel zwischen Reich und Barbaricum: Wolters 1990a; Wolters 1990b; vgl. auch Ruffing 2008b. Die Veränderungen in der germanischen Gesellschaft beschreibt Bleckmann 2009, 158–163.
14 Markomannen und Quaden 118 n. Chr.: Cass. Dio 69,9,6; Roxolanen: CIL V 32f.; Markomannen, Quaden und Jazygen ab 136 n. Chr.: H.A. Ael. 3,2; 3,5f.; Hadr. 23,12; Pius 5,4; Cass. Dio 69,15,2; freie Daker: Ael. Aristid. 26,70; or. Sibyll. 12,180f.; H.A. Pius 5,4.; Polyain. strat. 6, praefat. 277. Vgl. Schmitt 1997, 87.
15 H.A. Marc. 22,1.
16 Vertrag der Germanen mit Bassus: Petr. Patric. frg. 6; vgl. Seeck 1921, Bd. 1, 578; Partherkrieg des L. Verus: Sommer 2017a; Antoninische Pest: Duncan-Jones 1996; Klinkott 2017; Schipp 2011, 64; Situation an der Donaugrenze: Ausbüttel 2010, 36; Riemer 2006, 121f.; Schipp 2011, 65.

17 Zur Biographie: Hekster 2002, 37–39; Schipp 2011, 71f.
18 Inschriftlich ist noch ein dritter Germanenkrieg an der Donau bezeugt, die sogenannte *expeditio Burica* gegen den Stamm der Buren im Raum Dakien, der um 182 stattgefunden haben muss: CIL III 5937. Überstürzter Friedensschluss durch Commodus: Cass. Dio 73,1,2; ähnlich H.A. Marc. 28,2; Herodian. 1,6.
19 H.A. Comm. 19,2; Cass. Dio 73,4,1.
20 Quintianus-Verschwörung: H.A. Comm. 4,3; Herodian. 1,6,6; 73,4,5. Vgl. Hekster 2002.
21 Cass. Dio 73,12,4.
22 Hekster 2002, 164–168.

VII »Bereichert die Soldaten«: Das Imperium der Severer

1 Cass. Dio 74,1,2f.
2 Hierzu und zum Folgenden H.A. Pert. 1–4. Vgl. Lippold 1983.
3 Zur Zeit des Kaisers Septimius Severus waren nur noch vier (10,5 Prozent) der insgesamt 38 dokumentierten Mitglieder des engeren Führungszirkels um den Kaiser aus altem senatorischem Adel, die große Mehrheit von 89,5 Prozent bestand aus sozialen Aufsteigern. Vgl. Okoń 2013, 41
4 Cass. Dio 74,11,3; ähnlich Herodian. 2,6,4–13.
5 Cass. Dio 75,2; Herodian. 3,9. Vgl. Edwell 2008, 26–29; Gradoni 2013, 7–10.
6 Fiktive Adoption durch Marcus: BMC V Nr. 130.
7 Vermutlich nimmt die Inschrift damit Bezug auf die beiden Kampagnen. Zum Severusbogen: Brilliant 1967; Lloyd 2013. Zu Hatra: Cass. Dio 76,10; Herodian. 3,9,3–8. Vgl. Gradoni 2013, 14f.; Sommer 2003f. Zu den Friedensregelungen: Millar 1993, 125f.; Sartre 2005, 136.
8 Cass. Dio 76,15,2.
9 Zur nichtmilitärischen Funktion von Prätorianerpräfekten: Mennen 2011, 169–176. Dort auch wichtige Beobachtungen zum Elitenwandel (passim).
10 TAM V 2,984–987. Vgl. Herrmann 1997; Millar 1999; Sommer 2014, 111–113.
11 Zum Bürgerrecht als Integrations- und Herrschaftsinstrument siehe oben, S. 44–46. Dass Caracallas Motiv vor allem darin bestand, das Aufkommen der nur von römischen Bürgern zu entrichtenden Erbschaftssteuer zu erhöhen, behauptet Cass. Dio 78,9. Zu Alexandreia: Ebd., 22–23.
12 Zu den Vorgängen: Ebd., 79,1; Herodian 4,10,2–4.

13 Cass. Dio 79,4–5.
14 Herodian 5,5–7. Zu Elagabal ist die Bibliographie inzwischen umfangreich: Arrizabalaga y Prado 2010; Frey 1989; Icks 2006; Icks 2008; Icks 2011; Optendrenk 1969; Pietrzykowski 1986; Sommer 2004; Thompson 1979; Turcan 1985. Zu den severischen Frauen: Bleckmann 2002b und jetzt Nadolny 2016.

VIII Haudegen und Krisenmanager: Die Soldatenkaiser

1 Bellezza 1964; Bersanetti 1965; Börm 2008.
2 Die Vorkommnisse in Mainz referiert Herodian. 6,8,6.
3 Zu den Vorgängen in Thysdrus: Ebd., 7,4,2. Vgl. Börm 2008; Dietz 1980.
4 Zwar handelte es sich nicht um eine alle Reichsteile und Sektoren gleichermaßen erfassende »Weltkrise«, wie Alföldi 1967, gemeint hat; wohl aber hatte sich spätestens mit der Usurpation des Maximinus ein Teufelskreis in Bewegung gesetzt, aus dem das Imperium erst rund 50 Jahre später, mit der Etablierung der Tetrarchie durch Diokletian, ausbrechen konnte. Zur Krise des 3. Jahrhunderts: Ando 2012; Bleckmann 1992; Bowman et al. 2005; Christol 1997; Hekster 2008; Johne 2008; Potter 2004; Quet 2006; Sommer 2014; Sommer 2015.
5 Zur Problematik der Usurpation im 3. Jahrhundert: Hartmann 1982. Generell siehe oben, S. 160 f.
6 Hierzu und zum Folgenden: Sommer 2017b, 148–168.
7 Zum Hergang: Zos. hist. 1,23.
8 Den Begriff der Ethnogenese beschreibt in unübertroffener Prägnanz: Wenskus 1961. Zur Ethnogenese der Alamannen: Bleckmann 2002a; Steuer 1998; Steuer 2003; Steuer 2005. Als Überblick: Bleckmann 2009, 178–183; Goltz 2008. Zur Datierung des Limesfalls nördlich der Donau: Fischer 2012, 307.
9 Fischer 2012, 343–346; James 2013, 166–211; Le Bohec 2010, 18–22; Speidel 2008.
10 Zur Schätzung der Heeresstärke: MacMullen 1980. Die Belastung des Haushalts durch die Armee kalkulieren Duncan-Jones 1994, 36 und Jaques/Scheid 2008, 164–166.
11 Jaques/Scheid 2008, 164f.
12 Zur Besteuerung und den diversen Steuern allgemein: König 2009, 206–214; Reformen in Ägypten: Palme 2015; Steuerwesen im 3. Jahrhundert: Corbier 2005, 360–386; Kuhoff 2001, 484–514; Ruffing 2008a, 829–833.

Anmerkungen

13 Corbier 2005, 383f.; Ruffing 2008a, 831f.
14 Corbier 2005, 338–344; Ehling 2008, 849–852.
15 Ehling 2008; Strobel 1993, 257f.
16 Zu den Gegenmaßnahmen der Tetrarchen siehe unten, S. 183f.
17 Zur Verschwörung gegen Aurelian: Zos. hist. 1,62; Zon. 12,27; anders H. A. Aur. 36.
18 Zur charismatischen Komponente des Prinzipats: Sommer 2011, 171–180.
19 Aur. Vict. Caes. 32,3; Eutr. 9,7; Zos. 1,30,1; Oros. 7,22,1. Zur Datierung der Caesar-Erhebung: CIL VIII 10132; der Augustus-Erhebung: CIL VIII 2482. Vgl. Glas 2014, 196–204; Goltz/Hartmann 2008, 227.
20 Zur Erhebung ebd., 199f. Zu den Münzen mit der Legende CONCORDIA AVGG Glas 2014, 259; Göbl 2000, Tab. 25.
21 GALLIENVS CVM EXER(citu) SVO: »Gallienus mit seinem Heer«, vgl. ebd. Andere Münzen huldigen Valerian als PACATORI ORBIS oder feiern ihn als RESTITVT(or) ORIENTIS. Die Hintergründe der Christenverfolgung sind nicht vollständig zu klären. Vermutlich sahen die Kaiser in den Christen aber eine Gefahr für den inneren Zusammenhalt des Reiches und wollten das ihrer Meinung nach gestörte Einvernehmen zwischen Göttern und Menschen wieder herstellen. Sie zielten mit den Gesetzen auf die Organisationsstruktur der Kirche, deren Vermögen eingezogen und deren Kleriker verbannt wurden. Vgl. ebd., 298–305.
22 AE 1993, 1231 b, 7f.: *temque popularibus excussis / multis milibus Italorum captivor(um)*. Zum Siegesaltar: Bakker 1993.
23 ŠKZ 18–22.
24 Siehe dazu unten. S. 190f.
25 H.A. tyr. 15,1. Zu Odainats Karriere: Hartmann 2001, 65–161; Sommer 2008; Sommer 2017b, 154–160.
26 Or. Sib. 13,158–163. Vgl. Potter 1990.
27 Zu den Strukturen: Sommer 2017b, 180–220.
28 Als Beleg für den Königstitel: Gawlikowski 1985, Nr. 10.
29 Zum Folgenden: Drinkwater 1987; Eck 2012a; König 1981; Lafaurié 1975; Luther 2008.
30 Berrens 2004, 200; Sommer 2017b, 179.
31 Kreucher 2003; Kreucher 2008, 395–417.
32 Altmayer 2014.

IX Die Tetrarchie

1 »Dominat«: Mommsen 1992, 429, M.H.III 1 (»Der diocletianisch-constantinische Dominat scheidet sich stärkter vom Principat als dieser sich von der Republik. Der orientalische Monarch bildet für den Dominat das Vorbild«). »Zwangsstaat«: Aubin 1921, 47; Heuß 1986. Von Mommsen bis Heuß sahen sämtliche in liberaler Tradition stehende Historiker in der mit Diokletian beginnenden Spätantike eine Periode des Verfalls, die »uns nicht sympathisch [berührt]« (Mommsen). Vgl. Bleicken 1978; Meier 2003; Rilinger 1985.
2 Corcoran 1996; Corcoran 2006; Kolb 1987; Kuhoff 2001; Lo Cascio 2005; Rees 2004; Seston 1946; Williams 1985.
3 Panegyr. Lat. XI/III (291), 11,1–3 (Übersetzung nach Brigitte Müller-Rettig).
4 Bleicken 1981, 73.
5 Kuhoff 2001, 761–781.
6 Eutrop. 9,24; Oros. 7,25,9; Fest. 25,1. Vgl. Mosig-Walburg 2009, 114.
7 Demütigung des Galerius: Amm. Marc. 14,11,10.
8 Lauffer 1971; Rohde/Sommer 2016, 106–108.
9 Lact. mort. pers. 7,7. Vgl. Rohde/Sommer 2016, 109.
10 Kuhoff 2001, 246–297.
11 Hierzu und zum Folgenden: Kuhoff 2001, 784–934.
12 Zu Maxentius: Leppin/Ziemssen 2007.
13 Zur Deutung Konstantins und seiner Wende zum Christentum: Barnes 2011; Burckhardt 2013; Girardet 2006; Girardet 2010; Piepenbrink 2002; Wallraff 2013. Zur Vision von Grand: Weiß 2003.

X Epilog

1 Sidon. epist. 8,2.

Literatur

Alföldi 1967: Alföldi, Andreas: Studien zur Geschichte der Weltkrise des 3. Jahrhunderts nach Christus, Darmstadt 1967.

Alföldy 1987: Alföldy, Géza: Römische Heeresgeschichte. Beiträge 1962–1985, Amsterdam 1987.

Altmayer 2014: Altmayer, Klaus: Die Herrschaft des Carus, Carinus und Numerianus als Vorläufer der Tetrarchie, Historia. Einzelschriften, Bd. 230, Stuttgart 2014.

Anderson [7]1996: Anderson, Benedict: Imagined communities. Reflections on the origin and spread of nationalism, London [7]1996.

Ando 2006: Ando, Clifford: »The administration of the provinces«, in: David S. Potter (Hg.), A companion to the Roman Empire, Oxford 2006, 177–192.

Ando 2012: Ando, Clifford: Imperial Rome AD 193 to 284. The critical century, The Edinburgh history of ancient Rome, Bd. 6, Edinburgh 2012.

Angeli Bertinelli 1976: Angeli Bertinelli, Maria G.: »I Romani oltre l'Eufrate nel II secolo d. C. (le provincie di Assiria, di Mesopotamia e di Osroene)«, Aufstieg und Niedergang der römischen Welt II 9, 1 (1976), 3–45.

Arrizabalaga y Prado 2010: Arrizabalaga y Prado, Leonardo de: The Emperor Elagabalus. Fact or fiction?, Cambridge 2010.

Aubin 1921: Aubin, Hermann: »Maß und Bedeutung der römisch-germanischen Kulturzusammenhänge im Rheinland«, Berichte der Römisch-Germanischen Kommission 13 (1921), 46–68.

Ausbüttel 2010: Ausbüttel, Frank M.: Die Germanen, Darmstadt 2010.

Bakker 1993: Bakker, Lothar: »Raetien unter Postumus. Das Siegesdenkmal einer Juthungenschlacht im Jahre 260 n. Chr. aus Augsburg«, Germania 71 (1993), 369–386.

Barnes 1989: Barnes, Timothy David: »Trajan and the Jews«, Journal of Jewish Studies 40 (1989), 145–162.

Barnes 2011: Barnes, Timothy David: Constantine. Dynasty, religion and power in the later Roman Empire, Chichester 2011.

Beard et al. 1998: Beard, Mary et al.: Religions of Rome, Bde. 1–2, Cambridge 1998.

Bechert 1999: Bechert, Tilmann: Die Provinzen des römischen Reiches. Einführung und Überblick, Mainz am Rhein 1999.

Bédoyère 2017: Bédoyère, Guy de la: Praetorian. The rise and fall of Rome's imperial bodyguard, Newhaven 2017.

Bellezza 1964: Bellezza, Angela: Massimino il Trace, Genova 1964.

Bengtson 1979: Bengtson, Hermann: Die Flavier. Vespasian, Titus, Domitian. Geschichte eines römischen Kaiserhauses, München 1979.

Bennett 1997: Bennett, Julian: Trajan, optimus princeps. A life and times, London 1997.

Béranger 1953: Béranger, Jean: »Récherches sur l'aspect idéologique du principat«, Schweizerische Beiträge zur Altertumswissenschaft 6 (1953), 169–217.

Berrens 2004: Berrens, Stephan: Sonnenkult und Kaisertum von den Severern bis zu Constantin I. (193–337 n. Chr.), Stuttgart 2004.

Bersanetti 1965: Bersanetti, G. M.: Studi sull'imperatore Massimino il Trace, Studia historica, Bd. 12, Roma 1965.

Birley 2003: Birley, Anthony R.: Hadrian. The restless Emperor, London 2003.

Bleckmann 1992: Bleckmann, Bruno: Die Reichskrise des III. Jahrhunderts in der spätantiken und byzantinischen Geschichtsschreibung. Untersuchungen zu den nachdionischen Quellen der Chronik des Johannes Zonaras, Quellen und Forschungen zur Antiken Welt, Bd. 11, München 1992.

Bleckmann 2002a: Bleckmann, Bruno: »Die Alamannen im 3. Jahrhundert«, Museum Helveticum 59 (2002a), 145–171.

Bleckmann 2002b: Bleckmann, Bruno: »Die severische Familie und die Soldatenkaiser«, in: Hildegard Temporini-Gräfin Vitzthum (Hg.), Die Kaiserinnen Roms. Von Livia bis Theodora, München 2002b, 265–339.

Bleckmann 2009: Bleckmann, Bruno: Die Germanen. Von Ariovist bis zu den Wikingern, München 2009.

Bleicken 1978: Bleicken, Jochen: Prinzipat und Dominat. Gedanken zur Periodisierung der römischen Kaiserzeit, Wiesbaden 1978.

Bleicken 1981: Bleicken, Jochen: Verfassungs- und Sozialgeschichte des Römischen Kaiserreiches, Bde. 1–2, Paderborn 1981.

Bleicken [2]1998: Bleicken, Jochen: Augustus. Eine Biographie, Berlin [2]1998.

Boddington 1963: Boddington, Ann: »Sejanus. Whose conspiracy?«, American Journal of Philology 84 (1963), 1–16.

Börm 2008: Börm, Henning: »Die Herrschaft des Kaisers Maximinus Thrax und das Sechskaiserjahr 238. Der Beginn der »Reichskrise«?«, Gymnasium 115 (2008), 69.86.

Bourdieu [4]1991: Bourdieu, Pierre: Die feinen Unterschiede. Kritik der gesellschaftlichen Urteilskraft, Frankfurt am Main [4]1991.

Bourdieu 2001: Bourdieu, Pierre: Das politische Feld. Zur Kritik der politischen Vernunft, Konstanz 2001.

Bourne 1960: Bourne, Frank Card: »The Roman alimentary program and Italian agriculture«, Transactions and Proceedings of the American Philological Association 91 (1960), 47–75.

Bowman et al. ²2005: Bowman, Alan Keir et al. (Hg.): The crisis of Empire. A. D. 193–337, The Cambridge Ancient History, Bd. 12, Cambridge ²2005.

Boyle/Dominik 2003: Boyle, Anthony James/William J. Dominik: Flavian Rome. Culture, image, text, Leiden 2003.

Braund 1984: Braund, David: Rome and the friendly king. The character of the client kingship, London 1984.

Bravi 2006: Bravi, Alessandra: »Immagini dell'identità giudaica a Roma in epoca flavia. Il Templum Pacis e la menorah sull'Arco di Tito«, Mediterraneo Antico 9 (2006), 449–461.

Bravi 2010: Bravi, Alessandra: »Angemessene Bilder und praktischer Sinn der Kunst. Griechische Bildwerke im Templum Pacis«, in: Christiane Reitz (Hg.), Tradition und Erneuerung. Mediale Strategien in der Zeit der Flavier, Berlin 2010, 535–552.

Bravi 2014: Bravi, Alessandra: Griechische Kunstwerke im politischen Leben Roms und Konstantinopels, Klio Beihefte, Berlin 2014.

Breeze 2011: Breeze, David John: The frontiers of Imperial Rome, Barnsley 2011.

Brilliant 1967: Brilliant, Richard: The Arch of Septimius Severus in the Roman Forum, Memoirs of the American Academy in Rome, Bd. 29, Rome 1967.

Bringmann 2005: Bringmann, Klaus: Geschichte der Juden im Altertum. Vom babylonischen Exil bis zur arabischen Eroberung, Stuttgart 2005.

Bringmann 2007: Bringmann, Klaus: Augustus, Gestalten der Antike, Darmstadt 2007.

Brodersen 1998: Brodersen, Kai: Das römische Britannien. Spuren seiner Geschichte, Darmstadt 1998.

Brunt 1977: Brunt, Peter A.: »Lex de imperio Vespasiani«, The Journal of Roman Studies 67 (1977), 95–116.

Bruun 2006: Bruun, Christer: »Der Kaiser und die stadtrömischen curae: Geschichte und Bedeutung«, in: Anne Kolb (Hg.), Herrschaftsstrukturen und Herrschaftspraxis. Konzepte, Prinzipien und Strategien der Administration im römischen Kaiserreich, Berlin 2006, 89–114.

Burckhardt 2013: Burckhardt, Jacob: Die Zeit Constantin's des Grossen, Werke / Jacob Burckhardt, München 2013.

Burckhardt 2008: Burckhardt, Leonhard: Militärgeschichte der Antike, München 2008.

Burton 2011: Burton, Paul J.: Friendship and empire. Roman diplomacy and imperialism in the Middle Republic (353–146 BC), Cambridge 2011.

Cancik 2009: Cancik, Hubert: »System und Entwicklung der römischen Reichsreligion. Augustus bis Theodosius«, in: Friedrich Wilhelm Graf/Klaus Wiegandt (Hg.), Die Anfänge des Christentums, Frankfurt am Main 2009, 373–396.

Capogrossi Colognesi/Tassi Scandone 2009: Capogrossi Colognesi, Luigi/Elena Tassi Scandone (Hg.): La Lex de Imperio Vespasiani e la Roma dei Flavi : (atti del convegno, 20–22 novembre 2008), Acta Flaviana, Bd. 1, Roma 2009.

Champlin 2003: Champlin, Edward: Nero, Cambridge, Mass. 2003.

Christ ³1995: Christ, Karl: Geschichte der römischen Kaiserzeit von Augustus bis zu Konstantin, München ³1995.

Christol ²1997: Christol, Michel: L' empire romain du IIIe siècle. Histoire politique (de 192, mort de Commode, à 325, concile de Nicée), Paris ²1997.

Cimma 1976: Cimma, Maria Rosa: Reges socii et amici populi romani, Milano 1976.

Coarelli 2000: Coarelli, Filippo: The Column of Trajan, Rome 2000.

Corbier ²2005: Corbier, Mireille: »Coinage and taxation. The state's point of view. A.D. 193–337«, in: Alan K. Bowman et al. (Hg.), The crisis of empire. A.D. 193–337, Cambridge Ancient History, Bd. 12, Cambridge ²2005, 327–392.

Corcoran 1996: Corcoran, Simon: The empire of the Tetrarchs. Imperial pronouncements and government, AD 284–324, Oxford 1996.

Corcoran 2006: Corcoran, Simon: »The tetrarchy. Policy and image as reflected in imperial pronouncements«, in: Die Tetrarchie. Ein neues Regierungssystem und seine mediale Präsentation., Wiesbaden 2006, 31–62.

Coşkun 2005: Coşkun, Altay: »Freundschaft und Klientelbildung in Roms auswärtigen Beziehungen. Wege und Perspektiven der Forschung«, in: Altay Coşkun (Hg.), Roms auswärtige Freunde in der späten Republik und im frühen Prinzipat, Göttingen 2005, 1–30.

Daele 2009: Daele, Bernard van: Wakend over Rome. Soldaten in de hoofdstad van het Romeinse keizerrijk, Leuven 2009.

Dahlheim ²1989: Dahlheim, Werner: Geschichte der römischen Kaiserzeit, München ²1989.

Dahlheim 2010: Dahlheim, Werner: Augustus. Aufrührer, Herrscher, Heiland. Eine Biographie, München 2010.

Dahlheim 2013: Dahlheim, Werner: Die Welt zur Zeit Jesu, München 2013.

De Martino 1951–1991: De Martino, Francesco: Storia della costituzione romana, Bde. 1–6, Napoli 1951–1991.

Dietz 1980: Dietz, Karlheinz: Senatus contra principem. Untersuchungen zur senatorischen Opposition gegen Kaiser Maximinus Thrax, Vestigia, Bd. 29, München 1980.

Drexhage et al. 2002: Drexhage, Hans-Joachim et al.: Die Wirtschaft des Römischen Reiches (1.–3. Jahrhundert). Eine Einführung, Berlin 2002.

Drinkwater 1987: Drinkwater, John F.: The Gallic Empire. Separatism and continuity in the north-western provinces of the Roman Empire, A.D. 260–274, Historia Einzelschriften, Bd. 52, Stuttgart 1987.

Droysen ²1877–78: Droysen, Johann Gustav: Geschichte des Hellenismus, Bde. 1–3, Gotha ²1877–78.

Duncan-Jones 1994: Duncan-Jones, Richard: Money and government in the Roman Empire, Cambridge 1994.

Duncan-Jones 1996: Duncan-Jones, Richard P.: »The impact of the Antonine Plague«, Journal of Roman Archaeology 9 (1996), 108–136.

Eck 1998: Eck, Werner: Augustus und seine Zeit, München 1998.

Eck 1999: Eck, Werner: »The Bar Kokhba Revolt. The Roman point of view«, Journal of Roman Studies 89 (1999), 76–89.

Eck 2001: Eck, Werner: »Die Provinzen«, in: Thomas Fischer (Hg.), Die römischen Provinzen. Eine Einführung in ihre Archäologie, Darmstadt 2001, 43–53.

Eck 2002: Eck, Werner: »Die iulisch-claudische Familie. Frauen neben Caligula Claudius und Nero«, in: Hildegard Temporini-Gräfin Vitzthum (Hg.), Die Kaiserinnen Roms. Von Livia bis Theodora, München 2002, 103–163.

Eck 2007: Eck, Werner: Rom herausfordern: Bar Kochba im Kampf gegen das Imperium Romanum. Das Bild des Bar Kochba-Aufstandes im Spiegel der neuen epigraphischen Überlieferung, Roma 2007.

Eck 2012a: Eck, Werner: »Das Gallische Sonderreich. Eine Einführung zum Stand der Forschung«, in: H. Thomas Fischer (Hg.), Die Krise des 3. Jahrhunderts n. Chr. und das Gallische Sonderreich. Akten des interdisziplinären Kolloquiums Xanten 26. bis 28. Februar 2009, Schriften des Lehr- und Forschungszentrums für die antiken Kulturen des Mittelmeerraumes – Centre for Mediterranean Cultures, Bd. 8, Wiesbaden 2012, 63–84.

Eck 2012b: Eck, Werner: »Der Bar Kochba-Aufstand der Jahre 132–136 und seine Folgen für die Provinz Judaea/Syria Palaestina«, in: Gianpaolo Urso (Hg.), Iudaea Socia – Iudaea Capta. Atti del convegno internazionale Cividale del Friuli, 22–24 settembre 2011, I convegni della Fondazione Niccolò Canussio, Bd. 11, Pisa 2012, 249–266.

Edwell 2008: Edwell, Peter M.: Between Rome and Persia. The middle Euphrates, Mesopotamia and Palmyra under Roman control, London 2008.

Ehling 2008: Ehling, Kay: »Das Münzwesen«, in: Klaus-Peter Johne (Hg.), Die Zeit der Soldatenkaiser, Bd. 2, Berlin 2008, 843–860.

Elton 1996: Elton, Hugh: Frontiers of the Roman Empire, London 1996.

Evrard 1988: Evrard, G. Di Vita: »L'édit de Banasa. Un document exceptionnel?«, in: Attilio Mastino (Hg.), Atti del V convegno di studio Sassari, 11–13 dicembre 1987, Sassari 1988, 287–303.

Fell 1992: Fell, Martin: Optimus Princeps? Anspruch und Wirklichkeit der imperialen Programmatik Kaiser Traians, München 1992.

Fischer 2012: Fischer, Thomas: Die Armee der Caesaren. Archäologie und Geschichte, Regensburg 2012.

Flaig 1992: Flaig, Egon: Den Kaiser herausfordern. Die Usurpation im Römischen Reich, Frankfurt am Main 1992.

Flaig 1997: Flaig, Egon: »Für eine Konzeptionalisierung der Usurpation im spätrömischen Reich«, in: François Paschoud/Joachim Szidat (Hg.), Usurpationen in der Spätantike, Stuttgart 1997, 15–34.

Flaig 2000: Flaig, Egon: »An den Grenzen des Römerseins. Die Gladiatur aus historisch-anthropologischer Sicht«, in: Wolfgang Eßbach (Hg.), wir/ihr/sie. Identität und Alterität in Theorie und Methode, Identitäten und Alteritäten, Würzburg 2000.

Flaig 2003: Flaig, Egon: Ritualisierte Politik. Zeichen, Gesten und Herrschaft im Alten Rom, Göttingen 2003.

Frey 1989: Frey, Martin: Untersuchungen zur Religion und zur Religionspolitik des Kaisers Elagabal, Historia Einzelschriften, Bd. 62, Stuttgart 1989.

Gallinier 1996: Gallinier, Martin: »La Colonne Trajane. Lisibilité, structures et idéologie«, Pallas 44 (1996), 159–202.

Garnsey/Saller [2]2014: Garnsey, Peter D. A./Richard P. Saller: The Roman empire. Economy, society and culture, London [2]2014.

Gawlikowski 1985: Gawlikowski, Michał: »Les princes de Palmyre«, Syria 62 (1985), 251–261.

Gehrke 1999: Gehrke, Hans-Joachim: »Artifizielle und natürliche Grenzen in der Perspektive der Geschichtswissenschaft«, in: Monika Fludernik/Hans-Joachim Gehrke (Hg.), Grenzgänger zwischen Kulturen, Identitäten und Alteritäten, Würzburg 1999, 27–33.

Geiss 1994: Geiss, Imanuel: »Great powers and empires. Historical mechanisms of their making and breaking«, in: Geir Lundestad (Hg.), The fall of the great powers. Peace, stability and legitimacy, Oslo 1994, 23–43.

Geiss 2007: Geiss, Imanuel: Nation und Nationalismen. Versuche über ein Weltproblem. 1962–2006, Bremen 2007.

Girardet 2006: Girardet, Klaus Martin: Die konstantinische Wende. Voraussetzungen und geistige Grundlagen der Religionspolitik Konstantins des Großen, Darmstadt 2006.

Girardet 2010: Girardet, Klaus Martin: Der Kaiser und sein Gott. Das Christentum im Denken und in der Religionspolitik Konstantins des Grossen, Millennium-Studien, Bd. 27, Berlin 2010.

Glas 2014: Glas, Toni: Valerian. Kaisertum und Reformansätze in der Krisenphase des Römischen Reiches, Paderborn 2014.

Göbl 2000: Göbl, Robert: Die Münzprägung der Kaiser Valerianus I., Gallienus, Saloninus (253/268), Regalianus (260) und Macrianus, Quietus (260/262), Bde. 1–2 Moneta Imperii romani, Bd. 36; 43–44, Wien 2000.

Goltz 2008: Goltz, Andreas: »Die Völker an der nordwestlichen Rheingrenze (Rhein und obere Donau)«, in: Klaus-Peter Johne (Hg.), Die Zeit der Soldatenkaiser, Bde. 1–2 Bd. 1, Berlin 2008, 427–447.

Goltz/Hartmann 2008: Goltz, Andreas/Udo Hartmann: »Valerianus und Gallienus«, in: Klaus-Peter Johne (Hg.), Die Zeit der Soldatenkaiser, Bd. 1, Berlin 2008, 223–295.

Goodman 2002: Goodman, Martin: »Current scholarship on the First Revolt«, in: Andrea M. Berlin/J. Andrew Overman (Hg.), The First Jewish Revolt. Archaeology, history, and ideology, London 2002, 15–24.

Gotter 1996: Gotter, Ulrich: Der Diktator ist tot! Politik in Rom zwischen den Iden des März und der Begründung des Zweiten Triumvirats, Stuttgart 1996.

Gradel 2002: Gradel, Ittai: Emperor worship and Roman religion, Oxford 2002.

Gradoni 2013: Gradoni, Mark K.: »The Parthian campaigns of Septimius Severus. Causes, and roles in dynastic legitimation«, American Journal of Ancient History 6–8 (2013), 3–23.

Grainger 2003: Grainger, John D.: Nerva and the Roman succession crisis of AD 96–99, London 2003.

Gruen 2002: Gruen, Erich S.: »Roman perspectives on the Jews in the age of the Great Revolt«, in: Andrea M. Berlin/J. Andrew Overman (Hg.), The First Jewish Revolt. Archaeology, history, and ideology, London 2002, 27–42.

Günther 2009: Günther, Sven: »Zwischen gens Flavia und gens Iulia. Domitians Herrschaftsübernahme und Kaiserkonzeption«, in: Hartwin Brandt et al. (Hg.), Genealogisches Bewusstsein als Legitimation. Inter- und intragenerationelle Auseinandersetzungen sowie die Bedeutung von Verwandtschaft bei Amtswechseln, Bamberger Historische Studien, Bd. 4, Bamberg 2009, 83–114.

Hartmann 1982: Hartmann, Felix: Herrscherwechsel und Reichskrise. Untersuchungen zu den Ursachen und Konsequenzen der Herrscherwechsel im Imperium Romanum der Soldatenkaiserzeit (3. Jahrhundert n. Chr.), Frankfurt am Main 1982.

Hartmann 2001: Hartmann, Udo: Das palmyrenische Teilreich, Oriens et Occidens, Bd. 2, Stuttgart 2001.

Haverfield ^{4}1923: Haverfield, Francis: The romanization of Roman Britain, Oxford ^{4}1923.

Hekster 2002: Hekster, Olivier: Commodus. An emperor at the crossroads, Amsterdam 2002.

Hekster 2008: Hekster, Olivier: Rome and its Empire. AD 193–284, Edinburgh 2008.

Hennig 1975: Hennig, Dieter: L. Aelius Seianus. Untersuchungen zur Regierung des Tiberius, Vestigia, Bd. 21, München 1975.

Herrmann 1997: Herrmann, Peter: »Die Karriere eines prominenten Juristen aus Thyateira«, Tyche 12 (1997), 111–123.

Heuß 1986: Heuß, Alfred: »Das spätantike römische Reich kein »Zwangsstaat«? Von der Herkunft eines historischen Begriffs«, Geschichte in Wissenschaft und Unterricht 37 (1986), 603–618.

Hingley 2005: Hingley, Richard: Globalizing Roman culture. Unity, diversity and empire, London 2005.

Hingley 2015: Hingley, Richard: »Post-colonial and global Rome. The genealogy of empire«, in: Martin Pitts/Miguel John Versluys (Hg.), Globalisation and the Roman world. World history, connectivity and material culture, Cambridge 2015, 32–46.

Hölkeskamp 1996: Hölkeskamp, Karl-Joachim: »Exempla und mos maiorum. Überlegungen zum kollektiven Gedächtnis der Nobilität«, in: Hans-Joachim Gehrke/Astrid Möller (Hg.), Verangenheit und Lebenswelt. Soziale Kommunikation, Traditionsbildung und historisches Bewußtsein, Tübingen 1996, 301–338.

Holl et al. 2001: Holl, Karl et al.: Caligula – Wilhelm II. und der Caesarenwahnsinn. Antikenrezeption und wilhelminische Politik am Beispiel des »Caligula« von Ludwig Quidde, Bremen 2001.

Icks 2006: Icks, Martijn: »Priesthood and imperial power. The religious reforms of Heliogabalus«, in: Lukas de Blois et al. (Hg.), The impact of imperial Rome on religions, ritual and religious life in the Roman Empire. Proceedings of the fifth workshop of the international network Impact of Empire (Roman Empire, 200 BC – AD 476), Leiden 2006, 169–178.

Icks 2008: Icks, Martijn: »Heliogabalus, a monster on the Roman throne. The literary construction of a ›bad‹ emperor«, in: Ineke Sluiter/Ralf Mark Rosen (Hg.), KAKOS. Badness and anti-value in Classical Antiquity, Leiden 2008, 477–488.

Icks 2011: Icks, Martijn: The crimes of Elagabalus. The life and legacy of Rome's decadent boy emperor, London 2011.

James 2013: James, Simon: Rom und das Schwert. Wie Krieger und Waffen die römische Geschichte prägten, Darmstadt 2013.

Jaques/Scheid 2008: Jaques, François/John Scheid: Rom und das Reich. Staatsrecht, Religion, Heerwesen, Verwaltung, Gesellschaft, Wirtschaft, Hamburg 2008.

Johne 2008: Johne, Klaus-Peter: Die Zeit der Soldatenkaiser. Krise und Transformation des Römischen Reiches im 3. Jahrhundert n. Chr. (235–284), Bde. 1–2, Berlin 2008.

Jones 1940: Jones, A. H. M.: The Greek city from Alexander to Justinian, Oxford 1940.

Keppie 1996: Keppie, Lawrence J. F.: »The Praetorian Guard before Sejanus«, Athenaeum 84 (1996), 101–123.

Kienast 1982: Kienast, Dietmar: Augustus. Prinzeps und Monarch, Darmstadt 1982.

Klee 2006: Klee, Margot: Grenzen des Imperiums. Leben am römischen Limes, Stuttgart 2006.

Klinkott 2017: Klinkott, Hilmar: »Parther – Pest – Pandora-Mythos. Katastrophen und ihre Bedeutung für die Regierungszeit von Marc Aurel«, in: Volker Grieb (Hg.), Marc Aurel. Wege zu seiner Herrschaft, Gutenberg 2017, 285–306.

Kloft 1994: Kloft, Hans: »Trimalchio als Ökonom. Bemerkungen zur Rolle der Wirtschaft in Petrons Satyricon«, in: Rosmarie Günther/Stefan Rebenich (Hg.), E fontibus haurire. Beiträge zur römischen Geschichte und zu ihren Hilfswissenschaften (Heinrich Chantraine zum 65. Geburtstag), Studien zur Geschichte und Kultur des Altertums, Neue Folge, Bd. 1, Paderborn 1994, 117–131.

Kloft 2006: Kloft, Hans: Die Wirtschaft des Imperium Romanum, Mainz am Rhein 2006.

Koeppel 2002: Koeppel, Gerhard M.: »The Column of Trajan. Narrative technique and the image of the emperor«, in: Philip A. Stadtner/Luc van der Stockt (Hg.), Stage and emperor. Plutarch, Greek intellectuals, and Roman power in the time of Trajan (98–117 A.D.), Symbolae, Leuven 2002, 245–258.

Kolb 1984: Kolb, Frank: Die Stadt im Altertum, München 1984.

Kolb 1987: Kolb, Frank: Diocletian und die Erste Tetrarchie. Improvisation oder Experiment in der Organisation monarchischer Herrschaft?, Berlin 1987.

König ²1981: König, Ingemar: Die gallischen Usurpatoren von Postumus bis Tetricus, München ²1981.

König 2009: König, Ingemar: Der römische Staat. Ein Handbuch, Stuttgart 2009.

Kreucher 2003: Kreucher, Gerald: Der Kaiser Marcus Aurelius Probus und seine Zeit, Stuttgart 2003.

Kreucher 2008: Kreucher, Gerald: »Probus und Carus«, in: Klaus-Peter Johne (Hg.), Die Zeit der Soldatenkaiser, Bd. 1, Berlin 2008, 395–423.

Kuhoff 2001: Kuhoff, Wolfgang: Diokletian und die Epoche der Tetrarchie. Das römische Reich zwischen Krisenbewältigung und Neuaufbau (284–313 n. Chr.), Frankfurt am Main 2001.

Kunst 2014: Kunst, Christiane: »Von Augustus zu Tiberius. Zur Problematik der Nachfolgeregelung«, in: Marietta Horster/Florian Schuller (Hg.), Augustus. Herrscher an der Zeitenwende, Regensburg 2014, 156–169.

Laffaurié 1975: Laffaurié, Jean: »L' empire Gaulois. Apport de la numismatique«, ANRW II 2 (1975), 853–1012.

Lahusen 2010: Lahusen, Götz: Römische Bildnisse. Auftraggeber, Funktionen, Standorte, Mainz am Rhein 2010.

Landskron 2005: Landskron, Alice: Parther und Sasaniden. Das Bild der Orientalen in der römischen Kaiserzeit, Wien 2005.

Lauffer 1971: Lauffer, Siegfried: Diokletians Preisedikt, Texte und Kommentare, Bd. 5, Berlin 1971.

Le Bohec 1993: Le Bohec, Yann: Die römische Armee. Von Augustus zu Konstantin d. Gr, Stuttgart 1993.

Le Bohec 2010: Le Bohec, Yann: Das römische Heer in der Späten Kaiserzeit, Stuttgart 2010.

Le Bohec/Berthet 2003: Le Bohec, Yann/Jean-François Berthet: Les discours d'Hadrien à l'armée d'Afrique. Exercitatio, De l'archéologie à l'histoire, Paris 2003.

Le Glay 1977: Le Glay, Marcel: »Les discours d'Hadrien à Lambèse (128 apr. J.-C.)«, in: Jenö Fitz (Hg.), Limes. Akten des XI. Internationalen Limeskongresses (Székesfehérvár, 30.8.–6.9.1976), Budapest 1977, 545–557.

Lelli 1999: Lelli, P.: »Considerazioni sulla guardia pretoria nel primo secolo«, Atene e Roma 44 (1999), 9–13.

Lendon 1997: Lendon, John E.: Empire of honour. The art of government in the Roman world, Oxford 1997.

Lepelley 2001: Lepelley, Claude: Die Regionen des Reiches, Rom und das Reich in der hohen Kaiserzeit, Bd. 2, Stuttgart 2001.

Lepper 1948: Lepper, Frank A.: Trajan's Parthian war, London 1948.

Leppin/Ziemssen 2007: Leppin, Hartmut/Hauke Ziemssen: Maxentius. Der letzte Kaiser in Rom, Mainz 2007.

Lerouge 2007: Lerouge, Charlotte: L'image des Parthes dans le monde gréco-romain. Du début du 1er siècle av. J.-C. jusqu'à la fin du Haut-Empire romain, Stuttgart 2007.

Levi ²1994: Levi, Mario Attilio: Augusto e il suo tempo, Milano ²1994.

Levick 1990: Levick, Barbara: Claudius, London 1990.

Levick ²1999: Levick, Barbara: Tiberius the politician, London ²1999.

Lippold 1983: Lippold, Adolf: »Zur Laufbahn des P. Helvius Pertinax«, in: Bonner Historia-Augusta-Colloquium 1979/1981, Antiquitas. Reihe 4. Beiträge zur Historia-Augusta-Forschung, Bd. 15, Bonn 1983, 173–192.

Lloyd 2013: Lloyd, Maria: »The Arch of Septimius Severus in the Roman Forum. A re-consideration«, American Journal of Ancient History 6–8 (2013), 541–571.

Lo Cascio 2000: Lo Cascio, Elio: »Alimenta Italiae«, in: Julián González (Hg.), Trajano. Emperador de Roma, Saggi di Storia Antica, Bd. 16, Roma 2000, 287–312.

Lo Cascio ²2005: Lo Cascio, Elio: »The new state of Diocletian and Constantine. From the tetrarchy to the reunification of the empire«, in: Alan K. Bowman et al. (Hg.), The crisis of empire. A.D. 193–337, Cambridge Ancient History, Bd. 12, Cambridge ²2005, 170–183.

Löhr 2015: Löhr, Winrich: »Christliche Bischöfe und klassische Mythologie in der Spätantike«, in: Hartmut Leppin (Hg.), Antike Mythologie in chistlichen Kontexten der Spätantike, Millennium. Studien zu Kultur und Geschichte des ersten Jahrtausends n. Chr., Bd. 54, Berlin 2015, 115–137.

Lomas/Cornell 2003: Lomas, Kathryn/Tim J. Cornell (Hg.): »Bread and circuses«. Euergetism and municipal patronage in Roman Italy, London 2003.

Luther 2008: Luther, Andreas: »Das gallische Sonderreich«, in: Klaus-Peter Johne (Hg.), Die Zeit der Soldatenkaiser, Bd. 1, Berlin 2008, 325–341.

MacMullen 1980: MacMullen, Ramsey: »How big was the Roman Imperial army?«, Klio 62 (1980), 451–460.

Maier ²1989: Maier, Johann: Geschichte des Judentums im Altertum, Darmstadt ²1989.

Malitz 1999: Malitz, Jürgen: Nero, München 1999.

Malkin 1998: Malkin, Irad: The returns of Odysseus. Colonization and ethnicity, Berkely 1998.

Mattingly 2006: Mattingly, David J.: »The imperial economy«, in: David S. Potter (Hg.), A companion to the Roman Empire, Oxford 2006, 283–297.

Mehl 1990: Mehl, Andreas: »Imperium sine fine dedi. Die augusteische Vorstellung von der Grenzlosigkeit des Römischen Reiches«, in: Eckart Olshausen/ Holger Sonnabend (Hg.), Stuttgarter Kolloquium zur historischen Geographie des Altertums, Bd. 4, Amsterdam 1990, 431–464.

Meier 2003: Meier, Mischa: »Das späte Römische Kaiserreich ein »Zwangsstaat«? Anmerkungen zu einer Forschungskontroverse«, in: Dariusz Brodka et al. (Hg.), Freedom and its limits in the ancient world. Proceedings of a colloquium held at the Jagiellonian university Kraków, september 2003, Electrum. Studies in Ancient History, Bd. 9, Kraków 2003, 193–213.

Mennen 2011: Mennen, Inge: Power and status in the Roman Empire, AD 193–284, Impact of empire, Bd. 12, Leiden 2011.

Mette-Dittmann 1991: Mette-Dittmann, Angelika: Die Ehegesetze des Augustus. Eine Untersuchung im Rahmen der Gesellschaftspolitik des Princeps, Historia Einzelschriften, Bd. 67, Stuttgart 1991.

Meyer 2006: Meyer, Elisabeth: »The justice of the Roman governor and the performance of prestige«, in: Anne Kolb (Hg.), Herrschafrsstrukturen und Herrschaftspraxis. Konzepte, Prinzipien und Strategien der Administration im römischen Kaiserreich, Berlin 2006, 167–180.

Millar 1977: Millar, Fergus: The emperor in the Roman world (31 BC-AD 337), Ithaca (N.Y.) 1977.

Millar 1993: Millar, Fergus: The Roman Near East. 31 BC–AD 337, Cambridge (Mass.) 1993.

Millar 1999: Millar, Fergus: »The Greek east and Roman law. The dossier of M. Cn. Licinius Rufinus«, Journal of Roman Studies 89 (1999), 90–108.

Millar 2004a: Millar, Fergus: »Emperors at work«, in: Rome, the Greek world, and the east. Bd. 2: Government, society, and culture in the Roman Empire, Chapel Hill 2004, 3–22.

Millar 2004b: Millar, Fergus: Government, society and culture in the Roman Empire, Rome, the Greek world, and the East, Bd. 2, Chapel Hill 2004.

Millett 1990a: Millett, Martin: The Romanization of Britain. An essay in archaeological interpretation, Cambridge 1990.

Millett 1990b: Millett, Martin: »Romanization. Historical issues and archaeological interpretation«, in: Tom F. C. Blagg/Martin Millett (Hg.), The early Roman empire in the west, Oxford 1990, 35–41.

Momigliano 1961: Momigliano, Arnaldo: Claudius. The emperor and his achievement, Cambridge 1961.

Mommsen 1871–1888: Mommsen, Theodor: Römisches Staatsrecht, Leipzig 1871–1888.

Mommsen $^{9/5}$1902–04: Mommsen, Theodor: Römische Geschichte, Bde. 1–5, Berlin $^{9/5}$1902–04.

Mommsen 1992: Mommsen, Theodor: Römische Kaisergeschichte, München 1992.

Mortensen 2004: Mortensen, Susanne: Hadrian. Eine Deutungsgeschichte, Bonn 2004.

Mosig-Walburg 2009: Mosig-Walburg, Karin: Römer und Perser. Vom 3. Jahrhundert bis zum Jahr 363 n. Chr, Gutenberg 2009.

Münkler 2005: Münkler, Herfried: Imperien. Die Logik der Weltherrschaft – vom Alten Rom bis zu den Vereinigten Staaten, Berlin 2005.

Nadolny 2016: Nadolny, Sonja: Die severischen Kaiserfrauen, Palingenesia, Bd. 104, Stuttgart 2016.

Nünnerich-Asmus 2002: Nünnerich-Asmus, Annette: Traian. Ein Kaiser der Superlative am Beginn einer Umbruchzeit?, Mainz am Rhein 2002.

Okoń 2013: Okoń, Danuta: Septimius Severus et senatores. Septimius Severus' personal policy towards senators in the light of prosopographic research (193–211 A.D.), Szczecin 2013.

Oliver 1972: Oliver, James H.: »Text of the Tabula Banasitana, A. D. 177«, The American Journal of Philology 93 (1972), 336–340.

Opper 2008: Opper, Thorsten: Hadrian. Empire and conflict, London 2008.

Optendrenk 1969: Optendrenk, Theo: Die Religionspolitik des Kaisers Elagabal im Spiegel der Historia Augusta, Habelts Dissertationsdrucke. Reihe Alte Geschichte, Bd. 6, Bonn 1969.

Osgood 2011: Osgood, Josiah: Claudius Caesar. Image and power in the early Roman empire, Cambridge 2011.

Pabst 1989: Pabst, Angela: »«... ageret, faceret quaecumque e re publica conseret esse.« Annäherungen an die lex de imperio Vespasiani«, in: Werner Dahlheim (Hg.), Festschrift Robert Werner zu seinem 65. Geburtstag, Konstanz 1989, 125–184.

Pabst 2014: Pabst, Angela: Kaiser Augustus. Neugestalter Roms, Stuttgart 2014.

Palme 2006: Palme, Bernhard: »Zivile Aufgaben der Armee im kaiserzeitlichen Ägypten«, in: Anne Kolb (Hg.), Herrschaftsstrukturen und Herrschaftspraxis. Konzepte, Prinzipien und Strategien der Administration im römischen Kaiserreich, Berlin 2006, 299–328.

Palme 2015: Palme, Bernhard: »Die Reform der ägyptischen Lokalverwaltung unter Philippus Arabs«, in: Ulrike Babusiaux/Anne Kolb (Hg.), Das Recht der »Soldatenkaiser«. Rechtliche Stabilität in Zeiten politischen Umbruchs, Berlin 2015, 192–208.

Pfeiffer 2009: Pfeiffer, Stefan: Die Zeit der Flavier. Vespasian – Titus – Domitian, Darmstadt 2009.

Piepenbrink 2002: Piepenbrink, Karen: Konstantin der Große und seine Zeit, Darmstadt 2002.

Pietrzykowski 1986: Pietrzykowski, Michał: »Die Religionspolitik des Kaisers Elagabal«, Aufstieg und Niedergang der römischen Welt II 16, 3 (1986), 1806–1825.

Pollard 2006: Pollard, Nigel: »The Roman army«, in: David S. Potter (Hg.), A companion to the Roman Empire, Oxford 2006, 206–227.

Potter 1990: Potter, David Stone: Prophecy and history in the crisis of the Roman empire. A historical commentary on the thirteenth Sibylline Oracle, Oxford 1990.

Potter 2004: Potter, David Stone: The Roman Empire at bay. AD 180–395, London 2004.

Pucci 1981: Pucci, Marina: La rivolta ebraica al tempo di Traiano, Pisa 1981.

Quass 1982: Quass, Friedemann: »Zur politischen Tätigkeit der munizipalen Aristokratie des griechischen Ostens in der Kaiserzeit«, Historia 31 (1982), 188–213.

Quass 1993: Quass, Friedemann: Die Honoratiorenschicht in den Städten des griechischen Ostens. Untersuchungen zur politischen und sozialen Entwicklung in hellenistischer Zeit und römischer Zeit, Stuttgart 1993.

Quet 2006: Quet, Marie-Henriette (Hg.): La »crise« de l'Empire romain. De Marc-Aurèle à Constantin. Mutations, continuités, ruptures, Paris 2006.

Quidde ^{25}1894: Quidde, Ludwig: Caligula. Eine Studie über römischen Cäsarenwahnsinn, Leipzig ^{25}1894.

Rees 2004: Rees, Roger: Diocletian and the Tetrarchy, Edinburgh 2004.

Renger/Toral-Niehoff 2014: Renger, Almut-Barbara/Isabel Toral-Niehoff (Hg.): Genealogie und Migrationsmythen im antiken Mittelmeerraum und auf der arabischen Halbinsel, Topoi. Berlin Studies of the Ancient World, Bd. 29, Berlin 2014.

Riemer 2006: Riemer, Ulrike: Die römische Germanienpolitik von Caesar bis Commodus, Darmstadt 2006.

Rilinger 1985: Rilinger, Rolf: »Die Interpretation des späten Imperium Romanum als »Zwangsstaat«. Friedrich Vittinghoff zum 75. Geburtstag«, Geschichte in Wissenschaft und Unterricht 36 (1985), 321–340.

Rohde/Sommer 2016: Rohde, Dorothea/Michael Sommer: Geschichte in Quellen. Wirtschaft, Darmstadt 2016.

Ronning 2007: Ronning, Christian: Herrscherpanegyrik unter Trajan und Konstantin. Studien zur symbolischen Kommunikation in der römischen Kaiserzeit, Studien und Texte zu Antike und Christentum, Bd. 42, Tübingen 2007.

Rosenstein 2007: Rosenstein, Nathan: »Aristocratic values«, in: Nathan Rosenstein/Robert Morstein-Marx (Hg.), A companion to the Roman Republic. Kindle edition, Malden (MA) 2007, loc. 6109–6438.

Rossi 1971: Rossi, Lino: Trajan's column and the Dacian wars, Ithaca (N.Y.) 1971.

Rostovtzeff 1929: Rostovtzeff, Michael: Gesellschaft und Wirtschaft im Römischen Kaiserreich, Bde. 1–2, Leipzig 1929.

Ruffing 2008a: Ruffing, Kai: »Die Wirtschaft«, in: Klaus-Peter Johne (Hg.), Die Zeit der Soldatenkaiser, Bd. 2, Berlin 2008a, 817–841.

Ruffing 2008b: Ruffing, Kai: »Friedliche Beziehungen. Der Handel zwischen den römischen Provinzen und Germanien«, in: Helmuth Schneider (Hg.), Feindliche Nachbarn? Rom und die Germanen, Köln 2008b, 153–165.

Ruffing 2012: Ruffing, Kai: Wirtschaft in der griechisch-römischen Antike, Darmstadt 2012.

Rüpke 2001: Rüpke, Jörg: Die Religion der Römer. Eine Einführung, München 2001.

Rüpke 2011a: Rüpke, Jörg: »Roman religion and the religion of empire. Some reflections on method«, in: John North/Simon Price (Hg.), The religious history of the Roman Empire, Oxford Readings in Classical Studies, Oxford 2011a, 9–36.

Rüpke 2011b: Rüpke, Jörg: Von Jupiter zu Christus. Religionsgeschichte in römischer Zeit, Darmstadt 2011b.

Rüpke 2015: Rüpke, Jörg: »Das Imperium Romanum als religionsgeschichtlicher Raum. Eine Skizze«, in: Richard Faber/Achim Lichtenberger (Hg.), Ein pluriverses Universum. Zivilisationen und Religionen im antiken Mittelmeerraum, Paderborn 2015, 333–351.

Rüpke 2016: Rüpke, Jörg: Pantheon. Geschichte der antiken Religionen, München 2016.

Salway 2006: Salway, Benet: »Equestrian prefects and the award of senatorial honours from the Severans to Constantine«, in: Anne Kolb (Hg.), Herrschaftsstrukturen und Herrschaftspraxis. Konzepte, Prinzipien und Strategien der Administration im römischen Kaiserreich, Berlin 2006, 115–135.

Salway 1997: Salway, Peter: A history of Roman Britain, Oxford paperbacks, Oxford 1997.

Sartori 2002: Sartori, Antonio: »L'adlocutio adrianea sulla pietra a Lambaesis. Come e perchè«, in: Pier Giuseppe Michelotto (Hg.), Logios aner. Studi di antichità in onore di Mario Attilio Levi, Milano 2002, 351–365.
Sartre 2005: Sartre, Maurice: The Middle East under Rome, Cambridge, Mass. 2005.
Schäfer 1981: Schäfer, Peter: Der Bar Kokhba-Aufstand. Studien zum zweiten jüdischen Krieg gegen Rom, Tübingen 1981.
Scheidel 2012: Scheidel, Walter: »Approaching the Roman economy«, in: Walter Scheidel (Hg.), The Cambridge companion to the Roman economy, Cambridge 2012, 1–21.
Schipp 2011: Schipp, Oliver: Die Adoptivkaiser. Nerva, Trajan, Hadrian, Antoninus Pius, Marc Aurel, Lucius Verus und Commodus, Darmstadt 2011.
Schlange-Schöningen 2005: Schlange-Schöningen, Heinrich: Augustus, Darmstadt 2005.
Schmitt 1997: Schmitt, Marcelo Tilman: Die römische Aussenpolitik des 2. Jahrhunderts n. Chr. Friedenssicherung oder Expansion?, Stuttgart 1997.
Schollmeyer 2005: Schollmeyer, Patrick: Römische Plastik. Eine Einführung, Darmstadt 2005.
Schörner 2011: Schörner, Günther: »Rom jenseits der Grenze. Klientelkönigtümer und der impact of empire«, in: Olivier Hekster/Ted Kaizer (Hg.), Frontiers in the Roman world. Proceedings of the ninth workshop of the international network Impact of Empire (Durham, 16–19 April 2009), Impact of Empire, Bd. 13, Leiden 2011, 113–131.
Schulz 2016: Schulz, Raimund: Abenteurer der Ferne. Die großen Entdeckungsfahrten und das Weltwissen der Antike, Stuttgart 2016.
Seager 1972: Seager, Robin: Tiberius, London 1972.
Seeck ^{4}1921: Seeck, Otto: Geschichte des Untergangs der antiken Welt, Bde. 1–6, Darmstadt ^{4}1921.
Seelentag 2004: Seelentag, Gunnar: Taten und Tugenden Traians. Herrschaftsdarstellung im Principat, Stuttgart 2004.
Seston 1946: Seston, William: Dioclétien et la Tétrarchie, Paris 1946.
Seston/Euzennat 1971: Seston, William/Maurice Euzennat: »Un dossier de la chancellerie romaine, la Tabula Banasitana. Étude de diplomatique«, Comptes Rendus de l'Académie des Inscriptions et Belles-Lettres (1971), 468–490.
Sommer 2003: Sommer, Michael: Hatra. Geschichte und Kultur einer Karawanenstadt im römisch-parthischen Mesopotamien, Mainz am Rhein 2003.
Sommer 2004: Sommer, Michael: »Elagabal – Wege zur Konstruktion eines ›schlechten‹ Kaisers«, Scripta Classica Israelica 23 (2004), 95–110.
Sommer 2005: Sommer, Michael: Roms orientalische Steppengrenze. Palmyra – Edessa – Dura-Europos – Hatra. Eine Kulturgeschichte von Pompeius bis Diocletian, Oriens et Occidens, Bd. 9, Stuttgart 2005.

Sommer 2008: Sommer, Michael: »Der Löwe von Tadmor. Palmyra und der unwahrscheinliche Aufstieg des Septimius Odaenathus«, Historische Zeitschrift 287 (2008), 281–318.

Sommer 2010: Sommer, Michael: »Modelling Rome's eastern frontier. The case of Osrhoene«, in: Ted Kaizer/Margherita Facella (Hg.), Kingdoms and principalities in the Roman Near East, Oriens et Occidens, Bd. 19, Stuttgart 2010, 217–226.

Sommer 2011: Sommer, Michael: »Empire of glory. Weberian categories and the complexities of authority in imperial Rome«, Max Weber Studies 11 (2011), 155–191.

Sommer ³2014: Sommer, Michael: Die Soldatenkaiser, Darmstadt ³2014.

Sommer 2014: Sommer, Michael: »Pax Augusta – Roms imperialier Imperativ und das Axiom der Weltherrschaft«, in: Marietta Horster/Florian Schuller (Hg.), Augustus. Herrscher an der Zeitenwende, Regensburg 2014, 144–155.

Sommer ²2014: Sommer, Michael: Römische Geschichte II. Rom und sein Imperium in der Kaiserzeit, Stuttgart ²2014.

Sommer 2015: Sommer, Michael: »«A vast scene of confusion«. Die Krise des 3. Jahrhunderts in der Forschung«, in: Ulrike Babusiaux/Anne Kolb (Hg.), Das Recht der »Soldatenkaiser«. Rechtliche Stabilität in Zeiten politischen Umbruchs, Berlin 2015, 15–30.

Sommer 2016: Sommer, Michael: »Acculturation, hybridity, créolité. Mapping cultural diversity in Dura-Europos«, in: Ted Kaizer (Hg.), Religion, society and culture at Dura-Europos, Yale Classical Studies, Bd. 38, Cambridge 2016, 57–67.

Sommer 2017a: Sommer, Michael: »Des kleinen Kaisers großer Krieg. Lucius Verus, der Partherfeldzug und der Traum vom Römischen Frieden«, in: Volker Grieb (Hg.), Marc Aurel. Wege zu seiner Herrschaft, Gutenberg 2017, 75–92.

Sommer 2017b: Sommer, Michael: Palmyra. Biographie einer verlorenen Stadt, Darmstadt 2017.

Sonnabend 2014: Sonnabend, Holger: »Gesellschaft und Moral. Die Ehe- und Sittengesetzgebung des Augustus«, in: Marietta Horster/Florian Schuller (Hg.), Augustus. Herrscher an der Zeitenwende, Regensburg 2014, 78–91.

Speidel 2008: Speidel, Michael Alexander: »Das Heer«, in: Klaus-Peter Johne (Hg.), Die Zeit der Soldatenkaiser, Bd. 1, Berlin 2008, 673–690.

Speidel 2009: Speidel, Michael Alexander: Heer und Herrschaft im Römischen Reich der Hohen Kaiserzeit, Mavors Roman army researches, Bd. 16, Stuttgart 2009.

Stephan 2002: Stephan, Eckhard: Honoratioren, Griechen, Polisbürger. Kollektive Identitäten innerhalb der Oberschicht des kaiserzeitlichen Kleinasien, Göttingen 2002.

Steuer 1998: Steuer, Heiko: »Theorien zur Herkunft und Entstehung der Alemannen. Archäologische Forschungsansätze«, in: Dieter Geuenich (Hg.), Die Franken und die Alemannen bis zur »Schlacht bei Zülpich« (496/97), Ergänzungsbände zum Reallexikon der Germanischen Altertumskunde, Bd. 19, Berlin 1998.

Steuer 2003: Steuer, Heiko: »Vom Beutezug zur Landnahme«, Freiburger Universitätsblätter 159 (2003), 65–91.

Steuer 2005: Steuer, Heiko: »Die Alamannia und die alamannische Besiedlung des rechtsrheinischen Hinterlands«, in: Badisches Landesmuseum Karlsruhe (Hg.), Imperium Romanum. Römer, Christen, Alamannen. Die Spätantike am Oberrhein, Stuttgart 2005, 26–41.

Strobel 1993: Strobel, Karl: Das Imperium Romanum im »3. Jahrhundert«. Modell einer historischen Krise? Zur Frage mentaler Strukturen breiterer Bevölkerungsschichten in der Zeit von Marc Aurel bis zum Ausgang des 3. Jh. n. Chr., Stuttgart 1993.

Strobel 2010: Strobel, Karl: Kaiser Traian.Eine Epoche der Weltgeschichte, Regensburg 2010.

Syme 1939: Syme, Ronald: »The Praetorian Guard«, in: Roman papers VI, Oxford 1939, 25–34.

Syme 2002: Syme, Ronald: The Roman revolution, Oxford 2002.

Szidat 1989: Szidat, Joachim: »Usurpationen in der römischen Kaiserzeit. Bedeutung, Gründe, Gegenmaßnahmen«, in: Heinz E. Herzig/Regula Frei-Stolba (Hg.), Labor omnibus unus. Festschrift Gerold Walser, Stuttgart 1989, 232–243.

Thompson 1979: Thompson, G. Ray: Elagabalus. Priest-emperor of Rome, Ann Arbor, Michigan 1979.

Timpe 1962: Timpe, Dieter: Untersuchungen zur Kontinuität des frühen Prinzipats, Historia Einzelschriften, Bd. 5, Wiesbaden 1962.

Turcan 1985: Turcan, Robert: Héliogabale et le sacre du soleil, Paris 1985.

Urban 1999: Urban, Ralf: Gallia rebellis. Erhebungen in Gallien im Spiegel antiker Zeugnisse, Historia Einzelschriften, Bd. 129, Stuttgart 1999.

Veyne 1976: Veyne, Paul: Le pain et le cirque. Sociologie historique d'un pluralisme politique, Paris 1976.

Vittinghoff 1994: Vittinghoff, Friedrich: Civitas Romana. Stadt und politisch-soziale Integration im Imperium Romanum der Kaiserzeit, Stuttgart 1994

Waldherr 2005: Waldherr, Gerhard: Nero. Eine Biografie, Regensburg 2005.

Wallace-Hadrill 1982: Wallace-Hadrill, Andrew: »Civilis princeps. Between citizen and king«, Journal of Roman Studies 72 (1982), 32–48.

Wallraff 2013: Wallraff, Martin: Sonnenkönig der Spätantike. Die Religionspolitik Konstantins des Grossen, Freiburg im Breisgau 2013.

Walter 2004: Walter, Uwe: »Memoria« und »res publica«. Zur Geschichtskultur im republikanischen Rom, Frankfurt am Main 2004.

Watson [3]1981: Watson, George Ronald: The Roman soldier, London [3]1981.

Weber 2002: Weber, Max: Schriften 1894–1922, Kröners Taschenausgabe, Bd. 233, Stuttgart 2002.

Webster 2001: Webster, Jane: »Creolizing the Roman provinces«, American Journal of Archaeology 105 (2001), 2, 209–225.

Weiß 2003: Weiß, Peter: »The vision of Constantine«, Journal of Roman Archaeology 16 (2003), 237–259.

Wendt 2015: Wendt, Christian: »More clientium. Roms Perspektive auf befreundete Fürsten«, in: Ernst Baltrusch/Julia Wilker (Hg.), Amici – socii – clientes? Abhängige Herrschaft im Imperium Romanum, Edition Topoi, Bd. 31, Berlin 2015, 19–35.

Wenskus 1961: Wenskus, Reinhard: Stammesbildung und Verfassung. Das Werden der frühmittelalterlichen gentes, Köln 1961.

Wickert 1954: Wickert, Lothar: »Princeps«, RE 22, 2 (1954), 1998–2296.

Wiedemann 2001: Wiedemann, Thomas E. J.: Kaiser und Gladiatoren. Die Macht der Spiele im antiken Rom, Darmstadt 2001.

Williams 1985: Williams, Stephen: Diocletian and the Roman recovery, London 1985.

Winterling 1997: Winterling, Aloys: »Hof ohne »Staat«. Die aula Caesaris im 1. und 2. Jahrhundert n. Chr.«, in: Aloys Winterling (Hg.), Zwischen »Haus« und »Staat«. Antike Höfe im Vergleich, Historische Zeitschrift Beihefte. Neue Folge, Bd. 23, München 1997, 91–112.

Winterling 1999: Winterling, Aloys: Aula Caesaris. Studien zur Institutionalisierung des römischen Kaiserhofes in der Zeit von Augustus bis Commodus (31 v. Chr.–192 n. Chr.), München 1999.

Winterling 2001: Winterling, Aloys: »«Staat«, »Gesellschaft« und politische Integration in der römischen Kaiserzeit«, Klio 83 (2001), 93–112.

Winterling 2003: Winterling, Aloys: Caligula. Eine Biographie, München 2003.

Wolters 1990a: Wolters, Reinhard: »Zum Waren- und Dienstleistungsaustausch zwischen dem Römischen Reich und dem freien Germanien in der Zeit des Prinzipats. Eine Bestandsaufnahme«, Marburger Beiträge zur antiken Handels-, Sozial- und Wirtschaftsgeschichte 9 (1990a), 14–44.

Wolters 1990b: Wolters, Reinhard: »Zum Waren- und Dienstleistungsaustausch zwischen dem Römischen Reich und dem freien Germanien in der Zeit des Prinzipats. Eine Bestandsaufnahme. Teil 2«, Marburger Beiträge zur antiken Handels-, Sozial- und Wirtschaftsgeschichte 10 (1990b), 78–132.

Wolters 2008: Wolters, Reinhard: »Die Chatten zwischen Rom und den germanischen Stämmen. Von Varus bis zu Domitianus«, in: Helmuth Schneider (Hg.), Feindliche Nachbarn. Rom und die Germanen, Köln 2008, 77–96.

Woolf 1990: Woolf, Greg: »Food, poverty and patronage. The significance of the epigraphy of the Roman alimentary schemes in early imperial Italy«, Papers of the British School at Rome 58 (1990), 197–228.

Yavetz 1999: Yavetz, Zwi: Tiberius. Der traurige Kaiser, München 1999.

Zanker ²1990: Zanker, Paul: Augustus und die Macht der Bilder, München ²1990.
Zanker 2004: Zanker, Paul: »Domitians Palast auf dem Palatin als Monument kaiserlicher Selbstdarstellung«, in: Adolf Hoffmann/Ulrike Wulf (Hg.), Die Kaiserpaläste auf dem Palatin in Rom, Mainz 2004, 86–99.
Zecchini 2005: Zecchini, Giuseppe: »C. Iulius Caesar. Rom, 15. März 44 v. Chr.«, in: Michael Sommer (Hg.), Politische Morde. Vom Altertum bis zur Gegenwart, Darmstadt 2005, 55–63.

Abbildungsverzeichnis

Titelbild: www.civilization.org.uk
S. 20, Abb. 2.1: wikimedia
S. 27, Abb. 2.2: Fotografie Michael Sommer
S. 28, Abb. 2.3: Fotografie Michael Sommer
S. 70, Abb. 4.1: Fotografie Michael Sommer
S. 76, Abb. 4.2: wildwinds.com
S. 78, Abb. 4.3: Fotografie Michael Sommer
S. 89, Abb. 5.1: Fotografie Michael Sommer
S. 91, Abb. 5.2: wildwinds.com
S. 91, Abb. 5.3: wildwinds.com
S. 94, Abb. 5,4: Fotografie Michael Sommer
S. 96, Abb. 5.5: Fotografie Michael Sommer
S. 106, Abb. 6.1: wildwinds.com
S. 111, Abb. 6.2: wildwinds.com
S. 113, Abb. 6.3: Fotografie Michael Sommer
S. 116, Abb. 6.4: wildwinds.com
S. 117, Abb. 6.5: Fotografie Michael Sommer
S. 121, Abb. 6.6: wildwinds.com
S. 122, Abb. 6.7: Fotografie Michael Sommer
S. 126, Abb. 6.8: Fotografie Michael Sommer
S. 132, Abb. 7.1: Fotografie Michael Sommer
S. 136, Abb. 7.2: Fotografie Michael Sommer
S. 138, Abb. 7.3: Fotografie Michael Sommer
S. 140, Abb. 7.4: Fotografie Michael Sommer
S. 143, Abb. 7.5: Fotografie Michael Sommer
S. 144, Abb. 7.6: Fotografie Michael Sommer
S. 151, Abb. 8.1: Fotografie Michael Sommer

S. 164, Abb. 8.2: wildwinds.com
S. 166, Abb. 8.3: wikimedia, Marie-Lan Nguyen
S. 172, Abb. 8.4: wildwinds.com
S. 175, Abb. 8.5: wildwinds.com
S. 183, Abb. 9.1: Fotografie Michael Sommer
S. 188, Abb. 9.2: Fotografie Michael Sommer

Personenregister

A

Abgar IX., osrhoen. König 177–212 134, 140
Acilius Attianus, P., pr. praetorio ?– 119 110
Aelius Aristides 44, 51, 191
Aelius Caesar Siehe Ceionius Commodus, L. 116
Aelius Seianus, L. pr. praetorio 14–31 68
Aemilianus, röm. Kaiser 253 161 f.
Aemilius Laetus, Q., pr. praetorio 191–193 128
Aemilius Lepidus, M., cos. 46 v. Chr. 13, 15
Aemilius Papinianus, pr. praetorio 205–212 137, 139
Aeneas 21, 60, 189
Afranius Burrus, Sex., pr. praetorio 51–62 76, 78, 80, 86
Agrippa Postumus 24, 26, 68
Agrippa, M., cos. 37 v. Chr. 18, 23–25, 137
Agrippina maior 24, 75, 78
Agrippina minor 76–78, 80
Alexander der Große 52, 108, 139
Annaeus Seneca, L. cos. 55 78, 80, 86
Antinoos 114
Antoninus Pius, röm. Kaiser 138–161 104, 118–121, 124
Antonius Pallas, M., a rationibus 37

Antonius Primus, M., leg. legionis 85
Antonius Saturninus, L., cos. 82 98
Antonius, M., cos. 44 v. Chr. 8, 13–16, 18
Aper, pr. praetorio 284 178
Appius Iunius Silanus, C. cos. 28 75
Ardaschir I., pers. König 224–240 147
Arminius 146
Arruntius Camillus Scribonianus, L., cos. 32 82
Artabanos IV., parth. König 213–224 140–142
Artaxias III., armen. König 18–35 72
Atia 14
Aubin, Hermann 179
Augustus, röm. Kaiser 27 v. Chr.–14 n. Chr. 7–9, 14, 17–34, 36, 38–40, 48, 51 f., 65–69, 72, 75, 77, 80 f., 86, 88, 90, 93, 99 f., 102, 110, 112, 127 f., 130, 137, 152, 157, 181, 189
Aurelian, röm. Kaiser 270–275 159, 161, 171–176, 183
Aurelius Cleander, M., cubicularius 126 f.
Avidius Cassius, C., cos. 166 123, 130
Avidius Nigrinus, C., cos. 110 110
Axidares, armen. König 110–113 107

227

B

Bahram II., pers. König 276–293 176
Balbinus, röm. Kaiser 238 150, 152, 163
Berenike 95
Bourdieu, Pierre 55
Britannicus 75 f.

C

Caecina, Au., cos. 1 v. Chr. 69
Caligula, röm. Kaiser 37–41 34, 73–75, 77, 80 f., 86 f., 99, 125 f.
Calpurnia 12
Calpurnius Piso Licinianus, L. 84, 87
Calpurnius Piso, C. 67
Calpurnius Piso, C., cos. 41 80
Caracalla, röm. Kaiser 211–217 35, 59, 134, 137, 139–142, 157 f.
Carausius, britannischer Kaiser (287–296) 175, 180
Carinus, röm. Kaiser 283–285 177 f., 180
Carus, röm. Kaiser 282–283 176 f., 179
Cassius Dio, L., cos. 205 77, 125, 131, 135, 137, 139–141
Cassius Longinus, C., pr. 44 v. Chr. 13
Ceionia 116
Ceionius Commodus, L. 116
Ceionius Commodus, L., cos. 136 116
Cicero *Siehe* Tullius Cicero, M. 15
Claudius II. Gothicus, röm. Kaiser 268–270 171, 189
Claudius Narcissus Ti., ab epistulis 37, 75, 77
Claudius Pompeianus Quintianus, Ti. 125
Claudius Pompeianus, Ti., cos. 173 129

Claudius, röm. Kaiser 41–54 36 f., 45, 73–78, 82, 87
Clodius Macer, L., leg. legionis 82
Clodius Septimius Albinus, D., cos. 194 133 f.
Commodus, röm. Kaiser 180–193 46, 104, 118, 123–131, 134, 158
Constantius I., röm. Kaiser 305–306 180, 183, 185 f., 188
Cornelius Balbus, L., procos Africae 21 v. Chr. 18
Cornelius Fronto, M., cos. 142 118
Cornelius Palma Frontonianus, Au., cos. 99 107
Cornelius Sulla Felix, L., cos. 88 v. Chr. 8, 31, 39
Cornelius Tacitus, P., cos. 97 22, 30, 66 f., 71, 76 f., 80–83, 95, 97, 119, 176

D

Decebalus, dakischer König 87–106 98, 106
Decius, röm. Kaiser 249–251 154, 161–163, 184
Demosthenes 190 f.
Didius Iulianus, röm. Kaiser 193 131, 133
Dido 60
Diokletian, röm. Kaiser 284–305 8, 34, 40, 81, 156 f., 178–180, 182–189
Diurpaneus, dakischer König 98
Domitia Longina 99
Domitian, röm. Kaiser 81–96 34, 88, 90, 95–106, 110, 124 f., 157
Domitius Annius Ulpianus, Cn., pr. praetorio 222–223 137, 145
Domitius Corbulo, Cn., cos. 39 78 f., 99
Drusus, cos. 9 v. Chr. 18, 24–26, 71
Drusus, Sohn des Tiberius 26, 29, 68, 72

E

Elagabal, röm. Kaiser 218–
 222 141–144, 158
Eros, Schreiber 161
Eutropius, Flavius 95

F

Fabius Catullinus, Q., cos.
 130 113 f.
Flavius Apollonius, T., a libellis frumentarii 39
Flavius Claudius Sulpicianus, T., cos. 170? 131
Flavius Sabinus, T., cos. 47 86
Flavius Silva Nonius Bassus, L., cos. 81 89
Florianus, röm. Kaiser 276 176
Fonteius Capito, ?, cos. 67 83
Fortunata 54

G

Gaius Caesar 25 f.
Galba, röm. Kaiser 68–69 81–84, 86 f., 104
Galerius, röm. Kaiser 305–311 180, 182–189
Gallienus, röm. Kaiser 253–268 154, 158 f., 162–165, 167–171, 173, 178
Gallus Aelius, ? pr. Aegypti 25 v. Chr. 18
Geminius Chrestus, pr. praetorio 145
Gessius Florus, ?, proc.Iudaeae 64–66 79
Geta, röm. Kaiser 211 137–139
Gibbon, Edward 8
Gordian I., röm. Kaiser 238 150, 162
Gordian II., röm. Kaiser 238 150, 162

Gordian III., röm. Kaiser 238–244 151 f., 154, 158
Gott
 – Apollo 19, 59, 139, 189
 – Aurora 19
 – Caelus 19
 – Dea Roma 58
 – Diana 19
 – Dionysos 182
 – Elagabal 58, 142 f.
 – Grannus 59, 139, 189
 – Hercules 127, 180, 182
 – Iuppiter Dolichenus 59
 – Iuppiter Optimus Maximus 86, 105
 – Iuppiter Ultor 144
 – Mars 90 f.
 – Mars Ultor 19
 – Mithras 59
 – Osiris 114
 – Pax 90 f., 111
 – Sol Invictus 19, 92, 174, 189
 – Tellus 19, 21

H

Hadrian, röm. Kaiser 117–138 36, 46, 97, 104, 109–116, 118–120, 124, 156 f.
Hairan 168
Haverfield, Francis 60 f.
Hedius Rufus Lollianus Avitus, L., cos. 144 129
Helvius Successus, Vater des Pertinax 129
Herodes Agrippa I., judäischer König 41–44 95
Herodian 135, 141, 143 f.
Heron von Alexandreia 56
Homer 51
Horatius Flaccus, Q. 19, 21, 26, 62
Hormizd, pers. Usurpator 176

I

Iallius Bassus, M., cos. 159? 121
Ialysos 90, 92
Ingenuus, röm. Usurpator 163
Iulia Domna 142 f.
Iulia Maesa 142
Iulia Mamaea 143, 149
Iulia Soaemias 142
Iulia, Nichte Domitians 99
Iulia, Tochter des Augustus 24–26, 28
Iulius Agricola, Cn., cos. 77 95, 97 f.
Iulius Alexander, Ti., pr. Aegypti 66–69 85
Iulius Caesar, C., cos. 59 v. Chr. 8 f., 12–16, 22, 32, 39, 72, 77
Iulius Callistus, C., a libellis 37, 77
Iulius Flavianus, pr. praetorio 145
Iulius Vindex, C., leg. Aug. Galliae Lugdunensis 82 f., 87
Iunius Brutus Albininus, D., pr. 45 v. Chr. 12 f., 15
Iunius Brutus, M., pr. 44 v. Chr. 13
Iunius Caesennius Paetus, L., cos. 61 79

J

Jesus von Nazareth 80

K

Klaudios Ptolemaios 119
Kleopatra VII., ägypt. Königin 51–30 v. Chr. 16, 18
Konstantin I. der Große, röm. Kaiser 306–337 8, 39, 128, 159, 182, 186–189

L

Laktanz 184
Licinius Crassus, M., cos. 70 v. Chr. 8, 19, 107

Licinius Mucianus, C. cos. 64 85
Licinius Rufinus, M. Cn., cos. 235? 137
Licinius, röm. Kaiser 308–324 188 f.
Livia 24–26, 28, 65, 75
Lollius Urbicus, Q. cos. 135? 118
Lucius Caesar 25 f.
Lucius Verus, röm. Kaiser 161–169 116, 120, 122, 129 f., 163
Lusius Quietus, ?, cos. 116? 108, 110

M

Macrianus junior, röm. Usurpator 168
Macrianus, a rationibus 168 f.
Macrinus, röm. Kaiser 217–218 141 f.
Macro Siehe Naevius Sutorius Macro, Q. 69
Maecenas, C. 23, 137
Marcellus 24
Marcia 129
Marius, C., cos. 107 v. Chr. 16
Mark Aurel, röm. Kaiser 161–180 36, 46, 117, 122–126, 128 f., 134, 143, 147, 163
Martial Siehe Valerius Martialis, M. 93
Martialis, Soldat 141
Maxentius, röm. Usurpator 187–189
Maximian, röm. Kaiser 286–305 179–181, 183, 185, 187 f.
Maximinus Daia, röm. Kaiser 311–313 185 f., 188
Maximinus Thrax, röm. Kaiser 235–238 148–150, 152, 155, 161
Messalina 75–77
Millar, Fergus 36
Mithridates I., armen. König 35–37 u. 42–51 72

Mommsen, Theodor 31, 60 f., 179

N

Naevius Sutorius Macro, Q., pr. praetorio 31–38 69, 72
Narseh, pers. König 293–302 180, 182
Neratius Priscus, L., cos. 97 109
Nero, röm. Kaiser 54–68 34, 54, 73, 75 f., 78–83, 85–87, 92–94, 99 f., 103, 125, 131
Nerva, röm. Kaiser 96–98 103–105, 124, 129
Numerian, röm. Kaiser 283–284 176–178
Nymphidius Sabinus, C., pr. praetorio 65–68 83

O

Octavia 16, 24, 75 f.
Octavius, C. Siehe Augustus 14
Odainat, palmyren. König 168–171, 173
Odysseus 52
Oppius Sabinus, C., cos. 84 98
Osrhoes I., parth. König 109–116 u. 117–129 108
Otho, röm. Kaiser 69 39, 84 f., 87, 93

P

Papinian Siehe Aemilius Papinianus 137
Paris, Schauspieler 99
Parthamaspates, parth. König 116–117 108, 110
Pertinax, röm. Kaiser 193 38, 129–131
Pescennius Niger, röm. Kaiser 193–194 133 f.
Petronius Arbiter, T. 54 f.

Petronius, C.? pr. Aegypti 24 v. Chr. 18
Philippus Arabs, röm. Kaiser 244–249 154, 157, 161
Phraates V., parth. König 2 v. Chr.–4 n. Chr. 25
Pirenne, Henri 8
Platon 51 f.
Plinius Caecilius Secundus, C. 42, 104 f.
Plotina 110
Pompeius Magnus, Cn., cos. 70 v. Chr. 8, 12, 31
Postumus, gallischer Kaiser 260–269 173 f.
Probus, röm. Kaiser 276–282 161, 176
Publilius Celsus, L., cos. 102 110
Pupienus, röm. Kaiser 238 150, 152, 163

Q

Quidde, Ludwig 73
Quietus, röm. Usurpator 168
Quinctilius Varus, P., cos. 13 v. Chr. 69, 71
Quintillus, röm. Kaiser 270 161

R

Rabbel II. Soter, nabat. König 70–106 107
Rasparaganus, König der Roxolanen 120
Romula 182
Rostovtzeff, Michael 44

S

Sabina Poppaea 80
Saloninus 168, 173
Schapur I., pers. König 240–270 154, 165 f., 168 f., 176

Schim on bar Kosiba 115
Seius Strabo, L., pr. praetorio 68
Sempronius Gracchus, C., tr. pl. 123–122 v. Chr. 21
Sempronius Gracchus, Ti., tr. pl. 133 v. Chr. 21
Seneca *Siehe* Annaeus Seneca, L. 78
Septimius Severus, röm. Kaiser 193–211 41, 132–141, 156, 158, 168
Severus Alexander, röm. Kaiser 222–235 145–149, 155, 161 f.
Severus, röm. Kaiser 306–307 185–188
Sidonius Apollinaris, pr. Urbis 467–469 190 f.
Silius, C., cos. des. 49 75
Simplicinius Genialis, M., agens vice praesidis Raetiae 260 165
Sombart, Werner 55
Suetonius Tranquillus, C. 71, 74, 77, 81, 99
Syme, Ronald

T

Tacitus *Siehe* Cornelius Tacitus, P. 22
Terentius Varro Murena, Au., cos. 23 v. Chr. 23 f.
Tetricus, gallischer Kaiser 271–274 174
Tettius Iulianus, L. cos. 83 98
Tiberius Gemellus 72
Tiberius, röm. Kaiser 14–37 8, 18, 24–26, 28 f., 65–69, 71–73, 77, 80, 86, 156, 158
Tiridates I., armen. König 52–58 78
Titus, röm. Kaiser 79–81 88–90, 92–95, 101
Trajan, röm. Kaiser 98–117 36, 42, 104–112, 118 f., 124, 131, 135, 141
Trebonianus Gallus, röm. Kaiser 251–253 161 f.

Trebonius, C., cos. 45 v. Chr. 13
Trimalchio 54 f.
Tullius Cicero, M., cos. 63 v. Chr. 15, 191

U

Ulpian *Siehe* Domitius Annius Ulpianus, Cn. 137
Uranius Antoninus, röm. Usurpator 163, 165

V

Valerian, röm. Kaiser 253–260 81, 154, 162–168, 173, 184
Valerianus junior 163, 168
Valerius Martialis, M. 93
Varius Marcellus, Sex., Vater Elagabals 142
Vergilius Maro, P. 10, 16, 18, 112
Verginius Rufus, L., cos. 63 83
Vespasian, röm. Kaiser 69–79 32, 56, 79, 85–93, 96 f., 99, 101, 105, 129
Vibia Sabina 111
Vipsania Agrippina 25 f.
Vitellius, röm. Kaiser 69 84–87
Vologeses I., parth. König 51–78 79
Vologeses V., parth. König 191–208 133–135
Vologeses VI., parth. König 207–227 140

W

Waballat, röm. Usurpator 171
Weber, Max 7, 9, 23, 33
Wilhelm II., dt. Kaiser 73

Z

Zenobia, röm. Usurpatorin 171–174

Ortsregister

A

Abrittus 154
Actium 8, 16, 21, 23
Adiabene 134 f., 141
Adria 152
Aelia Capitolina *Siehe* Jerusalem 114
Afrika 43, 45, 47, 62, 82, 108, 120, 176, 180, 187
Agri Decumates 96
Ägypten 16, 18, 38, 40 f., 51, 85, 88, 114, 119, 141, 157, 169, 174, 180
Alexandreia 45, 52, 58, 85, 108, 115, 139
Alpen 18, 23, 165
Antiocheia 58, 108, 114, 133, 142, 154, 165, 172 f., 176 f.
Antoninuswall 119, 135
Apameia 142, 177
Apollonia 14
Aquileia 123, 152
Aquincum (Budapest) 98
Arabische Halbinsel 18
Arbela 134 f.
Armenien 25, 47 f., 72, 79, 107, 110, 122, 135, 140, 142
Artaxata 79
Athen 58, 112, 114 f., 123
Augusta Treverorum (Trier) 182, 189

B

Babylonien 107 f., 135, 141, 154, 176
Baden-Württemberg 96, 155
Baiae 118
Balkan 49, 84 f., 120 f., 149, 154, 163, 175, 179 f.
Banasa 46
Bedriacum 85
Berlin 48, 138
Berytus 137
Betar 115
Britannien 41, 44, 46–48, 61 f., 77, 95, 97 f., 112, 118, 128–130, 133, 135, 173, 175, 180, 191

C

Camolodunum (Colchester) 77
Capri 68 f., 72
Carnuntum 123 f., 133, 188
Carthago Nova 81
China 53, 191
Clermont 190
Clyde, River 118, 135
Colonia Claudia Ara Agrippinensium (Köln) 84, 164, 173 f.
Cremona 85

D

Dakien 107, 119 f., 129 f., 154

233

Donau 29, 71, 82, 97 f., 105 f., 110, 112, 119 f., 122–125, 139, 142, 146 f., 149, 152, 154 f., 161–163, 165, 171, 173 f., 176, 180
Dura-Europos 154
Dyrrachium 112

E

Eboracum (York) 186
Edessa 107 f., 110, 134 f., 141, 165–168
Eleusis 123
Emesa 142, 163, 173, 177
Ems 69
Ephesos 114, 122
Euphrat 82, 110, 112, 135, 154, 168 f., 176

F

Felix Romuliana (Gamzigrad) 182
Firth of Forth 97, 118, 135
Florentia (Florenz) 105

G

Gallien 44, 50, 53, 62, 72, 95, 146, 148 f., 155, 173, 176, 187, 190 f.
Germanicus, cos. 12 f n 26, 29, 69–72, 74, 76, 78, 95
Germanien 18, 25, 41, 44, 46 f., 69, 71, 83–85, 95 f., 99, 104, 106, 112, 118 f., 129, 147, 149, 155, 161, 173
Gibraltar 52, 128
Griechenland 43, 52 f., 56, 62, 111–113, 115, 123 f., 155

H

Hadrianoi 44
Hadrianopolis (Edirne) 112
Hadrian's Wall 46, 112 f.

Harzhorn 149
Hatra 108–110, 134 f., 147, 153
Hellas *Siehe* Griechenland 43
Hellespont 15
Herculaneum 93
Herodeion 89
Hessen 69, 95

I

Iberische Halbinsel 18
Idistaviso 69
Illyricum 176
Indien 52, 107, 169 f., 191
Indischer Ozean 52, 169, 191
Issos 133
Italica 104
Italien 14–16, 28, 30, 35, 40, 44, 49, 53 f., 62, 74, 82 f., 104 f., 115, 118, 130, 152, 157, 165, 171, 179, 187

J

Jemen 18
Jerusalem 79, 88–90, 94, 114 f.
Judäa, Königreich 79 f., 95, 110, 115, 119

K

Kappadokien 72, 79, 97, 112, 122
Karrhai 19, 141, 165 f.
Kilikien 168
Kleinasien 44, 109, 112, 115, 133, 147, 155, 165, 170, 172, 176 f.
Kommagene 72
Ktesiphon 107, 135, 168, 170, 176
Kusch 18
Kyrene 108

L

Lambaesis 113 f.

Ortsregister

Lautertal 119
Lepcis Magna 133
Limes 46, 97, 112, 118, 149, 154 f., 165
Lippe 69 f.
Livilla 68
Londinium (London) 97
Lorch 119
Lugdunum (Lyon) 134

M

Machairos 89
Main 96, 139
Margus 178
Masada 89
Massilia (Marseille) 188
Media Atropatene 141
Mediolanum (Mailand) 165, 180–182, 187
Melitene 112
Meroë 18
Mesopotamien 47 f., 97, 107 f., 110, 120, 122, 134 f., 147, 154, 163, 168, 170, 177, 182
Miltenberg 119
Misenum 49, 73
Mittelmeer 7, 30, 40, 43 f., 51–53, 56 f., 155, 169–171, 176
Modi in 115
Mogontiacum (Mainz) 45, 98, 149, 174
Mons Graupius 97
Munda 12

N

Nabatäerreich 107
Naher Osten 45, 62, 175
Naissus (Niš) 171
Naqsch-e Rostam 166
Neckar 119
Nemausus (Nîmes) 116
Nikaia 133

Nikomedeia 178–180, 182
Nikopolis 112
Nil 40, 53, 114, 128
Nisibis 108, 134 f., 147
Nola 29
Nordheim 149
Nordsee 71

O

Ochsenfurt 139
Odenwald 119
Osrhoene 46, 48, 107, 134 f., 140
Ostia 53, 75, 77

P

Palmyra 114, 167–171, 173–175
Pandateria 28
Pannonien 18, 85, 98, 120, 123, 150
Partherreich 48, 107, 112, 133, 135, 140, 147, 153, 169
Perserreich 52, 146, 169
Persis 134
Persischer Golf 48, 107, 169, 171
Petra 107
Philippi 15
Phoebiana (Faimingen) 140
Pompeji 93
Pontius Pilatus, ?, pr. Iudaeae 80
Primaporta 19 f.
Provinz
 – Achaia 41
 – Aegyptus 172
 – Africa proconsularis 41, 150
 – Arabia 107, 172
 – Asia 41, 78, 116
 – Baetica 41
 – Britannia 41, 44
 – Creta et Cyrenae 41
 – Cyprus 41
 – Dacia 171
 – Dalmatia 82, 120

235

- Gallia Belgica 96
- Gallia Lugdunensis 82
- Germania inferior 96
- Germania superior 96
- Iudaea 42, 114
- Macedonia 41
- Mauretania Tingitana 45 f.
- Mesopotamia 135, 154, 165, 168
- Moesia 98, 129 f., 178
- Moesia inferior 130, 154
- Narbonensis 41
- Noricum 77, 123, 137
- Numidia 150
- Pannonia 18
- Pannonia inferior 130, 163
- Pannonia superior 121, 133
- Pontus et Bithynia 41, 112
- Raetia 42, 123, 139, 162, 165
- Sicilia 41
- Syria 41, 123, 168
- Syria Palaestina 115

R

Rhandeia 79
Rhegion (Reggio di Calabria) 28
Rhein 29, 41, 69–71, 82, 95–97, 112, 119, 129, 146–149, 155, 165, 173 f., 180
Rhodos 26, 28, 112
Rom
- Amphitheatrum Flavium 92 f.
- Ara Pacis Augustae 21
- Augustusmausoleum 29
- Basilica Aemilia 90
- Caelius 92
- castra praetoria 39
- Circus Maximus 100
- Colossus Neronis 92
- Domus Augustana 100
- Domus Aurea 81, 92, 100
- Domus Flavia 100
- Esquilin 92

- Forum Pacis 90
- Forum Romanum 13, 89 f., 135 f., 152
- Janustempel 21, 90
- Kapitol 13, 56, 86, 94, 99
- Marsfeld 12, 21, 29, 94
- Milvische Brücke 9, 128, 189
- Palatin 36, 92, 100 f., 131, 134, 138, 143 f.
- Pompeiustheater 12 f.
- Severusbogen 135 f.
- Templum Pacis 90, 92
- Titusbogen 89 f., 101
- Trajanssäule 106, 109
- Viminal 68
Rotes Meer 48

S

Sahara 97
Sasanidenreich *Siehe* Perserreich 146
Schwarzes Meer 165
Schweinfurt 139
Schweiz 165
Seleukeia am Tigris 108
Selinus 109
Singara 135
Sirmium 149, 180, 182
Solway Firth 112
Spalatum (Split) 182
Spanien 25, 43, 51, 109, 111, 113, 173
Sparta 112
Stabiae 93

T

Tapae 98
Taurus 133
Thrakien 77, 112, 148
Thyateira 137
Thysdrus 149 f., 157
Tiber 38, 47, 119, 139, 167, 187

Tibur 116
Tigranokerta 79
Tigris 108, 128, 135, 165, 169, 176, 191
Trent, River 77
Tyne, River 112
Tyrrhenisches Meer 40

V

Venedig 183
Verulamium (St Albans) 97
Vesontio (Besançon) 83
Vesuv 93
Volubilis 45

Z

Zypern 108

Jürgen Richter

Altsteinzeit

Der Weg der frühen
Menschen von Afrika bis in
die Mitte Europas

2018. 232 Seiten,
86 Abb., 9 Tab. Kart. € 30,-
ISBN 978-3-17-033676-6

auch als EBOOK

Der Mensch hat seit seiner Entstehung und Entwicklung in Afrika einen langen Weg nach Mitteleuropa hinter sich: Er wanderte mehrmals von Afrika nach Eurasien, überlebte Wärmephasen und Kaltzeiten, breitete sich über einen Großteil der bewohnbaren Welt aus und wurde erst vor kurzer Zeit, um 10 000 v. Chr., sesshaft. Diese abwechslungsreiche und spannende Geschichte des Menschen im Paläolithikum wird anschaulich und anhand zahlreicher interessanter Fundobjekte gekonnt nacherzählt. So wird die Entwicklung von den ersten Menschen über die Neandertaler bis zum Homo Sapiens nachvollziehbar gemacht. Am Ende wird verständlich, warum und wie der Anatomisch Moderne Mensch zum „Erfolgsmodell" wurde und alle seine engen Verwandten verdrängt hat.

Professor Dr. Jürgen Richter lehrt Prähistorische Archäologie am Institut für Ur- und Frühgeschichte der Universität zu Köln und leitet seit 2009 den Sonderforschungsbereich 806: „Unser Weg nach Europa" der Universitäten Köln, Bonn und Aachen.

W. Kohlhammer GmbH
70549 Stuttgart

Kohlhammer

Stefan Pfeiffer

Die Ptolemäer

Im Reich der Kleopatra

2017. 289 Seiten,
16 Abb. Kart. € 32,–
ISBN 978-3-17-021657-0

Nach dem Zerfall des Reiches Alexanders des Großen übernahmen in den Diadochenkämpfen die Ptolemäer ganz Ägypten, das sie als Pharaonen bis zur Eingliederung in das römische Weltreich regierten. Unter ihrer 300-jährigen Herrschaft etablierte sich Ägypten zum wichtigsten, einflussreichsten und wirtschaftlich prosperierendsten Diadochenreich – die letzte Herrscherin, Kleopatra, fasziniert bis heute. Das Buch nimmt den Leser mit auf eine Reise durch die Geschichte Ägyptens in der hellenistischen Zeit und vermittelt die Grundlagen der antiken multikulturellen Welt am Ufer des Nils. Entlang der Reihe der Pharaonen wird der Leser in die Politikgeschichte Ägyptens eingeführt, gewinnt aber auch Einblicke in die Alltags-, Sozial-, Wirtschafts- und Religionsgeschichte.

Professor Dr. Stefan Pfeiffer hält den Lehrstuhl für Alte Geschichte an der Martin-Luther-Universität Halle-Wittenberg.

Leseproben und weitere Informationen unter www.kohlhammer.de

W. Kohlhammer GmbH
70549 Stuttgart

Kohlhammer

Roland Steinacher

Rom und die Barbaren

Völker im Alpen- und Donauraum (300–600)

2017. 253 Seiten, 14 Abb. Kart. € 29,-
ISBN 978-3-17-025168-7

Heruler, Rugier und Gepiden hatten in der Geschichtsschreibung meist nur eine Nebenrolle im Schatten der Goten und Hunnen inne. Zu Unrecht, denn diese drei Völker spielten zwischen dem 3. und dem 6. Jahrhundert auf großen Bühnen: Die drei barbarischen Verbände kämpften mit und gegen die Römer, zogen mit den Hunnen und versuchten schließlich, an der Donau und auf dem Balkan am Rande des Reiches eigene Königreiche zu errichten. Folgt man dieser „barbarischen" Geschichte, lässt sich die römische Geschichte besser verstehen. Ihr Schicksal bietet aufschlussreiche Einblicke in einen wegweisenden Abschnitt der Entwicklung Europas.

Roland Steinacher ist Althistoriker und lebt in Berlin. Seine Forschungsschwerpunkte sind u. a. die römische Kaiserzeit, die Spätantike und das europäische Frühmittelalter.

Leseproben und weitere Informationen unter www.kohlhammer.de

W. Kohlhammer GmbH
70549 Stuttgart

Kohlhammer